岩倉使節団と銀行破産事件

菅原 彬州 著

中央大学出版部

岩倉使節団と銀行破産事件——目次

はじめに

明治四年一一月一二日（一八七一年一二月二三日）、岩倉使節団一行は、太平洋汽船会社のアメリカ号で横浜を出帆し、太平洋を横断してアメリカへ向かった。[1] 岩倉使節団の使命は、（1）聘門の礼を修めること、（2）条約改正の予備交渉、（3）西欧文明諸国の諸制度などの視察・調査・研究であった。当初の予定では、アメリカ・イギリス・フランス・プロシア・ロシア・スウェーデン・デンマーク・オランダ・ベルギー・スペイン・ポルトガル・スイス・オーストリア・イタリアの一四か国を訪問、その滞在日数は総計一九五日の六か月とされていた。[2]

ところが、最初の訪問国アメリカで、使節団は、条約改正の予備交渉の使命を逸脱し、本交渉を行おうとした。しかし、全権委任状を持参していなかったため、大久保利通・伊藤博文両副使が急遽一時帰国する事態となった。そして、両副使がワシントンへ再度戻った時には、片務的最恵国待遇問題が認識されるに至っており、アメリカとの条約改正交渉は打ち切りとなり頓挫してしまった。その結果、使節団は、早くもアメリカで全滞在予定の六か月を超過してしまうというほど、思わぬ日数をアメリカだけで費やす羽目となってしまったのであった。

そのため、使節団が、明治五年七月三日（一八七二年八月六日）、イギリスのキューナード汽船会社のオリンパス号でアメリカのボストンから大西洋を渡り、明治五年七月一四日（一八七二年八月一七日）、イギリスのリバプールを経て汽車でロンドンへ到着したときには、イギリスのビクトリア女王は避暑のためロンドンには不在で、謁見は先送りとなった。それゆえ謁見までの間、使節団は、当時賜暇帰国中の駐日公使ハリー・パークスの案内でスコットランドを巡遊することとなったのである。

使節団がロンドンのユーストン駅からスコットランド地方へと巡遊に旅立ったのは、明治五年八月二七日（一八七二年九月二九日）の午後四時過ぎのことである。それよりリバプール・マンチェスター・グラスゴー・エディンバラ・ハイランド地方・ニューカッスル・ブラッドホールド・シェフィールド・バーミンガム・チェスターの諸都市およびそれらの周辺に所在の産業施設を視察して、再び夕闇迫るロンドンへ戻ったのは、明治五年一〇月九日（一八七二年一一月九日）のことであった（3）。

そして、スコットランド地方からロンドンへ帰着した折も折、使節団を待ち受けていたのが、岩倉具視全権大使をはじめとする使節団のほとんどが預金者でもあるロンドンの銀行破産事件であった。全権大副使から本国への通信である『大使公信』第一七号（明治五年一一月六日〈一八七二年一二月六日〉ロンドン発）は、この破産事件を次のように報じている。

当府開店之銀舗アメリカン・ジヨイントナショナールバンク」ト申モノ有之右ニハ是迄御国官員及留学生徒等モ多分金子相預置候ニ鄙職来英之義モ理事官随行之官員ニ至ル迄往々預ケ金致置候処豈図ヤ近日資本不足払方相断リ終ニ閉店ニ至リ追々吟味之末弥分散ニモ至リ可申候趣右預ケ金致候者共一同当惑ニ及候幸吉田少輔当府滞在ニ付篤ト示談之上利通両人ニテ鈴印大蔵省名義ヲ以テ当府東洋銀行社中ヨリ英貨一万三千磅借用致シ理事官随行之向等ハ此方ニテ相渡シ生徒之分ハ弁務使方ニテ為取計夫々資給拝借為致目前之急相救置候右ハ全ク不慮之災ニテ難渋候モノ不少且右借用金高位ニテハ充分普給及兼候得共無拠次第ニ御座候右之段大蔵省エ御沙汰被下度乃右借用金ニ付往復書柬写第二別紙差進申候（4）

この『大使公信』第一七号は破産事件の概要を本国政府に伝えたもので、これによれば、破産したのは「アメリカン・ジョイントナショナールバンク」という銀行であった。またこの銀行の破産により、そこに預金していた海外滞在中の官員は言うに及ばず留学生たちもその被害に遭った。そのため吉田少輔と大久保利通が、被害者救済のため東洋銀行から一万三千ポンドを借り入れて応急処理を行ったというのである。

また、翌明治六年二月、日本の『郵便報知新聞』第三六号が、このロンドンの銀行破産のニュースを、そして、第三九号では、この銀行破産についてのロンドンの日本人からのつぎのような投書を掲載している。

(第三六号)

◯英国倫敦に有之「バンク」にて「バウルス」「ブロゾル」同店「ナショナル」「エイゼンシー」の儀ハ新約克并巴里斯其外に出店有之候処西暦十一月中右「バンク」一同閉店相成たり右に付ては同国商民のミならず滞留旅客の内にも之か為に損耗せしもの定めて多かるべき噂なり

(第三九号)

◯第卅六号ニ英国ノ為換会社ノ閉店シタルヿヲ不取敢記載セシガ猶左ニ詳ナル報ヲ得タレバ茲ニ其儘ヲ記ス

倫敦ニ在留スル商鎮次郎ナル者ヨリノ書状前略ス此度当府ニテ「ジョイント、ナショナールバンク」忽然破潰ニ及ビ右ニ付今般英ノ籍ニ入リシテイナント云フ者ハ此社ノ手代トナリテ専ラ日本人ヲ慫慂致シ候処官員華族ハ勿論在寓ノ士民迄モ尽ク此「バンク」へ預ケ置候金高凡十万両余ノ由又此社ハ外々ト違ヒ四五分又ハ六分ノ利息ヲ出ス由ナレハ多欲ノ人ハ「オリエンタルバンク」ニ預ケ置ヲ取戻シ態々此社ニ預ケシ族モ有之然ル処俄ニ閉店ト相成リ一同落胆実ニ笑止千万ノ至ナリ又士民中ニモ大倉屋ノ失費一万両余山内屋四千両今里屋一万両余其外ハ枚挙スルニ暇アラズ幸ニシテ当店ニハ其愚無之候尤モテイナンナル者数十度程モ参店シ吾ガ主人ヲ勧メ候得共流石ノ松本主ソノ手ニ乗ラズ当今ニテハ諸人一同ニ主人ノ卓見ヲ感賞致シ候実ニ不容易ノ大事件ナリ此「バンク」ニテ、テイナンヲ社中ニ加ヘタルハ全ク日本人ノ金ヲ吸ヒ聚メンガ為メナリ茲ニ気ノ毒ナルハテイナンノ妻ナリ（此婦ハ欧羅巴ノ産ナリ）未ダ結婚ヨリ間モ無ク此一件差起リタレバテイナンハ日本人ノ為メニ督責サレ貯金モ無ク既ニ活計ニ困窮ノ趣ニテ右婦人ハ日々涕泣ノ由ニ伝聞イタシ候（或ル説ニ此婦人ハ元「ストリートヲルケル」夜發ノ由故再ビ前業ニ復スベキヤノ評判ナリ）右ハ当時ノ一珍事ニ付取リ敢ズ申進シ候[5]

『大使公信』第一七号が伝える「アメリカン・ジョイントナショナールバンク」、『郵便報知新聞』が報じた「バウルス」「ブロゾル」同店「ナショナル」「エイゼンシー」とはいかなる銀行であったのか。預金者である使節団員や留学生たちはどのような人びとだったのか、投書にある「商鎮次郎」「テイナン」「大倉屋」「山内屋」「今里屋」とは誰のことなのか、これらの人びとの被害額はどのくらいなのか。はたまた事件の経過や事後処理はどのようなものであったのか。それこそ興味関心は尽きない。

岩倉使節団を研究した書物・論文は今日多数に上っている。しかし、この銀行破産事件自体を取り上げたものは少なく、取り上げてもその概略に触れているものが大半で、その実態に触れているものは少ない。そこで、本書は、この銀行破産事件を取り上げ、以下、先ほどの疑問や事件そのものの実相とはいかなるものであったのかを諸史料にあたり、可能な限り明らかにしようとしたものである。

出発時・追加団員

出　身	出発時数え(満)	生　　年	没　　年	没年時(満)	帰国日
公家・華	47(46)	1825.10.26(文政08.09.15)	1883.07.20(明治16)	57	1873.09.13(明治06)
山口・士	39(38)	1833.08.11(天保04.06.26)	1877.05.26(明治10)	43	1873.07.23(明治06)
鹿児島・士	42(41)	1830.09.26(文政13.08.10)	1878.05.14(明治11)	47	1872.05.01(明治05.03.24) 1873.05.26(明治06)
山口・士	31(30)	1841.10.16(天保12.09.02)	1909.10.26(明治42)	68	1872.05.01(明治05.03.24) 1873.09.13(明治06)
佐賀・士	33(32)	1839.06.21(天保10.05.11)	1894.06.12(明治27)	54	1873.09.13(明治06)
幕臣・士	29(27)	1843.12.26(天保14.11.06)	1889.05.12(明治22)	45	1873.04.05(明治06)
幕臣・士	41(40)	1831.10.20(天保02.09.15)	1915.09.14(大正04)	83	1873.10.12(明治06)
幕臣・士	31(30)	1841.05.13(天保12.03.23)	1906.01.04(明治39)	64	1873.07.17(明治06)
幕臣・士	32(31)	1840.08.10(天保11.07.13)	1923.03.02(大正12)	82	1873.07.23(明治06)
和歌山	24	1848.02 (嘉永01)	1893.05.12(明治26)	46	1873.09(明治06)
幕臣・士	22(21)	1850.04.11(嘉永03.02.29)	1913.07.10(大正02)	63	1873.06.04(明治06)
幕臣・士	29(28)	1843.10.09(天保14.09.16)	1917.01.13(大正06)	73	1873.03.11(明治06)
幕臣・士	28(26)	1845.01.28(弘化01.12.21)	1927.02.05(昭和02)	82	1873.09.13?(明治06)
福井・士	25(23)	1848.01.28(弘化04.12.23)	1901.05.24(明治34)	53	1872.08.26(明治05.07.23)
幕臣・士	26(25)	1846.05.03(弘化03.04.08)	1924.10.27(大正13)	78	1873.09.07(明治06)
長崎・士	26	1848.02(嘉永01)	1881.01.07(明治14)	33	1873.05.26(明治06)
公家・華	27(26)	1845.02.19(弘化02.01.13)	1906.02.09(明治33)	60	1872.12.31(明治05.12.02)
山口・士	29(28)	1843.09.12(天保14.08.19)	1905.01.20(明治38)	61	1873.06.24(明治06)
佐賀・士	30(29)	1842.11.17(天保13.10.15)	1884.02.17(明治17)	41	1873.03.11(明治06)
山口・士	30(29)	1842.09.10(天保13.08.06)	1909.01.24(明治42)	66	1873.06.24(明治06)
熊本・士	37(36)	1835.05.14(天保06.04.17)	1899.05.04(明治32)	64	1872.06.09(明治05.05.04)
佐賀・士	33(32)	1839.08.19(天保10.07.11)	1931.02.24(昭和06)	91	1873.09.13(明治06)
高知・士	29(28)	1843.11.16(天保14.閏9.25)	1939.03.28(昭和14)	95	1873.09.13(明治06)
幕臣・士	33(32)	1839.11.07(天保10.10.02)	1895.09.01(明治28)	55	
幕臣・士	29(28)	1843.03or4(天保14.03)	1880.03.17(明治13)	37or38	1873.09.13(明治06)
静岡・士	34(33)	1838.11.01(天保09.09.15)	1914.10.23(大正03)	75	
幕臣・士	32(31)	1840.08or9(天保11.08.)	1891.09.03(明治24)	60or61	1874.03.05(明治07)
鳥取・士	31(30)	1841.08.13(天保12.06.27)	1912.10.07(大正01)	71	1878.01.09(明治11)
高知・士	42(41)	1830.11.26(文政13.10.12)	1910.03.02(明治43)	79	1873.03.11(明治06)
高知・士	30(29)	1842.05.11(天保13.04.02)	1915.09.20(大正04)	73	1873.03.11(明治06)
佐賀・士	28(27)	1844.11.04(天保15.09.24)	1898.05.11(明治31)	53	1873.08.08(明治06)
大阪	18	1845.11(弘化02.10)	1882.11.16(明治15)	28	1873.03.11(明治06)
福岡・士	46(45)	1826.09.02(文政09.08.01)	1882.04.04(明治15)	55	1873.03.11(明治06)

表1　岩倉使節団　団員メンバー表

氏　　名	官名・身分	使節団職名	発令日	被免日
岩倉具視	右大臣	特命全権大使	1871.11.20(明治04.10.08)	
木戸孝允	参議	特命全権副使	1871.11.20(明治04.10.08)	
大久保利通	大蔵卿	特命全権副使	1871.11.20(明治04.10.08)	
伊藤博文	工部大輔	特命全権副使	1871.11.20(明治04.10.08)	
山口尚芳(範蔵)	外務少輔	特命全権副使	1871.11.20(明治04.10.08)	
塩田篤信(三郎)	外務大記	1等書記官	1871.11.20(明治04.10.08)	1873.01.20(明治06)
田邊太一	外務少丞	1等書記官	1871.11.20(明治04.10.08)	
福地源一郎		1等書記官	1871.11.20(明治04.10.08)	
何　礼之	外務省6等出仕	1等書記官	1871.11.20(明治04.10.08)	
小松済治(熹盛)	外務省7等出仕	2等書記官	1871.11.20(明治04.10.08)	
林　董(董三郎)	外務省7等出仕	2等書記官	1871.12.05(明治04.10.23)	
長野桂次郎	外務省7等出仕	2等書記官 工部理事官随行	1871.12.19(明治04.11.08) 1872.08.05(明治05.07.02)	1872.08.03(明治05.06.29)
川路寛堂(太郎)	外務省7等出仕 →工部省7等出仕	2等書記官 3等書記官 大蔵理事官随行	1871.11.20(明治04.10.08) 1871.12.05(明治04.10.23) 1872.08.05(明治05.07.02)	1871.12.05(明治04.10.23) 1872.08.03(明治05.06.29)
渡辺洪基	外務少記	2等書記官	1871.11.20(明治04.10.08)	1872.07.02(明治05.05.27)
安藤忠経(太郎)	外務大録	4等書記官	1871.12.04(明治04.10.22)	
池田政懋(寛治)	文部大助教	4等書記官	1871.12.04(明治04.10.22)	
五辻安仲	式部助	大使随行	1871.12.04(明治04.10.22)	
内海忠勝	神奈川県大参事 →外務省7等出仕	大使随行	1871.12.04(明治04.10.22)	
中山信彬	兵庫県権知事	大使随行	1871.12.04(明治04.10.22)	
野村　靖	外務大記 →外務省6等出仕	大使随行	1871.12.04(明治04.10.22)	
安場保和	租税権頭	大使随行	1871.12.14(明治04.11.03)	1872.06.09(明治05.05.04)
久米丈市(邦武)	権少外史	大使随行	1871.12.16(明治04.11.05)	
田中光顕	戸籍頭	大蔵理事官兼会計	1871.12.04(明治04.10.22)	
阿部　潜	大蔵省7等出仕	大蔵理事官随行	1871.12.04(明治04.10.22)	
杉山一成	検査大属	大蔵理事官随行	1871.12.04(明治04.10.22)	
富田命保(冬三)	租税権大属	大蔵理事官随行	1871.12.04(明治04.10.22)	
若山儀一	租税権助	大蔵理事官随行	1871.12.04(明治04.10.22)	
沖　守固(探三)	大蔵省7等出仕	大蔵理事官随行	1871.12.06(明治04.10.24)	1873.06.20(明治06)
吉尾永昌(辰太郎)	大蔵省11等出仕	大蔵理事官随行 国債券紙幣監造	1871.12.21(明治04.11.10) 1872.08.03(明治05.06.29)	1872.08.03(明治05.06.29)
佐々木高行	司法大輔	司法理事官	1871.12.04(明治04.10.22)	
岡内重俊	司法権中判事	司法理事官随行	1871.12.04(明治04.10.22)	
中野健明(剛太郎)	司法権中判事	司法理事官随行	1871.12.04(明治04.10.22)	
長野文炳	司法権少判事	司法理事官随行	1871.12.04(明治04.10.22)	
平賀義質	司法権中判事	司法理事官随行	1871.12.04(明治04.10.22)	

山口・士	28(27)	1844.11.18(天保15.10.09)	1892.11.17(明治25)	47	1873.06.24(明治06)
幕臣・士	42(41)	1830.10.07(文政13.08.21)	1910.12.08(明治43)	79	1873.06.24(明治06)
愛知・士	27(26)	1845.07.16(弘化02.06.12)	1909.02.01(明治42)	63	1873.03.23(明治06)
高知・士	26(25)	1846.10.22(弘化03.09.03)	1891.05.03(明治24)	45	1878.06.11(明治11)
山形・士	23	(嘉永02)	1910.09.19(明治43)		
静岡・士	23(22)	1849.04.29(嘉永02.04.07)	1894.08.04(明治27)	45	1874.02.09(明治07)
大村・士	34(33)	1838.10.15(天保09.08.27)	1902.09.08(明治35)	63	1873.03.09(明治06)
佐賀・士	28(27)	1844.08or9(天保15.07.16)	1922.11.10(大正11)	78	1873.03.23(明治06)
幕臣・士	42(41)	1830.11.13(文政13.09.28)	1889.04.28(明治22)	58	1873.04.17(明治6)
東京	19(18)	1853.07.16(嘉永06.06.11)	1920.01.09(大正09)	66	
岩手・士	46(45)	1826.06.16(文政09.05.11)	1901.03.29(明治34)	74	1873.06.24(明治06)
公家・華	39(37)	1834.01.01(天保04.11.22)	1912.01.04(大正15)	78	1872.12.31(明治05.12.02)
鹿児島・士	36(35)	1836.12.10(天保07.11.03)	1877.09.24(明治10)	40	

鹿児島・士		1842(天保13.09)	1876.10.20(明治9)	33or34	
鹿児島・士		1845.05.15(弘化02.04.10)	1887.12.19(明治20)	42	
鹿児島・士		1836.09.08(天保07.07.28)	1912.02.28(明治45)	75	1873.09.06(明治06)
福島・士		1839.04.28(天保10.03.15)	1906.08.29(明治39)	66	1873.09.06(明治06)
公家		1840.12.22(天保11.11.29)	1921.06.20(大正10)	80	1872.12.31(明治05.12.02)
茨城		1839.12.20(天保10.11.15)	1915.03.18(大正4)	75	1872.12.31(明治05.12.02)
鹿児島・士		(嘉永6)	1880.08(明治13)		1874.12.28(明治07)
東京			1899.06.30(明治32)		1873(明治06)
佐賀・士		(天保11)	1896.07.03(明治29)		
兵庫					
群馬		1843.02.12(天保14.01.14)	1890.01.23(明治23)	56	1874.11(明治07)
静岡・士		1849.02.20(嘉永02.01.28)	1918.01.21(大正7)	68	1874.12(明治07)
山口・士		(天保11)	1886.10.04(明治19)		
福井・士		1829.11.07(文政12.10.11)	1909.04.28(明治42)	79	1873.02.10(明治06)
静岡・士		(天保6)	1895.04.11(明治28)		1875.09.14(明治08)
東京		(弘化1)			1873.02.10(明治06)
和歌山・士		(文政10)	1894.(明治27)		1873.05.27(明治06)
アメリカ		1833	1885.08.16(明治18)		
アメリカ		1845	1905.12.19(明治38)		1873.07.23(明治06)
広島・士		1849.09.04(嘉永2.07.17)	1904.09.07(明治37)	55	1875.08.14(明治08)
広島・士		1839.03.08(天保10.01.23)	1924.01.29(大正13)	84	1874.07.08(明治07)
山口・士		1841.01.24(天保12.01.02)	1921.05.01(大正11)	80	
福井・士		(弘化4)	1911.04.14(明治44)		
福島(元会津)		(天保12)	1882(明治15)		
静岡・士		1839(天保10.9)	1881.12.21(明治14)	42	1873.10.07(明治06)
広島・士		1847.08.03(弘化04.06.23)	1927.07.30(昭和02)	79	1873.09.13(明治06)

山田顕義	陸軍少将	兵部理事官	1871.12.04(明治04.10.22)	
原田一道(吾一)	兵学大教授	兵部理事官随行	1871.12.04(明治04.10.22)	
田中不二麿	文部大丞	文部理事官	1871.12.04(明治04.10.22)	
今村和郎	文部中助教	文部理事官随行	1871.12.04(明治04.10.22)	1873.02.15(明治6)
内村公平(良蔵)	文部省9等出仕	文部理事官随行	1871.12.04(明治04.10.22)	
近藤昌綱(鎮三)	文部中助教	文部理事官随行 外務2等書記生	1871.12.04(明治04.10.22) 1873.02.22(明治6)	1873.02.15(明治06)
長與秉繼(専齋)	文部中教授	文部理事官随行	1871.12.04(明治04.10.22)	
中島永元	文部省7等出仕	文部理事官随行	1871.12.04(明治04.10.22)	
肥田為良(濱五郎)	造船頭	工部理事官	1871.12.05(明治04.10.23)	
瓜生　震	鉄道中属	工部理事官随行 官費留学生	1871.12.05(明治04.10.23) 1873.04.01(明治06.04.01)	1873.04.01(明治06)
大島高任	鉱山助	工部理事官随行	1871.12.15(明治04.11.04)	
東久世通禧	侍従長	宮内理事官	1871.12.04(明治04.10.22)	
村田経満(新八)	宮内大丞	宮内理事官随行	1871.12.04(明治04.10.22)	

追加団員

畠山義成(杉浦弘蔵)	官費留学生	3等書記官心得	1872.03.01(明治05.01.22)	
大原令之助(吉原重俊)		3等書記官 大使随行心得	1872.03.01(明治05.01.22) 1872.08.22(明治05.07.19)	1872.08.22(明治05.07.19)
高崎豊麿(正風)	少議官	理事官	1871.12.16(明治04.11.05)	1872.02.28(明治05.01.20)
安川繁成	少議生	高崎理事官随行	1871.12.16(明治04.11.05)	1872.02.28(明治05.01.20)
高辻修長	大使従者・元侍従	宮内理事官随行	1872.03.01(明治05.01.22)	
香川広安(敬三)	大使従者	宮内理事官随行	1872.03.01(明治05.01.22)	
岩下長十郎	官費留学生	兵部理事官随行	1872.03.23(明治05.02.15)	
富永冬樹	私費留学生	兵部理事官随行心得	1872.03.23(明治05.02.15)	
松村文亮	私費留学生	兵部理事官随行心得	1872.03.24(明治05.02.16)	
福井順三	大使従者	使節随行医療心得	1872.03.24(明治05.02.16)	
新島七五三太(襄)	私費留学生	3等書記官心得 文部理事官付属心得	1872.03.30(明治05.02.22)	
手島精一	私費留学生	大蔵理事官随行心得	1872.04.18(明治05.03.11)	(明治05.11.)
長岡義之	租税寮7等出仕	大蔵理事官随行	1872.06.08(明治05.05.03)	
由利公正	東京府知事	大使随行	1872.06.08(明治05.05.03)	
太田源三郎	東京府6等出仕	由利随行	1872.06.08(明治05.05.03)	1872.06.08(明治05.05.03)
岩見鑑造	東京府2等訳官	由利随行	1872.06.14(明治05.05.09)	
由良守応	勧農助	大蔵理事官随行	1872.07.23(明治05.06.18)	
ブルックス	元・S.F.日本領事	使節随行	1872.08.06(明治05.07.03)	
パースン		使節付属	1872.08.06(明治05.07.03)	
太田徳三郎	官費留学生(陸軍)	兵部理事官随行	(明治05.07.下旬)	
渡六之助(正元)	官費留学生(陸軍)	兵部理事官随行	(明治05.07.下旬)	
大野直輔	官費留学生	大蔵理事官随行	(明治05.07.29)	
狛林之助(熊勝)	官費留学生	工部理事官随行	(明治05.08.上旬)	
野口富蔵	官費留学生	工部理事官随行	(明治05.08.上旬)	1873.03.25(明治06年)
栗本貞次郎	官費留学生	2等書記官待遇	1873.01.17(明治06)	
市川文吉	官費留学生	大使随行	1873.04.01(明治06)	

第一章　南貞助の自叙伝『宏徳院御略歴』

第一節　南貞助

明治五年一〇月九日（一八七二年一一月九日）にスコットランド巡遊からロンドンに戻った木戸孝允全権副使は、その翌日と翌々日の日記に次のように記している。

同十日　晴又雨終日室居瓜生内海小室河北等来訪十字過寺島来館女王謁見其他後日の都合を談す六字過伊藤来て南貞介の寄留せるアメリカンジヨイントナシヨナルバンク之困難を告け為其南貞介幷同人同居の英人某に面会し其趣を一々承得せり雖然其所致如何とも難致依て使節一統談合の上吉田少輔へ探索吟味を托せり為其伊藤吉田の処へ至れり此バンクへ日本書生と使節一行の金を預けしもの不少余亦其一人也

同十一日　晴朝吉田来館前日の一条に付周旋せり寺島芳山戸田来訪ハンク困難の一条に付人々皆狼狽の色あり其形様筆亦不及尤其中の奇たるものは塩田書記平生交情刻にして甚愛金然るに係此難曾て鬼の異名あり今日誰の戯歟鬼の目に涙バンクの御分散と云狂歌あり又一に白はきに見とれもせぬに百ポンドとんと落たる久米の仙人是は久米の風姿甚雅朴人称仙人然るに同人平素倹素猥りに不散豈図又係此難依有此戯(6)

この『木戸日記』によれば、一〇月一〇日の午後六時過ぎに、伊藤博文全権副使が木戸を訪問して、「南貞介」が寄留していた「アメリカンジヨイントナシヨナルバンク」の営業が困難となったと告げた。そこで「南貞介」と同居していた「英人某」に面会して事情を聴いたのであるが、バンクの困難はどうしようもなく、大使・副使たちともこの間のことを協議し、折しも滞在中の吉田大蔵少輔になお「吟味探索」してもらうことにし、伊藤副使を吉田のもとへ遣わしたというのである。また、木戸自身も預金者であり、使節団員の塩田書記官・久米邦武大使随行も預金者であって、狂歌が戯れに作られたことも記されている。

また、大久保・伊藤両副使が一時帰国している間に、在英の留学生たちの代表としてワシントンまで行き、幕末に締結した安政条約の片務的最恵国待遇条項により、アメリカとの単独の本交渉の不可なることを意見具申した尾崎三良の『尾崎三良自叙略伝』には、次のようにあった。

倫敦に於て又大使一行中に珍事起れり。此時使節及び書記官等に対する政府の待遇頗る優良にして、汽車汽船の賃銀、旅館の諸費、馬車賃まで皆官費にして、猶手当として月給同額の金を受くる規定ゆゑ此手当金は全く手元に残れり。且つ此頃日本の貨幣一円は英貨の四シリング余即ち今の二円余に当るゆゑ、倫敦に着したる頃は皆懐中比較的豊富なり。然るに此貯金の大半を米人ブールスなるものに殆んど詐取せられたる事実あり。是は長州人南貞助が其仲介人なり。(7)

『木戸日記』に記されていた「南貞介」とは長州人の「南貞助」のことだったのである。『郵便報知新聞』の投書にあった「テイナン」も、「南貞介」すなわち「南貞助」の姓名をもじった表現であったということが推察される。

南貞助については、銀行破産事件のことを記した被害者たちの書簡や回顧録などにもその名が登場するが、今日までに南貞助のことを記した主要なものを摘記してみると、戦前においては、森谷秀亮「南貞助自伝『宏徳院御略歴』」[8]、吉野作造「漫読漫談（其二）」[9]があり、戦後においては、手塚竜麿「南貞助と妻ライザ」[10]、小山騰『国際結婚第一号』[11]、南誠『南貞助略伝』がある[12]。

これらのうち、森谷は南の自伝『宏徳院御略歴』の紹介とくに南の幕末維新期における二度にわたる洋行（慶応元年～慶応三年と明治三年～明治六年）のことを記し、吉野は明治六年サマーズが創刊の邦字新聞『大西新聞』の日本人協力者が南であったことと、南と「ナショナルエゼンセー」会社との関係を『宏徳院御略歴』から引用しながら、尾崎三良による銀行破産の「不始末」のことを記し、そして、手塚は南の素性とその洋行、帰国後の履歴のほか妻となり来日したライザのことを『宏徳院御略歴』をもとにそれぞれ記している。そして、小山騰の『国際結婚第一号』は、南を「本邦嚆矢の国際人」と位置付け、南の手記である『宏徳院御略歴』に依拠しながら、その出生から死去に至るまでの南の事歴をより詳細に記している。

『南貞助略伝』の南誠は、南貞助の次男・清香の子で、南貞助の孫である。孫ではあるが、祖父の『宏徳院御略歴』を亡父（清香）から実物を「みせられたこともなかった」とあり、亡父（清香）の第一七回忌にあたり、貞助の「略伝を整理し」、「後生に語り継がれん事を願い」、親族に配布したものである。

これらによれば、南は、弘化四（一八四七）年、父・山口藩士族南小次郎景助（李之助とも称した）と、高杉小忠太丹治の妹である母・政子の三男として、長門国阿武郡萩平安湖で生をうけ、幼名を百合駒と称した。南は一四歳になる文久元（一八六一）年に百合三郎と改名し、母政子の兄にあたる高杉丹治（小忠太春樹）の養子となった。高杉丹治は幕末長州藩の高杉晋作の父親であるため、南は高杉晋作の従兄弟であると同時に、高杉晋作は義兄にあたる。

その後、幕末に志士として名を馳せた高杉晋作と行動をともにし、二度の洋行を果たすが、銀行破産事件によりその信用は地に墜ち、その後の生涯は冴えないものとなった。

ともあれ、南の自叙伝である『宏徳院御略歴』を抜きにしては南のことを語れない。

南のことを記した森谷・吉野・手塚・小山らのものには、部分的に『宏徳院御略歴』からの引用がみられるが、その全文は明らかではない。

第二節 『宏徳院御略歴』

そもそも『宏徳院御略歴』は、南貞助が弘化四年の誕生から明治二七年に至るまでの事蹟を南自身が手記したもので、大正四（一九一五）年七月に南が死去した後に、その長男の南春峰が手記本文を筆写し、明治二五年から死去までの略歴を加筆・追記して弟妹らに謄写版にして配布したものであることが冒頭に記されている(13)。

此の御略歴は亡き父上様が明治廿九年に筆記せしめ置かれたる原文のまゝを拝写し猶其の后御逝去までの事項を追補し御遺物に添えて弟妹等へ贈る為めに謄写版に附したるもの也
誤記其の他一切の責総て不肖にあり、倍務多端の際の走り書反って畏れ多けれど唯だ御生前追慕のあまりに如斯

大正四年九月九日　　不肖　南春峰　拝

遺されたる弟妹達え

それでは、『宏徳院御略歴』の全文を見てみよう。

題履歴

萩城山水能生人、清風松蔭立名倫、千萬蒼生酣睡裡、起唱皇国兵備新、玄瑞東行互継踵、松菊障岳更彬々、其他知己以十算、皆是忠義殉節臣、萩城西南山如鱗、畳峯層巒自嶙峋、御嶽緑樹映玉川、南妙寺櫻別成春、東羽賀臺松下塾、此是光師始業垠、北方隔洋望大陸、吐月山高聳海濱、猟弓獨歩御嶽麓、釣舟閑泛玉川瀕、幼時快楽初夜夢、既過十二支四巡、五十年間一枕裡、半生無功風下塵、先兄祈五難七過、五難七過集此身、欲雪君冤甞艱辛、敗後不許見君親、或坐一圜聴聴亡國、心膽如氷北風瞋、或侵萬涛欲継志、死別哀鵑泣旅津、北門或献防禦策、二老頑説罪忽臻、或欲生財豊國基、水火為厄布衣貧、運命難逃人事睽、依忍耐有貫誠真、如何以死不諫暴、八幡山上杜鵑頻、如何就官不決事、地球悠遠日月輪、無学答商業大詢、屈理無資幼結姻、非位得々謀其政、慷慨漫忘物量均、生来不計時與機、世人傍観笑且顰、多難多過幾顚蹶、思之血涙獨噤唇、却怪骨肉益壮々、天地生我果何因、忠義罪軽未賜死、聊賦此詩訴天神、

明治廿九年　　南　貞助

履　歴

弘化四年　一余ノ父ハ山口県士族南景助、母ハ高杉丹治ノ妹政子ナリ、長門国萩平安湖邸ニ生ル三男ナリ百合駒ト称ス

安政元年　一萩城吉松塾ニ通学ス、初テ久坂義助、伊藤博文君ヲ見ル

同　四年　一萩城大学明倫館ニ通学ス、銃馬剣槍水練ヲ学フ

文久元年　一百合三郎ト改名ス、伯父高杉丹治ノ養子トナル

一義兄高杦普作ニ随従シ京都大阪ヲ経テ江戸ニ到ル、義兄江戸ヲ去ルニ及テ養父高杦丹治ニ随従シテ江戸ニ留学ス

同　二年　一各藩主ノ妻子江戸引揚ニ付若殿御前様江戸御引上ノ〓決定シ御前警衛ヲ仰付ラル、總テ陸路ヲ経テ萩城ニ帰ル

一馬関ニ於テ攘夷ノ〓決スルヲ聞キ萩城ヲ発シ同所ニ至ル、実父南景助当時軍目附ナルヲ以テ随従シテ戦闘ニ臨ム

一若殿様（毛利元徳公）馬関防禦御巡覧ニ際シ米国軍艦襲来シ我軍艦二隻ヲ沈没シ射撃甚タ急ナリ、公ハ山上ヨリ閲覧セラル余ハ公ニ上申スルニ余塗陣笠ヲ黒塗陣笠ニ取替ラルヘキ〓ヲ以テス公即チ嘉容セラル直ニ随従ヲ命セラレ公ニ尾シテ山口城ニ帰ル

文久三年　一馬関ノ防備兵多クハ陪臣農商ノ有志者ニ依テ成ル余憤慨ニ堪エス乃チ士族数百名ヲ説諭募集シ一隊ヲ編成シ大組隊ト称ス大ニ士族ノ志気ヲ振起ス、後隊名ヲ干城隊ト付セラレ馬関ニ出張ス

元治元年　一長州藩京師ヨリ退ケラル、ノ後会津薩摩ノ二藩跋扈シ他藩之ニ應スル者多シ尊攘ノ大義殆ト地ヲ掃フテ廃滅ス余ハ事情探索トシテ京師ニ出張ヲ命セラル依テ商人ニ偽装シ京都ニ入リ三条三河町ノ長州藩邸ニ潜伏ス

一諸藩有志者ト謀リテ我公ノ正義ヲ貫徹シ且其上京ヲ許可セラレン〓ヲ勉ム或ハ朝廷ノ奸臣ヲモ殺戮セント必死潜行大ニ力ヲ尽セリ

一諸藩ノ大兵我河原邸ヲ包囲スルヿ数日我兵挙邸百人ニ足ラスト雖トモ死ヲ期シテ日夜防禦ス敵遂ニ邸内ニ乱入セスシテ囲ヲ解ケリ

一我藩京師攻撃ノ兵備調フニ依テ諸士ト共ニ夜ニ乗シテ藩邸ヲ脱出シ因州藩兵ニ偽装シ嵐山天龍寺ニ到リ防禦ヲ勤ム

一天龍寺ニ於ケル我兵数ハ猶百名ニ足ラスト雖トモ数日ヲ経ルモ敵来ラス時ニ我一隊将貴島又兵衛兵ヲ率ヰテ至ル依テ此地方ノ防禦等ヲ譲リ天王山ニ進テ長州藩ノ兵本陣ニ合ス総大将ハ家老益田弾正副将ハ久坂義助君ナリ

一本隊第一隊ノ第二小隊長ヲ命ゼラレ天王山ノ麓ニ陣ス

一八幡山ニ於テ我藩ノ将士軍略ヲ議ス久坂義助等ハ時機ノ熟スルヲ待チテ京師ヲ進撃センヿヲ議ス時ニ貴島又兵衛激怒シテ曰ク君公既ニ発途上京ノ程ニ在リ臣下何ノ面目アリテ悠々公ノ到着ヲ待タン余ハ直ニ進撃セン若シ此議ニ同意スル者無ンバ貴島一隊ヲ以テ之レニ当ルベシ薩会ノ兵何ゾ意ニ介スル足ラント衆皆之レニ抗スト雖トモ聴カズ是ニ於テ衆議一変シ一隊ヲ残シ事ノ破ル、ヨリハ寧ロ總攻撃ヲナシ死センノミト終ニ進軍ノ事ニ決ス将士皆慨然タリ

一天王山ノ本隊ハ桂川ヲ渡リテ夜已ニ明ケ而テ伏見及天龍寺隊ノ劇戦砲声既ニ傳フルニ由リ急歩鷹司邸ニ乱入シ薩會其他諸藩ノ兵ト戦フ進テ禁廷ニ達セントスルノ途上久坂義助膝ヲ討タレ立ツヿ能ハズ依テ余河北俊弼ト共ニ肩ニ懸ケテ鷹司邸ニ帰ル傷死者畳々タリ

一久坂義助余ト河北俊弼ヲ呼テ酒ヲ飲マシメテ曰ク戦況此ノ如シ両人相扶ケ重囲ヲ脱シ速ニ君公ニ報告ノ労ヲ取ルヘシト余辞スルヿ再三共ニ斃テ止ント乞ヒスト雖トモ久坂寺島同ク相語テ曰ク是

レ則チ君国ニ竭スノ道ナリト終ニ厳命ニ服従ス

一鷹司邸ノ裏門ヨリ出ントスルヤ越前及彦根藩ノ兵向ヘ来ル戦闘闌ナルノ時入江九一敵槍ノ為メニ眼ヲ突カル眼球垂テ地ニ落ツ曰ク我ヲ扶ケテ鷹司邸ニ入レヨト依リテ河北ト相肩ニシテ邸ニ入ル其ノ割腹スルニ及テ河北君援刀ヲ為ス哭別シテ去ル

一夜天王山ニ帰着ス會スル者十名ニ足ラズ槇木和泉等ト訣別シ摂海ヲ指シテ発ス

一摂州西ノ宮ニ着シテ飯ヲ喫ス是レ三日二夜間ノ就食ナリ船ヲ雇テ西行ス君公ノ乗艦汽船ヲ探索スルニ間ナシ

一備后ノ鞆港ニ於テ君公ノ乗艦ニ逢フ戦況ヲ上申シテ使命ヲ果セリ君公ハ直ニ帰航セラレタリ

一防州三田尻ニ着ス長州政府ノ意志既ニ変動セントシ令シテ京師ノ敗兵ハ山口諸関門内ニ入ルヲ許サズ依テ宇部福原太夫（伏見方面ノ大将）ノ許ニ到リ共ニ君命ヲ待テ死ニ就カンヿヲ約ス居ルヿ数日

一一日高山ニ登ル豊後ノ竹島ニ数艦集合黒烟ノ上ルヲ見ル是レ蓋シ外国軍艦ノ馬関襲撃準備ノ為メナランレ察シ山ヲ下テ由ヲ太夫ニ告ケ又余ノ死地馬関ニ定マルトナシ別ヲ告ケテ馬関ニ赴ク

一馬関ノ東砲台前田ニ戦闘ス砲臺破レ外敵上陸スルニ及テ数回ノ争闘ヲナセリ

一和親条約ノ成ルヲ聞キ直ニ船木駅本陣ニ至リ君公ニ謁ヲ乞テ和親ノ非ナルヲ上申シ若シ破約開戦ノ命ナクンバ立ロニ死ヲ賜ンヿヲ乞フ両ナガラ許サレズ時勢ヲ待ツベシト懇命セラレ終ニ萩城ニ帰ル

一全藩俗論沸騰俗軍政府当局者ヲ捕縛シ獄ニ投シ又君公ヲ擁シテ萩城ニ集マル従前国事ニ尽シタル

者挙テ身ノ置ク所ヲ知ラズ義兄東行ハ已ニ逃レテ馬関ニ向フ余ハ高杉家相続ノ任アルヲ以テ養父丹治余ヲ囲ニ投ジ番人二名ヲ附ス知友ノ内出入ヲ許ス者纔カニ河北俊弼一人ノミ依テ一夜相謀テ余ガ刀剣及軍装ヲ同氏ノ衣内ニ陰蔽セシメテ之ヲ出シ而シテ夜間人静カナルニ乗シ番士ヲ掠メテ脱走シ途上追捕ヲ避ケテ橋ナキ河ヲ渉リ路ナキ山脈ヲ通ジテ馬関ニ至ル依テ高杉家離縁トナル義兄ハ谷潜造ト称シ余ハ谷松助ト改名ス

一義兵ヲ馬関ニ挙グ始メ組スル者纔カニ八名徐々風ヲ望ミ吉田駅ニ陣スルニ及ンデ三百余名トナル江堂駅ニ進軍シ夜雨ニ乗シテ敵兵八百余ヲ破ル敵ノ死者四百ニ下ラズ是レ同士撃ノ為メナリ親族ニシテ敵トナリシ者多シ

一進テ明木駅ニ陣ス小闘アリ終ニ萩城ヲ包囲シ城ノ南方南妙寺ニ陣ス

慶應元年

一城下市街ノ戦闘数所ニ起ル敵軍敗レテ為ス所ヲ知ラズ賊魁等縛ニ就ク君公ヲ擁シテ山口城ニ帰ル

一馬関ニ於テ和親条約締結セラル、ノ後余ハ萩城ノ家ニ帰リ万国地誌略ヲ読ミ大ニ洋行ノ志ヲ起シ時アラバ脱走シテ欧米ノ間ニ遊バント欲ス茲ニ国難治マリ平和回復ノ基礎立タルニ依テ馬関ニ至リ義兄東行ニ之ヲ謀ル兄乃チ諾シテ曰ク先ツ井上聞多君ニ就テ英語ヲ学ビ外国船舶ノ馬関ニ来ルヲ待ツベシ是ニ於テ始メテ洋語ヲ学ブノ端緒ヲ開ケリ

一長崎港英人ノグラバ商会ノ所有船スク子ル形一隻馬関新地ニ来ル之レニ便乗ヲ依頼シテ上海ニ向フ同行者ハ長藩軍艦癸亥艦長山崎小三郎及竹田春風ナリ

一上海ニ於テ便船ヲ待ツコト数日漸ク新茶ヲ搭載シタル英国直行ノ帆船ヲ得之ニ搭シテ同港抜錨ス南海諸島イタモール島海峡及喜望峰ヲ経テ英国倫敦ニ至ル此行実ニ百三十日ヲ費セリ同行者竹田

春風ハ志ヲ変シ上海ヨリ日本ニ帰ル
一倫敦府ガワルスツリー大学校ニ通学ス
一同居ノ山崎小三郎氏倫敦着府以来肺患ヲ発シ日夜看護シ薬石ヲ与ルモ遂ニ其効ナク三ケ月ノ後ト死去ス依テ遺骸ヲ倫敦府外ノウヲミンスタル協同墓地ニ葬ル是レヲ以テ日本人ニシテ海軍士官タル者ハ勿論従来渡英シタル者ノ中ニテ死没者ノ嚆矢トス同氏ノ墓石ハ余ノ貧困ノ為メ堅固ナラス且體石ヲ欠キタルニ付キ明治廿三年余ノ英国巡視中墓跡ヲ探索シテ體石ヲ備ヘ改造ス
一身体衛生ノ為メニ英国南方海岸ボクナ市ニ転居シ教師ホロウェー氏ノ宅ニ同居シ修学ス

慶應二年

一英国陸軍大学校所在地ウールウイチ市ノ陸軍歩兵退職大尉ライト氏ノ宅ニ同居シ陸軍准士官ペンテコースト氏ノ私塾ニ通学シ陸軍ノ教育ヲ受ク
一英国海陸軍大学ハ勿論其他ノ公設学校ト雖トモ外国人ノ入校ヲ拒絶スルノ習慣ナリ特ニ陸軍学校ニ入ルハ難中ノ至難ナリシモ元在江戸英国公使館書記官ニテ日本人襲撃ノタメ数傷ヲ受ケタル人ニシテ当時衆議院議員タルヲリフアント氏ノ尽力周旋ニ依テ漸クウールウイチ陸軍大学校ニ入学スルヲ得タリ

同　三年

一歩騎両課ヲ専攻シ且砲術及築城課ハ助教陸軍大尉ドールトン氏ニ就キ副課トシテ之ヲ学ブ
一余ノ馬関ヲ脱走シタル時旅費トシテ三名ニ対シ一千両ヲ船長ニ渡シタルノミニテ其後一回モ送金シ与フル者ナシ故ニグラバ商会ノ組合員イ、ハリソン氏ノ父ハリソン氏法律士トシテ倫敦ニ在住セシニ依テ借用金ヲ申入レ旅費学資及山崎氏ノ葬儀費等ヲ支弁セリ加之ナラズ陸軍入校以来ハ殊ニ費用多額トナレリ一日父ハリソン氏曰ク陸軍学ハ多費且卒業期ハ七ケ年ヲ要ス其間費用ヲ弁ズルヿ実ニ至難ナリ寧ロ今ニシテ一度帰国シ其用度ヲ弁シ再ビ渡来スルニ如カスト時ニ余以為ラク長州藩ハ再度幕兵襲来ニ付戦争相続テ費途益多々ナラン且義兄東行ノ消息知ルニ由ナシ就テハ鳥渡帰朝シテ其費途ヲ弁シ再遊スルニ如カザルベシ且ツヤ恩人ハリソン氏ニ対シテハ既ニ数年間ノ負債アリ重子テ数年ノ学費立換ヲ乞ハンヿ之ヲ哀求スルノ語ニ窮セリト遂ニ帰朝スルニ決意シ仏国ヲ経テマセールス港ヨリ乗艦シ東方ニ向テ発ス

一英領香港ニ於テ同藩士河野氏ニ邂逅シ始メテ義兄ノ訃音ニ接シ実ニ断腸ノ思ヲナセリ上海ニ於テ五代才助氏ニ逢ヒ日本ノ形勢容易ナラズ倒幕論熾ナルヲ聞知ス且長崎ニ於テ河北俊弼ト会シ我藩ノ事情ヲ審ニスルヿヲ得更ニ便船ニ搭シテ下ノ関ニ帰着ス

一両君公ニ拝謁シ海外事情ヲ上申シ萩城ニ帰リ父母ニ謁ス

一本姓ヲ用フルノ必要アルヲ以テ南貞助ト改称ス

一兵学寮御用掛ヲ命ゼラル寮頭大村益次郎君ト軍事ノ改良ヲ議ス

一藩政御用人木戸広沢ノ両君ニ向ヒ余ノ再ビ英国ニ遊学シ陸軍ノ課程ヲ卒フル為メ公費留学ノヿニ尽力セラレンヿヲ切願ス両氏曰ク方今ノ形勢多難暫時国事ニ尽力スベシトテ強テ再遊ノ依頼ヲ受ケズ

一公費留学ハ至難ナルト決心シ旧友長府藩福原和勝ニ学資一万両ヲ周旋センヿヲ托シ且調金次第共ニ脱走シテ欧州ニ向ハンヿヲ約ス

一当時我藩輿論ハ朝廷ノ命ヲ待チテ運動セントシ他藩ノ誘導ヲ拒絶シ朝廷ニ対シ先年ノ京都攻撃ノ非ナルヲ悔イ謹慎恭順ヲ以テ主旨トセリ而シテ藩外ニ在テハ倒幕論愈〻熾ニシテ薩土其他ノ藩之

レガ準備ヲナシ大政維新ノ期已ニ切迫セリ是ニ由テ奇兵隊長福田良助ト相謀テ藩政御用人並ニ君公ニ哀願スルニ断然三千ノ出兵ヲ命ゼラレ他藩ニ卒先シテ維新ノ大業ニ従事センヿヲ列叙シ又時機失フヘカラス若シ政府許可ナキニ於テハ単ニ奇兵隊而已ニテモ臣子ノ分ヲ重ンジ脱走シテ諸藩ノ挙ニ共同センヿヲ以テス然リト雖トモ政府容易ニ議ヲ決セズ既ニシテ他ノ諸隊風ヲ聞テ賛同シ来ル防長ノ志気大ニ振動セリ

一茲ニ廟議一決諸隊ヨリ壮勇千人ヲ撰抜シテ三田尻ニ駐屯スベキノ命アリ而シテ余ハ英式ヲ以テ之ガ訓練ヲ為スベシトノ命ヲ受ケタリ

一三田尻字松原ニ於テ選抜隊ノ英式練兵ヲナス始テ抜刀指揮方法乗馬法兵卒ノ銃剣ヲ用ヒ突貫法発銃法散兵法進退法野砲運輸法発砲法等ヲ教授シ夜ハ将官ヲ會シテ兵法談話ヲナスヿ数十日一日君公ノ上覧アリテ大ニ改良ノ賞詞ヲ蒙リタリ

一撰抜隊ハ兵庫表ニ出張ヲ命ゼラレ事茲ニ一段落ヲ告ゲタルニ依テ馬関ニ赴キ福原和勝氏ト会合ス氏曰ク学費調ヒタリト依テ脱走ニ決シ山口城ニ帰リ陰ニ旨ヲ広沢君ニ告ゲ後日ヲ依頼セントス君ハ大ニ驚キ之ヲ止ム其夜木戸君ヨリ使者来リ来宅ヲ促ス蓋シ木戸君モ廣沢君ヨリ余ノ談ヲ聞キ脱走ヲ止メリ翌朝君公ヨリ拝謁ニ付キ登城スベキ旨ヲ申シ来ル昇殿ニ及テ木戸廣沢両君両君《ママ》公ニ陪席ス君公曰洋行ノヿ諾スト雖トモ維新ノ報今ニ至ルベシ然ラバ朝廷ヨリ条約改正等ニ付勅使ヲ各国ニ派遣セラルベシ故ニ宜シク其大事件ニ従事シ畢テ留学スルニ決意シ断然脱走スルノ念ヲ止ムベシト懇諭至ラザルナシ乃チ君命ニ従ヒ暫ク迂延スベキヿヲ答申セリ

一廣沢君ト同時ニ上京スベキノ命ヲ受ク依テ福原氏ニ其旨ヲ了解セシメ脱走ヲ延引センヿヲ議定シ

同船シテ大阪ニ向フ

一大阪ニ於テ薩藩家老小松帯刀氏ニ始メテ対面シ外国へ勅使派遣ノ⼂ニ及ビタルニ氏モ亦同論ニテ且其急務ナルヲ述ブ依テ余モ外国官ニ奉職シテ其準備ヲナスベシト言ヘリ

一外国官御用掛ヲ命ゼラル総督ハ宇和島藩伊達宗城公副総督ハ東久世通禧公ナリ

一外国官権判事ニ任ゼラル

一勅使派遣ノ⼂廟議内決シ東久世公ヲ大使トシ余及旧知薩州藩一門家町田民部（久成）ヲ両副使タラシメ派遣セント町田氏ハ当時長崎県判事ナルヲ以テ余ハ氏ニシテ異論ナカラン⼂ヲ欲シ為メニ命ヲ奉ジテ長崎港ニ到ル

一町田氏ト同伴シテ大阪ニ帰ル町田氏外国官判官トナル

一外国官出張所ヲ京師ニ置カレ余属官四名ト京都詰ヲ命ゼラル

一各国公使陛下ニ謁見ノ義ヲ乞フ由テ許可アラン⼂ヲ周旋シ其ノ御待遇方法等ニ尽力セリ是レ本邦ニ於テ外国公使謁見ノ始メナリ

一英国ニ於テ深交ヲ結ビタル友人薩州藩森金之丞（有礼）鮫島君等英国ヨリ帰朝シ余ニ依寄スル所アリ余ハ三条岩倉両公ニ人材登用ノ要ヲ上申ス両氏共外国官権判事トナル

一郵便及伝信ノ必用ヲ陳述シ施行ノ事ヲ献白ス

一長州藩士余等ノ徴士トシテ奉職シ大禄ヲ受クル等ニ付往々俗論ヲ生ゼリ木戸君尤モ其情ニ堪エズ由テ帰藩ニ決ス余モ亦感ヲ同フシ且勅使派遣ノ件モ費用ノ点ヨリ何時ニ決行セラル丶ヤ不分明ナレバ断然官ヲ辞シ藩費ヲ以テ洋行セント思ヒ長州藩ニ帰ル

一藩兵ノ士卒論功行賞ニ付争論ヲ起シ下士以下ノ者暴挙君公ヲ山口城ニ擁ス萩城常備隊之ニ応ゼントス是ニ於テ余ハ藤井勉三等ト士卒ヲ萩大谷ニ招會シ順逆ヲ説キ山口城ニ進撃セシム而シテ木戸君等ハ三田尻方向ヨリ攻撃シ速ニ山口城ヲ回復セリ

一同藩ノ大楽源太郎等敗兵ヲ四国松山辺ニ集合シテ藩内上ノ関辺ニ襲来ス三田尻ヨリ軍艦ヲ発シ楫取郡代官ト協議シテ之ガ防禦ヲナシ纔時ニシテ退却セシム

明治二年

一本邦内地各所トモ概子平定ニ帰シ且東京へ御迁都ノ﹇決定シ愈彼ノ勅使出発ノ﹇モ実行セラル、ノ期近キニ在ルベキニ付就官スベキ旨京師諸友ヨリ申来ル依テ京都ヲ経テ東京ニ至ル木戸廣沢君ハ余ニ先チテ東京ニ至レリ

一余ハ同官町田久成山口範蔵氏等ト協議シテ外国官ヲ整理シ且旧幕外国掛田辺宮本其他ヲ撰抜シテ外国官ノ属官ニ採用ス事務其緒ニ就ケリ

一外国条約施行期限已ニ経過セントス英国公使ハークス氏ノ発起ニ由テ改正取調ノ義ヲ申出ツ英国ハ東京在留同国公使館書記官兼領事ミツドホード氏ヲ其委員トシ各国各一名ヲ任命セリ政府ヨリハ余ヲ改正取調委員ニ命ゼラレタリ

明治三年

一徳川脱走ノ徒榎本釜次郎（武揚）大鳥圭介等海陸ヨリ箱館府ヲ攻撃ス府知事清水谷公等青森マデ引揚ゲラル依テ政府ヨリ海陸軍ヲ以テ征討ノ命ヲ発ス余ハ同府判事兼任出張ヲ命ゼラルニ依テ同地平定迠（平定ノ時迠ニハ勅使派遣費ヲ調度シ置クヘシト議定官及参議諸君ノ約アリ）トノ内約ヲ以テ御受ヲナセリ是ニ於テ予テ欧洲へ脱走セント約シタル福原和勝氏ハ余ノ洋行尚ホ迁延スルニ由テ横浜ヨリ出発ス

一軍事ニ就テハ曽我準蔵ト熟議取扱フベキ旨軍務官ヨリ達セラル

一通信船トシテ英船アルビヲン号ヲ雇入レ府御用掛堀眞五郎長谷部卓示等ヲ随ヘ金札廿万両正金五万両及糧食ヲ搭載シテ軍艦ニ先チ品川ヲ発シ青森港ニ向フ

一箱館ノ賊情不分明ナルニ依テアルビヲン号ニ英国旗ヲ掲ゲ属官二名ヲ乗込マシメ水夫ニ偽シテ箱館港ニ至ラシメ同港居住ニシテ信任スベキ者ニ向ヒ時ニ賊情ヲ通知スベキ〻ヲ命ズ爾后敵況大ニ審ナルヲ得タリ

一箱館ヨリ急報アリ曰ク賊ノ軍艦悉ク抜錨シ官ノ軍艦ヲ航海中ニ邀撃セントスルノ用意急ナリト依テアルビオン号ニ属官二名ヲ乗船セシメ全速力ヲ以テ之ヲ急報セシム然ト雖トモ官賊ノ軍艦已ニ宮古港ニ於テ衝突シ戦闘正ニ闌ナルヲ以テ惜イ哉其功ヲ奏セズ

一賊徒中元徳川幕府ノ雇仏国人陸軍教師七名アリテ大ニ陸軍々事ヲ指揮スト聞ク依テ順逆ノ方向及将来仏国トノ交際上甚タ面白カラザルベキ〻等ヲ陳述シ速ニ官軍ニ帰順スベク其ノタメアルビオン号ヲ差遣スル旨ヲ詳記シタル手簡ヲ認メ属官二名ヲ同号ニ乗込マシメ夜江刺港ニ潜行セシム然ルニ彼等固辞シテ来艦セザルヲ以テ未明青森港ニ帰ル

一携帯シタル廿五万両ノ内五万両ハ已ニ消費シ金札ハ如何ナル工夫ヲナスモ流通セザルニ由リ津軽侯ニ稟議シ金札ヲ抵当トシテ正金八万両ヲ借用シ漸ク支度ヲ弁ゼリ

一我軍艦共ニ大障ナク入港シ得タルニ依テ海陸総攻撃ノ準備整テ是ニ於テ清水谷総督ハ陸地ヨリ余ハ海上ヨリ進撃スル〻ニ決ス

一費途猶欠乏ノ恐アリ依テ残金札交換ノ為メ且ハ陣況報告等ヲ兼子アルビオン号ヲ東京ニ回航セシ

ム
一陸兵ヲ三部隊ニ分ケ其一隊ヲ賊ノ根拠地五稜廓ノ北背后ヨリ他一隊ヲ南西方ヨリ残リ一隊ヲ箱館山後ヨリ箱館弁天台場ヲ目的トシ進撃セシム而シテ軍艦ハ弁天砲台及賊艦ト闘フベキノ戦略ヲ定メ前進ス弁天台場先ツ陥落シ賊艦亦沈没或ハ焼尽シテ箱館市街我有ニ帰ス此戦捷一隊ハ直ニ正面ヨリ五稜廓ニ迫リ軍艦ヲ二隊ニ別チ一隊ヲ廓ノ東南ニ廻ハシテ正南隊ヲ擁護シ且廓ヲ砲撃ス一隊ハ廓ノ砲撃ト西南部隊ノ進撃ヲ擁護ス賊徒支フルヿ能ハズ遂ニ降伏シ榎本等皆縛ニ就キ蝦夷地平定ニ帰ス
一府庁ヲ設ケ事務ヲ取リ民事ヲ整理ス
一各国領事ヲ訪問シ官軍ノ砲撃ニ依テ蒙リタル損害ノ金高ヲ申出ツベシ調査ノ上償ハンヿヲ言渡セリ然トモ各国領事殊ニ静穏ニシテ我厚情ヲ謝シ其要償額僅ニ千両以下ナリシ
一各国軍艦ヲ歴訪シ平定ノ事ヲ告グ各艦ヨリ相当ノ礼ヲ受ク
一賊魁及従者等ヲ各軍艦ニ分載シ東京其他ニ輸送セシム薩藩兵将黒田良助（清隆）君ハ賊魁等ヲ残ラズ放免センヿヲ激論ス余ハ其処分ハ東京ノ有司ニ委任スルヨリ外ナシト言ヒ其論ニ同意ヲ表セズ
一各国軍艦士官及領事ヨリ丁寧ナル答礼ヲ得タリ
一各国領事ト商議シテ箱館港々則ヲ議定ス
一共同墓地ヲ市外ニ画定シ清潔法ヲ計ル
一独国領事ノ舎弟ガルトナル氏ハ榎本賊将ヨリ七重村ニ於テ試植地ヲ借受ケ居ルニ付之ヲ見分セシ

ニ氏ノ試植スル植物能ク其地ニ適当スルヲ以テ植物標本ノ為メ續テ其地ヲ借用シ栽培スルヿヲ許可セリ

一御用掛長谷部卓示等数名ヲ樺太島クシンコタン港ニ支庁開設ノ為派遣セリ其他各要地ニ数名ノ官吏ヲ派遣シ在留ヲ命ゼリ

一箱館府管内ノ事務及外交事務モ一段落ヲ告ゲタルニ由リ報告ノ為メ東京ニ帰ル

一北門防禦策ヲ献ズ略述スルニ北海道ハ気候寒冷ニシテ欧洲ニ似タリ故ニ本邦内地暖国ノ人民ヲ移住セシメンヨリハ寧ロ斯ノ如キノ風土ニ慣レ且資産アル外国人ヲ帰化移住セシメ総テ日本人同様ノ法律ヲ執行スルヿヲ公約シ開拓ノ端緒ヲ開クベク且樺太島ハ露国侵入ノ恐アレバ該島ノクシンコタン港ヲ以テ開港場トスルノ条約ヲ各国ト結ビ連帯ノ権限ヲ以テ維持ノ策ヲ取ルベキトイフニ在リ余太政官会議ニ列スルヿ七度太政大臣三条右大臣岩倉両公参議大久保木戸広沢諸君皆之ヲ北方ノ大計トシテ賛同ス然レトモ副島前原ノ二参議ハ曰ク宗教ヲ如何セント且欧洲ニ於テ宗教ノタメニ起リシ変乱ノ故事ヲ引ク余ハ答ヘラク是レ欧洲昔日ノ事情ナルモ今ハ則自由ナリ日本モ速ニ自由宗教ニ付スベキヿヲ論究セシモ各大臣ノ所論是ニ至テ決スルヲ得ズ（外国ノ宗教ヲ禁ズル高札未ダ掲示シアリシ時ナリキ）遂ニ決行ノ場合ニ至ラズ後開拓使ヲ置クヿトナレリ

明治四年

一勅使発程ノヿヲ八方尽力スルト雖トモ政府ノ費途益多端ナルガ故ニ決行スルヿ難シ仍テ本官ヲ免ゼラレンヿヲ願フ在勤中ノ慰労トシテ金員ヲ賜フ

一兵部省海軍操練所長ヲ命ゼラル

一東伏見宮（小松宮）英国へ留学仰付ラレシヲ以テ随従ヲ命ゼラル同時ニ西園寺公望万里小路通房

外二名ノ公卿モ洋行ニ付同行可致旨弁官ヨリ達セラル薩藩黒田帯刀モ同行スルヿトナレリ
一此洋行ニ臨ミ木戸広沢両君曰ク本邦将来ノ必要ハ諸法則ノ改良ニ在ルガ故ニ着英ノ上ハ専ラ法典研究ニ従事スベシト余モ亦当時已ニ陸軍ハ仏式ニ改メラレ且余近眼病ナルヲ発見セシニ由リ陸軍修行ノヿヲ断念セリ英国法律学校ニ外国人ノ入学セルハ例ナキヿトテ甚タ難渋ナリシモ旧友ローレンスヲフント並ニ当時在留ノ在日本公使ハークス氏等ノ尽力ニ依テ倫敦リンコンスイン学校ニ入ルヲ得タリ之ヲ以テ本邦人ニシテ英ノ法学校ニ入リシモノ、嚆矢トス
一吾邦ノ礼服ハ当時古来ノ長袖ニ佩劔ヲ要シ其不便少カラザルヲ以テ宮殿下ヘ上申シ欧洲各国ノ礼服ニ準装セラレンヿヲ乞フ御許諾アリ因テ自今殿下及余ハ断然洋服ヲ着用ス是レ本邦人ニテ欧洲風礼服ヲ着用スルノ嚆矢トス後岩倉大使等皆之ニ準ジ服制ヲ改ム
一殿下ニ随従シテ英国女王陛下皇族大臣等ノ会合会食ニ赴キ同国上流社界ノ交際ヲ開始セリ
一兵部省及宮内省御用品買入ノ為メ英国各地独仏及白耳義国ニ派出セリ
一英国法律ノ大部分ハ商業ノ習慣ニ依テ成レルニ付商業見習ヲ要スル旨教師其他ノ人ヨリ説明セラレ余モ亦其緊要ナランヿヲ賛シ之ヲボールス銀行頭取チャールスボールスニ協議ス氏曰ク近頃設立セルナシヨナルエゼンセー会社ハ各種ノ商業ヲ営ムニ付之ニ通学スベシト終ニ該会社株主ノ一人トナルニ至ル此風聞ヲ得テ尾崎三郎及矢島作郎氏亦通学ヲ始メリ
一エゼンセー会社ハ総会ニ於テ余ヲ取締役ニ撰挙ス依テ承諾ノ可否ヲ木戸大久保其他数名ノ知友ニ協議セシニ何レモ日本ノ名誉ナリト称揚セラル、ニ由テ之ヲ承諾セリ
一エゼンセー会社ヘ本邦遊学者ノ預金為替運輸等ヲ依頼スル者多ク且法学校ヘ通学スルノ業務モア

レバ宮殿下ノ御用ト併行スルヿ迚モ出来得可カラザルニ至ル而シテ殿下及随従三宮義胤御家扶五十君氏等モ已ニ英語ニ通暁スルニ至リタレバ此際随従ヲ免ゼラレ学資ヲ会社ヨリ得テ従来企望スル独立業ニ就カンヿヲ木戸大久保伊藤正副大使其他ニ商議セシニ孰レモ賛成且本邦人ノ亀鑑タルベシト称揚セラレタルニ依テ免官ノ願書ヲ出シ聞届ヲ受ケタリ是レ本邦人ノ英国ニ於テ独立商業ニ従事シタル嚆矢ナリ

一余先年海外遊学以来人種改良論者タリ何レノ日カ日英混種ノ子孫ヲ得ント欲ス依テ其主意ヲ岩倉大久保木戸伊藤山口諸君則チ正副大使ニ計ルニ伊藤君ハ未ダ早シトイヒ大久保君ハ数年在英ノ見込ナレバ好シトス其他ハ皆同意ナリ併シ元ヨリ結婚条例ノ如キモノ未ダ本邦ニ許可ナキ当時ナレバ直ニ本邦ヘ同行スルハ危険アリトセリ是ニ於テ英国サレ県チャールスピットメン氏第三女ト英法ニ依テ結婚ス是レ本邦人ニシテ西洋人ト結婚ノ嚆矢ナリ

一エゼンセー会社資本ノ大部分ハボールス銀行社中ノ所有ニ係リ又エゼンセー会社ハ自然ボールス銀行ト重モニ取引セリ然ルニ同銀行米国ボストン支店ハ同地ノ大火ニ付保険会社総破壊等ノ原因ヨリシテ閉鎖シ次デニユーヨーク支店ニ及ビ又遂ニ倫敦本店ニ波及シ閉店ス依テエゼンセー会社ハ流動資産及資本金残額徴集ノ源力ヲ失ヒタルニ付テ如何トモスルヿ能ハズ是亦終ニ閉鎖スルニ至ル是ニ於テ余ハ学資ノ出所ヲ失ヒ且本邦人ノ損失ニ係リ余ノ進退大ニ窮極ニ達セリ

一倫敦キングス学校支那語教師サンマース博士ト協議シテ日本活字ヲ作リ欧米ノ珍事ヲ訳出シ一新聞紙ヲ発行シ之ヲ大西新聞ト号ス是レ西洋ニ於テ日本語新聞ノ嚆矢ナリ

明治六年

一旅費ノ借用ヲ得タルニ依テ妻ヲ携帯シ印度洋ヲ経テ帰朝ス

一内外用達所ト称スル一店ヲ開キ物品依托売買運送業ヲ営ム

同　七年　一諸友ノ企望ニ依テ用達所ヲ株式会社トシ又内外用達会社ト改称シ資本金額ヲ十万円トシ又一株ヲ十円ト定メ其四分ノ一宛徴集スルコト、シ諸規則凡テ英法ニ依ル株主総会ニ於テ社長ニ撰挙セラル

同　八年　一各地枢要ノ地ニ会社ノ支店及名代店同分店ヲ設置ス其数卅八利益配当ハ年二割ニ当ル

一母親ノ病気ニ付帰県ス母親ハ此年十二月ニ逝去セラレタリ萩長寿寺ニ葬ル

同　十年　一第二ノ四分ノ一ヲ徴集スルニ決ス然ルニ株主中身代已ニ変更シタル者多ク為ニ之ニ応ズル能ハズ又当時未ダ株式取引所ノ設立ナク従テ之レガ転売ヲナスノ道ヲ欠キ法廷ニ訴ヘシモ素ヨリ会社法ナキノ時ナレバ裁判官モ決定ヲ取ルニ苦シメリ故ニ会社ハ設立ノ目的ニ齟齬ヲ来セリ

同　十一年　一株式総《ママ》会ノ上従前ノ本支店及名代店ヲ廃シ各地ニ独立ノ内外用達会社ヲ設立シ本店ノ経済ヲ分離ス又各社ヲ連結セン為ニ各地内外用達会社事務所ヲ置キ各社取締ヨリ総裁ヲ撰挙シ各社ノ事務ヲ総理判決セシムルヿニ決ス

一総撰挙ノ上総裁ノ職ヲ受ク

明治十三年　一共有義会ヲ設ケ国事ヲ談ゼントス勝安房山田顕義君等会員タリ其後政党ノ議アルニ依テ中止ス

同　十四年　一各地ノ商業元ノ本支店ノ如クナラズシテ事務所事業モ振ハザルニ由リ事務総裁ヲ辞ス西ノ宮会社ノ取締之ニ次ク

一小笠原島東京府出張所長ニ任ゼラル知事ハ松田道之君ナリ

一小笠原島陸地測量気象台設置外国人帰化取扱ノ件定期航海ノ件等ノ伺書ヲ提出ス

一小笠原島ニ出張シ始メテ本島風光ノ美ナルヲ知ル

一永住外国人取締トシテ仏国人レズワ葡国人ゴンザーヲ撰挙セシメ取締役ヲ申付ク

一内務省測量課ヲシテ全島ヲ測量セシメ始メテ地図ヲ得タリ

一外国人取締役ヲシテ全島へ外国人帰化ノ亍ヲ勧誘セシム然ルニ皆日本ノ法律如何及土地所有ノ件ニ付紛紜ス依テ一日外国籍ニ在ル者一同ヲ官庁ニ会合セシメ日本ノ法律ト雖トモ耶蘇聖人ノ七則ニ悖ル所ナシ且其詳細ニ至テハ余尚之ヲ知ラス日本モ外国ト同ク其当局者或ハ営業トスル代言人ノ知悉スル所ナリト説明シ又土地ハ従前ノ通ニ附与所有権ヲ与フベシト約ス是ニ於テ一同帰化ヲ願フニ至ル其数男女七十四名島治初メテ一統ス

明治十五年

一全島ニ道路橋梁ヲ設ケテ殖産興業ヲ計ル取締役レヅワ氏ハ此挙ヲ賛シ自費ヲ以テ距離十八町ノ公道ヲ開設ス依テ著功紫藍綬章ヲ賜フ

一扇浦ヨリ大村へ官庁移転ノ件学校警察並ニ監獄設置ノ件ニ付帰府ス

一東京府准奏任御用掛トナリ土木課長兼勤ヲ命セラル知事芳川顕正君也「商法講習所」ノ五字父上御書入アリ

一東京市ノ高低測量ヲナシ始メテ高低地図ヲ得タリ

一従来土木課付属員ハ凡百五十名以上ナリ依テ之ヲ分轄シ道路橋梁堤防等ヲ断エズ巡回スルノ制ヲ定メ破損ヲ予防セシメ大ニ土木費ノ経済ヲ計ル

明治十六年

一小笠原島ニ出張シ官庁ヲ大村地方ニ移転スル亍及学校警察監獄設置ニ着手ス然ルニ大村地方ハ総テ古来帰化人ノ所有ニシテ島市ヲ開クニ公共ノ地図ナシ依テ所有主ニ換地ノ事ヲ説クト雖トモ諸

セズ而シテ終ニ官用丈ケハ換地ノ義ヲ承諾セリ残余ハ貸地ノ方法地代金ノ割合及飲用井水等ノ方法ヲ設ケテ承諾書ヲ受取リ市内道路橋渠井水等ノ区画ヲ定ム始メテ全島ノ行通及内外船舶ノ碇泊物価ノ揚卸シニ便ヲ起シ市街ヲ為スニ至レリ

一父母両島ニ警察署監獄及学校ヲ設ケ又大村ニ島会議所ヲ設置シテ公撰議員ヲ定メ全島ノ一治ヲ謀リ社会ノ秩序ヲ整理セリ

一全島ノ主産物ハ甘蔗製糖ニアルヲ解キ大ニ此業ヲ奨励シ釜絞器械等ヲ貸与ス

一レモン樹数万本ヲ官地各所ニ栽培シ或ハ水源保存林各開墾地除風林等ノ制度或ハ蟻亀捕獲規則等ヲ設ケ以テ殖産興業ヲ計ル其数凡三十件ニ及フ

一湊規則ヲ設ケテ出入外国船ヲ制裁ス然レトモ各国条約改正ニ際シ之ニ記入スルヿニ決シ中止トナル

一外国人取扱方海防避寒舎設立及官制改革等ノ諸件ニ付帰府ス

一東京市道路修繕用ノ砂利ハ従来玉川ヨリ船運セリ然ルニ風波ノタメ往々欠乏ヲ来スヿアリ依テ市内ニ砂利置場数百ヲ設置シ海上静穏ノ時常ニ之ヲ貯積スルノ法ヲ定メ道路修繕ニ便ナラシム

一余ハ先年欧洲ヨリ帰朝以後常ニ妻ニ対シ切ニ日本語ヲ学ブノ必要ヲ諭告スト雖トモ更ニ余ノ勧メヲ用ヒズ又本邦人ト相合ハズ且ツ一子ヲ産セズ終ニ発狂ノ徴アリテ兇器ヲ以テ余ヲ狙撃セントスルニ至ル友人大学雇教師英人ドクトルダイフルスノ仲裁ニ依テ今後ヲ戒メ再ビ斯ノ如キノ行為アルニ於テハ離縁スベキヿヲ証書ニ約セリ然ルニ数月ナラズシテ重テ之ヲ行フ是ニ於テ止ムヲ得ズ離縁シテ英国ニ帰ス

一水道配水人ヲ置テ水道桝ノ不断巡回ヲ止メ汚物停滞ナカラシメ又水道改良ノ方法ヲ献議ス
一東京府神田区平民伊澤金太郎妹専女ヲ娶トル
一全市ノ道路ヲ区画改良スルハ第一ニ大下水ノ改良ヲ要スルニ付建白ノ上衛生費ノ内ヲ以テ全市ノ中先神田区ノ低地ヨリ着手シ疏通ヲ得他ハ徐々ト費額ノ都合ニ由テ改良スルヿトナレリ
一府下川河治水ノ件ニ付幕府以来ノ旧録ヲ探ルニ一モ記録セルモノナク且目下甚シキ不便ヲ認ムルニ依テ諸川河浚渫及護岸ノ議案ヲ発シ府会一致ノ賛成ヲ得テ始メテ之ヲ施行ス
一此年九月父親逝去セラル東京青山墓地ニ葬ル

明治十七年
一始メテ永代橋以下ノ深浅ヲ測量シ澪ニ助流杭ヲ列設シ大船ノ出入ヲ便ニス
一玉川及神田水源ヲ巡視シ府下ニ大沈澱池ノ必要ヲ認メ之ヲ建白ス
一玉川水道上流ニ石樋ヲ設ケ水量ノ増減ヲ便ナラシム
一橋梁上ニ砂利ヲ布敷シ橋板ノ腐朽ヲ防キ久存ノ法ヲ発明ス
一男児ヲ挙グ春峯ト命名ス
一市区改正委員ヲ設ケ改正図ヲ製定ス是レ現今ノ市区改正基礎図トナル

明治十八年
一香港広東仙頭瑪港領事兼判事ニ任ゼラル外務大臣ハ井上伯ナリ
一香港ニ赴任ス其後兼轄各地ヲ巡回スルヿ数度ナリ
一醜業婦人取締ノタメ香港政庁ヲシテ日本婦人ノ員数ヲ制限セシメ将来ノ増加ヲ禁止シ新渡来ヲ防禦センヿヲ定約ス

同　十九年
一外務及大蔵大臣ノ大賛成ヲ得テ香港及新嘉坡ニ於テ我貨幣ノ通用ヲ計ル

一我一円銀貨通用繁盛ナルニ従テ其贋造アルヲ発見シ近国諸方探索ノ後広東地方ニ贋造者アルヿヲ探知シ総督ニ迫テ逮捕セシム犯罪者百余名内四名ヲ斬首セシメ其根ヲ断ツ慰労トシテ金員ヲ賜フ

同　廿年

一次男生ル清香ト命名ス

一外務大臣ノ訓令ニ依リ呂宋島各地ヲ巡視スルヿ二ケ月官命ノ目的タルヤ同島ハ我邦民ノ布哇島ニ出稼スルカ如キ方法ヲ以テ条約スルヲ得ルヤ否ヤ又通商上ニ付テハ諸物輸出入ノヿヨリシテ将来ノ貿易如何ニアリシ然ルニ該島ハ西班牙領ニシテ太守及実業家ニ於テモ資力乏シク条約ヲナスヿ能ハズト雖トモ之ヲ略記センニ同政府ハ土着移民ヲ希望シ、支那人ノ如キ行商ノミナス者ヲ厭フテヲ明言ス而シテ日本移民ナラバ充分之ヲ保護スベク土地ハ一エークルニ付金七十五銭乃至一弗五十銭ノ低価ヲ以テ払下ゲノ法トナシ其等ノ件々ニ就テハ喜ンデ本条約ヲ取替ハサンヿヲ本政府ニ請求スベシトイヒタリ同大守ハ本国ニテ有名ナル陸軍中将ゼッテレロー氏ナリ産物ハ煙草砂糖木綿巴蕉布船用緒等ナリ其栽培法其他我輸出入品ニ付テノ詳細ハ当時ノ諸新聞紙ニ記載シアリタルガ如ク移民ハ将来大ニ目的アルヿヲ報告答申セリ

一亜細亜ノ貿易ハ本邦鼻下ノ事業ナルニ之レニ志ス者甚タ僅少ナリ何ソ此大市場ヲ看過スルヤ等ノ主意ヲ以テ要地十八ケ所ノ貿易統計等ヲ取調べ之ニ領事館ヲ設立シ人民ノ教導タラシムべシ其経費ハ始メ三ケ年位ハ償フ能ハザルヿアルモ其后一ケ年位ニシテ間接ニ償却シ国益増進スベシト献言ス当時政府ハ経費節減ノ方針ナリシト雖トモ終ニ呂宋島新嘉坡広東等ニ我領事館ヲ設立セラル

明治廿一年　一賜暇帰朝ス当時大臣ハ大隈伯ナリ

一農商務省商務局次長ニ任ゼラル大臣ハ井上伯ナリ

一株式及米穀取引会社ノ税率減少ノ勅令ト共ニ各会社ノ売買ニ付受取ル手数料ヲ減少スルヿニ尽力シ売買ヲ円滑ナラシム

一本邦ノ物産並ニ製造品ニシテ外人ノ目ニ触レ売買ニ係ルモノハ其数実ニ僅少ナリ従テ貿易隆盛ナラズ就テハ各種ノ物産並ニ製造品等是迄外国人ノ売買セル有無ニ係ラズ数年間徐々之ヲ海外各地ニ輸送シ第一ニ品評ヲ得第二ニ売却セシム其品物代金ハ有志者ノ自弁トシ運送費其他ノ手数料ハ本局ノ負担トス而シテ其品評及代金ノ到着次第本人ニ通知スル等ノ規則ヲ設ケ海外貿易ヲ奨励センタメ大蔵省ニ運送費ヲ請求シ各府県庁ヲシテ送品有志者ヲ誘導セシメ且外務省ヨリハ其旨ヲ公使領事ニ通知セシメ又各地ニ於ケル重要ナル商会等ヘハ本局ヨリ通知スル等ノ事ヲ決行シ数万ノ出品アリテ海外諸所ヨリ計ラザル注文ヲ受ケタルヿアリテ貿易隆盛ノ端緒ヲ開ケリ

一大臣ノ命ニ依テ商業会議所ニ於テ亜細亜貿易ノ急務且有益ナルヿヲ演説シ感動ヲ与ヘタリ其演説ノ全部ハ当時ノ諸新聞紙及会議所記録ニ存在ス

明治廿二年　一第一女千代子生ル

一本邦ニ商業会議所ノ法令ナク大ニ商議ノ機関ヲ欠キ且株式及物産取引所ノ法規甚ダ不完全ナルガ故ニ売買大ニ渋滞シ且規則習慣判然区別セザルヲ以テ興商ノ欠点甚ダ寡カラス依テ余ヲ欧米各地ニ派遣シ各国ノ法令規則及実業社会ノ習慣ヲ探糺セシムルヿニ決セリ同行者ハ株式取引所及米穀取引所ヨリ各一名ヲ派遣スルニ決シ米国ニ向テ出発ス

一山口県管轄ヲ受クルハ不便ナルニ付士族ノ称ヲ廃シ本籍ヲ東京府ニ移ス

明治廿三年　一第二女幾子生ル

一欧米各地ニ於テ官吏及実業家ニ就テ委任ノ件々ヲ取調ベ一ケ年ヲ費シ帰朝ス大臣ハ陸奥宗光君ナリ

一商業会議所法案ハ余ノ帰朝前ニ閣議ニ上リタリト聞キ大ニ整テ（余ノ独逸伯林府ニ在ル時本邦ノ新聞紙ニテ本省ニ於テハ会議所条例諮問会ヲ開キタルヲ聞キ西園寺公使ト其順当ナラザルヲ嘆ゼシヿアリ）其撤回ヲ大臣ニ請求シ且商業会議所及取引所ノ件ハ各国ニ於テモ実業家中千議万論アルヲ以テ之ヲ本邦ニ新ニ施行スルニハ沈思熟考ヲ要スル旨ヲ上申ス然レトモ已ニ議了シタル件々アリテ本省ノ議容易ナラズ又取引所法案ハ兼テ達セラレタル期限アレバ両案共其大綱ヲ提出スベシトノ命ニ依リ商業会議所法ハ厳重ナルベク取引所法ハ簡易ナランヿヲ数条ニ認メ進呈セリ

一官制改革局次長ヲ廃セラレタルニ付参事官ニ転任ス

明治廿四年

一突然非職命令ノ送達ヲ受ケタリ

一山口県赤間関市会議長三井忠蔵外数名ヨリ市長当撰ニ付就任スベキ旨申シ来ル然トモ当分何事業ニモ就カザル旨ヲ以テ辞退ス

同　廿六年

一第三女繁子生ル

同　廿七年

一喜賓会々長侯爵蜂須賀茂韶君ヨリ同会名誉書記ノ依頼ヲ受ク

一喜賓会々員ノ支出スル会費ノミニテハ僅少ニシテ且退会自由ナレバ継続事業ヲ興スノ基礎ナシ依テ本会ノ規則ヲ改良シ資本金拾弐万円ヲ募集シ第一海外ニ本邦ノ事情ヲ広告シ第二本邦ノ運輸業者ヲ連結シテ定時速達ヲ計リ第三各地ノ旅館合議一致セシメ宿泊ニ不都合ナカラシメ第四通訳者ヲ撰定シテ謬通誤解ナカラシメ第五商估ノ不定価及収賄ノ弊ヲ改メ売買ヲ簡易ナラシメンヿ等ヲ

一冊ニ認メ之ヲ提出ス評議員会ハ事業ノ拡張ヲバ是認スト雖トモ資金ノ集合難カランヿヲ恐ル依テ他ニ簡易法ナキヤヲ求メタリ

一清国ト開戦ニ際シ軍費ノ為メ硬貨流出シ時ニ或ハ救済スベカラザル困難アランヿヲ慮リ之ヲ整理センガタメ数年来交際ヲ結ビタル英国倫敦株式取引所ノ全権ヲ有スル公債及株式局長ヘンリ、バーゲト氏ニ向テ同所規則数条ヲ挙テ我銀貨公債ヲ同市場ニ於テ売買ヲ開始センヿヲ諮問セリ

一前項ノ諮問ニ対スル答書同局長ヨリ来リ売買開始ハ敢テ難キニ非サル旨ヲ明示セリ依テ伊藤総理、野村内務、渡辺大蔵ノ各大臣ニ開陳シ且之ヲ開始シ売買盛ナルニ至レバ第一国家ノ経済ヲ拡張シテ金銀ノ流通ニ自由ヲ得第二金利ヲ海外ト平均シテ貿易ヲ振起セン第三外国ノ我公債所有者ヲ得テ自然国際親交ノ実ヲ見ルベシ第四貿易輸出入ノ金額平均ヲ取ルニ便ナリ第五我商業者ヲシテ海外ノ事業ニ注目セシメ姑息ノ競争ヲ改良セン等ノ件々ヲ認メ之ヲ進呈セリ

（以上父上御自述也）

春峰追記

明治卅五年　一喜賓会名誉書記ヲ辞セラル

同　卅六年　一漫遊用達所南商会（後年南父子漫遊商会ト改称ス）ヲ創立セラル、蓋シ内外旅客ノ便益ヲ営業的ニ増進スルヲ目的トシ本邦嚆矢ノ事業ナリ

同四十二年　一第二女幾子岡田源太郎氏ヘ嫁ス

同四十四年　一第一女千代子相馬和雄氏ヘ嫁ス

大正元年　一南父子漫遊商会ノ事業ヲ長男春峰ニ譲リ退隠シ書道及和歌ヲ専修セラル

同　二年　一第三女繁子小島梶郎氏へ嫁ス
同　三年　一次男清香安井政恵子ヲ娶ル
同　四年　一長男春峰大久保徳子ヲ娶ル
一七月十四日午前一時卅分脳卒中ニテ逝去セラル、宏徳院賢誉貞信居士ト諡号セラル
一翌十五日府下町屋博善社ニテ火葬、十七日麻布区龍土町法庵寺ニテ葬儀、廿四日青山南家墓地へ埋葬ス

（終）

大正四年九月九日拝記

以上が南の自叙伝『宏徳院御略歴』の全文である。長男春峰の追記にあるように、南貞助は大正四年七月一四日に東京府下宮下町の自宅において脳卒中で死去、翌七月一五日に東京府下町屋博善社で火葬にふされ、一七日に東京府麻布区龍土町法庵寺で葬儀が執り行われ、二四日に青山霊園の南家墓所に埋葬された。その法名は「宏徳院賢誉貞信居士」である。

南の幕末期における高杉晋作と行動をともにした政治活動、明治六（一八七三）年の帰国後における商業活動には興味深いものがあるが、本論のテーマからはずれるので、以下、明治四年～六年の在英時における銀行破産事件に焦点を絞って、南のことを取り上げることにする。

第二章　アメリカン・ジョイント・ナショナル・エージェンシー

第一節　南貞助の洋行

南貞助は慶応元（一八六五）年に洋行を志し、高杉晋作のすすめで井上聞多（馨）から英語を学び、そして、山崎小三郎と上海へ、それから一三〇日を費やしてロンドンへ渡った。しかし、冬のロンドンの冷え込みは厳しく、着英してからは衣食や暖房を欠くような困窮生活を送らざるをえなくなり、ついに貧困による「肺患」で山崎は病死した。その後、南は当初の留学目的である軍事学を修めるため、慶応二（一八六六）年にイギリス国会議員のローレンス・オリファントの尽力周旋もあずかって、「ウールウイチ陸軍大学校」に入学を果たした。しかし、「陸軍学ハ多費且卒業期ハ七ケ年ヲ要ス其間費用ヲ弁ズルヿ実ニ至難ナリ」ということもあって借金がかさみ、留学費用の捻出もいきずまったために留学続行を断念し、慶応三（一八六七）年に帰国したのであった。南の第一回渡英はここに挫折したのである。

明治になり、南は官途に就く。明治元（一八六八）年から明治三（一八七〇）年まで、外国官御用掛、外国官権判事、箱館府判事、兵学寮御用掛などを歴任した。明治三年閏一〇月になり、二度目の渡英の機会が南に訪れた。それは、明治三年一〇月七日に東伏見宮嘉彰親王がイギリス留学を命ぜられ、その随従として同行することになったからである。『宏徳院御略歴』には次のように記されていた。

東伏見宮（小松宮）英国へ留学仰付ラレシヲ以テ随従ヲ命ゼラル同時ニ西園寺公望万里小路通房外二名ノ公卿モ洋行ニ付同行可致旨弁官ヨリ達セラル薩藩黒田帯刀モ同行スルヿトナレリ(14)

しかし、明治三（一八七〇）年一〇月の「東伏見宮外国勤学ノ願ヲ許シ英国へ差遣幷留学中ハ尋常書生ヲ以テ取扱・其二」によれば、以下のようにある。(15)

東伏見宮家来届　弁官宛

当宮今暁六時横浜被致出帆候ニ付此段御届申上候也　三年閏十月十二日

東伏見宮家令届　弁官宛

東伏見宮並随従共無別條閏十月廿七日シンガポールへ着船被致候旨仝港出ノ書状相達候依テ此段御届奉申上候以上　三年十一月日欠

押小路三丸へ達

東伏見宮随従英国勤学被仰付候事　三年十月十二日

鹿児島藩西直八郎へ達

押小路三丸英国勤学被仰付候ニ付随従申付候事　三年十月廿三日　誌

鹿児島藩川島新之丞へ達

東伏見宮英国勤学被仰付候ニ付随従申付候事　三年十月二日　誌

東伏見宮家令へ達

英国勤学被仰付候ニ付鹿児島藩士河島新之丞儀随従申付候間此段可被申上候也

但津田仙弥儀明廿五日仝様可申付候間此段モ可被申入候也　三年十月廿四日

東京府貫属　津田仙弥へ達

東伏見宮英国勤学被仰付候ニ付随従申付候事　三年十月廿四日　誌

東京府へ達　弁官

其府貫属津田仙弥儀東伏見宮英国勤学被仰付候ニ付随従申付候間此旨相達候也　三年十月廿五日

川島新之丞

津田　仙弥

右ハ東伏見宮英国勤学被仰付候ニ付随従申付候間為心得相達候也　三年閏十月二日

外務省へ通達　弁官

鹿児島藩士　川島新之丞　年二十一歳

東京府貫属　津田　仙弥　年二十九歳

右ハ此度東伏見宮英国勤学被仰付候ニ付随従申付候人名年齢右ノ通リニ候間此段申入候也　三年閏十月四日

東伏見宮家来伺　弁官宛

当宮家来　森　繁

五十君　賀

鹿児島藩士　田阪𢌞之助

右ノ内両人洋航勤学中被召連度此段御伺被成候也　三年閏十月日欠

森　繁

五十君　賀

右両人召連ノ儀被差許候事

三宮正七位へ達

東伏見宮英国勤学被仰付候ニ付為随従被差遣候事　誌

外務省へ達　弁官

東伏見宮

三宮正七位義胤

鹿児島藩　川島新之丞

東京府貫属　津田　仙弥

押小路三丸

鹿児島藩　西　直八郎

宮御方　家従二人

右一同英国勤学被仰付候間為御心得此段相達候也　三年閏十月七日

外務省問合　弁官宛

東伏見宮へ随従致英行候

三宮　義胤
押小路三丸
西　直八郎
宮御方　家従二人

右免状取調候間年齢并宮御方家従両人名前トモ致承知度候間御回答ニ御申越有之度此段申進候也　三年閏十月日欠

外務省へ回答　弁官

昨日御申越有之候押小路三丸始名前年齢等

当午十七歳　押小路三丸
当午二十五歳　三宮　義胤
当午十九歳　東伏見宮家来　森　繁
当午十九歳　仝　五十君　賀
当午二十八歳　西　直八郎

右之通ニ候間申入候且免状御調ヒ置可有之候仍申入候也　三年閏十月九日

外務省上申　弁官宛

此度東伏見宮御方欧行ニ付陪従被命候東京府貫属津田仙弥儀於横浜乗船ノ期ニ至リ英人フルックト申モノヨリ洋酒買入約定一件ヨリ故障起リ候ニ付無拠於神奈川県出船差止別紙ノ通リ申越候仙弥儀外国人ニ約定有之身分ヲ押隠シ宮御方ニ陪従致乗船ノ場ニ至リ岡士ヨリ被訴出終ニ差留ニ相成候段御国辱ハ勿論宮御方へ対シ深ク恐入候儀

ニ候間仝人儀其筋ニ於テ篤ト糺問ノ上至当ノ処置有之候様致度右ハ仙弥一己ニ関係致シ候儀計ニ無之狡猾ノ書生右様ノ所業ニ及ヒ候悪弊不少哉ニ相聞向後ノ勧懲ニモ響候間此段申進候也　三年閏十月日欠

尚以本文仙弥取計方ノ儀東京府ヘ及懸合候間為御心得此段申進候也

神奈川県懸合　外務省宛

今般東伏見宮様英国ヘ御航海ニ付随従ノ内津田仙弥儀当年西洋三月中英人ブルックト申者ヨリ洋酒買入ノ約定取結右代洋銀千百弗ノ内百四十九弗丈ケ相払前書洋酒総数ノ内四ケ一分丈ケ引取其後東京ヨリ西洋十一月十一日附ノ書状ヲ以テ右残分ハ於東京伊豆屋ト申者ヘ引渡ノ積リニ致シ候間何レ近日出港跡金済方可致旨申越ブルク方ニテモ否相待折候処其後又候打捨置キ何トモ沙汰無之候処豈計ンヤ仝人今般宮様随従英国ヘ出帆ノ趣及承以ノ外ノ儀ニ付出帆前必済方可致旨岡士ロベルトソンヨリ差迫当庁ヘ申出候ニ付不取敢仙弥并宮様御附属ノ者等ヘ引会仙弥ヘ詰問及ヒ候処何分済方マトマリ兼候趣ニ付無拠出帆差留申候依テハ仝人ハ何レノ管轄ヲ受罷在候者ニ候哉前書云々其所轄ノ向ヘ御申通早々埒明キ候様御取計可被成候此段及御掛合候也　三年閏十月十三日

東伏見宮家令届　弁官宛

当宮洋行ニ付テハ津田仙弥通弁代トシテ陪従被仰付候処乗船ノ期ニ至リ仙弥是迄外国人ト取引ノ儀ニ付故障相起リ遂ニ陪従洋行不仕候委細ノ儀ハ船越兵部権大丞ヨリ言上可仕候ヘトモ此段不取敢御届奉申上候也　三年閏十月

外務省ヘ通達　弁官

今般東伏見宮洋行随従津田仙弥御省申立ノ儀ニ付被免右代トシテ山口藩南貞助ヘ被仰付候間為御心得此段御達申入候也　三年閏十月十九日

津田仙弥ヘ達

東伏見宮英国勤学被仰付候ニ付随従申付候処差免候事　三年閏十月十七日　誌
　南貞助へ達
東伏見宮英国勤学被仰付候ニ付随従申付候事　誌
　山口藩へ達　弁官
其藩南貞助儀今般東伏見宮英国勤学被仰付候ニ付随従申付候間此旨相達候也　三年閏十月日欠
　外務省上申　弁官宛
今般東伏見宮洋行随従津田仙弥代リ山口藩南貞助へ被仰付候旨御達ノ趣得其意候然ル処仝人ハ外務省官員ノ節箱館ニ於テ七重歩地所孛国人へ貸渡候儀有之当時談判中ニテ実地見分ノ為当省官員出張致居此末其模様ニヨリ貞助相糺候儀モ可有之哉ニ存候此段一応申進置候也　三年閏十月廿日

以上から、南の二度目の洋行に至る経緯が明らかとなった。東伏見宮嘉彰親王は明治三年一〇月七日（一八七〇年一〇月三一日）に「英国勤学」の命令をうけ、その随従には、押小路三丸・三宮義胤・鹿児島藩士の川島新之丞・同じく鹿児島藩士の西直八郎・東伏見宮家従の森繁と五十君賀・東京府貫属の津田仙弥の七人が選ばれている。ところが、洋行出帆の期日が迫ったときに、津田仙弥に不都合「故障」のあることが判明した。その事情は外国人との商事契約に関するトラブルであった。すなわち津田は英人ブルックとの間に「洋酒買入」の約条を結び、その代金千百ドルの内一四九ドルしか支払っていなかったのである。東伏見宮が出発するまでには残金の支払いをすると約していたのに「打捨置キ何トモ沙汰無之」く、時日が経過した。そのうちブルックは津田の随従・出発のことを聞き及び「以テノ外」だと訴えに及び、イギリス公使館領事のロバートソンより神奈川県へクレームがきたのである。ここに至って神奈川県が津田に事情を詰問したところ、「何分済方マトマリ兼」ねるということで、やむなく「出帆差留」としたというのであった。

津田仙弥はもともと「通弁代」として随従するはずであった。東伏見宮出発間際のこの津田の外国人との商事契約のトラブルにより、津田は随従不可となり、急遽、南貞助がその代わりとして浮上し、東伏見宮洋行の随従をすることになったのである。南の最初の洋行時に身につけた英語力が買われたのであろう。

津田の「差免」が三年閏一〇月一七日であり、東伏見宮家からの横浜出発の届出日が三年閏一〇月一二日であることからすると、南の随従の命令も閏一〇月初旬のことであったと思われる。南にとっては望外のことで、まさに棚からぼた餅であったに相違ない。

ともあれ、南は東伏見宮の随従として明治三年閏一〇月に横浜を出帆し、西回りでイギリスへ向かった。

着英後の南は、軍事学を再度学ぼうとしたようであるが、当時の日本の陸軍はフランス式に改められたりしていたことでもあり、また「近眼病ナルヲ発見セシニ由リ陸軍修行ノ〓ヲ断念」したと述べている。二度目の渡英にあたり、木戸孝允や広沢真臣の「本邦将来ノ必要ハ諸法則ノ改良ニ在ルガ故ニ着英ノ上ハ専ラ法典研究ニ従事スベシ」という助言があったこともあずかって、ここに「陸軍修行」の道から転じて「法典研究」に従事することにしたのである。

南の「法典研究」はイギリスの法律家養成の機関である法曹学院「リンカーンズ・イン」への入学ではじまる。イギリスの法曹学院では従来外国人の入学を許可しなかったのであるが、最初の渡英時の知人であるローレンス・オリファントや当時賜暇帰国中の駐日公使であるハリー・パークスなどの周旋・尽力で、ロンドンにある四つの法曹学院「インナー・テンプル」「ミドル・テンプル」「リンカーンズ・イン」「グレイズ・イン」のうちの「リンカーンズ・イン」への入学がかなった。『宏徳院御略歴』では「本邦嚆矢」のことがいろいろ述べられているが、「本邦人ニシテ英ノ法学校ニ入リシモノ、嚆矢トス」とある。

リンカーンズ・インの入学記録によれば、南の入学は「SHUNPOW TESUKÉ MINAMI, of Tooky. Japan, Cizoku」と記録されている。[16]「Tooky」は「東京」のことであり、「Cizoku」は「士族」のことであると推量できる。この記録の索引では「SHUNPOW」が姓として取り扱われ、南については「SHUNPOW」からのみ検索できる。[17] ちなみに「SHUNPOW」について言えば、「春峰」は義兄の高杉晋作から与えられた名前であり、二度目の滞英中には「南春峰」「南春峰貞助」とも称していた。[18]

第二節　南貞助とアメリカン・ジョイント・ナショナル・エージェンシー

さて、大使公信が伝える「アメリカン・ジヨイントナショナールバンク」、郵便報知新聞が報じた「バウルス」「ブロゾル」同店「ナショナル」「エイゼンシー」、木戸日記にあった「アメリカンジヨイントナシヨナルバンク」、南の『宏徳院御略歴』にある「ナショナルエゼンセー会社」とはいかなる銀行であったかについてであるが、その正式名称は、「THE AMERICAN JOINT－NATIONAL AGENCY, LIMITED」であり、そして、「Incorporation of the Auxiliary Departmennts of the Bankinng House of Messrs. Bowles Brothers & Co.」とあるように、ボールズ兄弟商会のロンドンにおける銀行部門の子会社であった。

ボールズ兄弟商会の銀行の頭取はチャールズ・ボールズ（Charles Stetson Peabody Bowles = the head of the banking-house of Bowles Brothers and Company）であり、子会社であるアメリカン・ジョイント・ナショナル・エージェンシー

（THE AMERICAN JOINT — NATIONAL AGENCY, LIMITED）の会長もチャールズ・ボールズ（Charles Stetson Peabody Bowles. = President of the Joint National Agency）であった。

ボールズ兄弟商会はアメリカの会社で、チャールズ・ボールズを中心とするボールズ兄弟と彼らの義兄弟たちにより、銀行業を営んでいた。その本支店は、ニューヨーク・ボストン・ロンドン・パリ・ジュネーブ・ニースなどアメリカおよびヨーロッパ各地にまたがっていた。南が関係をもつロンドン支店が開業したのは一八七〇年である。[19]

それでは南がアメリカン・ジョイント・ナショナル・エージェンシーと関係を持つようになったのはいかなる事情からなのか。

それについて南は『宏徳院御略歴』で以下のように記している。

英国法律ノ大部分ハ商業ノ習慣ニ依テ成レルニ付商業見習ヲ要スル旨教師其他ノ人ヨリ説明セラレ余モ亦其緊要ナランヿヲ賛シ之ヲボールス銀行頭取チャールスボールスニ協議ス氏曰ク近頃設立セルナショナルエゼンセー会社ハ各種ノ商業ヲ営ムニ付之ニ通学スベシト終ニ該会社株主ノ一人トナルニ至ル此風聞ヲ得テ尾崎三郎及矢島作郎氏亦通学ヲ始メリ

リンカーンズ・インの教師などから、英国の法律の大部分は慣習法体系であり、商業の習慣によって形成されてきたものであるから、商業の実地を学ぶ必要があると教わり、そこでチャールズ・ボールズに相談したところ、最近開業したアメリカン・ジョイント・ナショナル・エージェンシーは各種の商業について営業する会社なので、そこで実地に学んではどうかと助言をうけたとある。南とチャールズ・ボールズとの出会いについては不明であるが、岩倉使節団一行が大金を持って米欧回覧にでかけているとの情報を耳にしたチャールズ・ボールズが、明治四年中おそらくは明治五年になってから、その大金をねらって日本人に接近しようとしていたところに南が現れ、渡りに船となったものであろう。

ちなみに、矢島作郎は徳山藩士伊藤湊のことであり、「明治2年（1889）、名前を矢嶋作郎と改め、私費で英国帆船に乗り、喜望峰経由でロンドンに到着した。英国では経済学を学び、銀行業務を実地で勉強した」とあり[20]、また、文部省理事官田中不二麿随行の近藤鎮三の日記には「（明治五年二月）十六日　晴　十時発車、夜九時半倫敦エ着、ゴルデンクロスホテルと云へるに泊す、當地にハボルス社と云へる銀行あり、華盛頓にて右支店の為替を為したるゆゑか右銀行の社員停車場へ出向ひて諸事周旋す、ホテルも同人の案内なり」「十七日　晴　右銀行に到る、長州人八島作郎と云ふ人此社に被雇て役員と成居れり」とある[21]。矢島作郎も経済学を学び、銀行業務を実地で勉強したようであるが、ボールズ兄弟商会に雇われて役員となっていたというのは間違いであろう。

また、尾崎三良は前述の大使一行中の「珍事」に続けて、次のように述べている。

倫敦に着したる頃は皆懐中比較的豊富なり。然るに此貯金の大半を米人ブールスなるものに殆んど詐取せられたる事実あり。是は長州人南貞助が其仲介人なり。南貞助は大使一行の内に在り、其船中に於て一米人ブールスなる者と懇意になり頻りに談話したりしが、其何を談じたるやは余人曾て知ることなし。是等二人倫敦に着するや直ちに倫敦の中央チャーリンコロース街に立派なる商店を借り、之にブールス兄弟商会と立派なる看板を掲げ銀行業を営み、其取締役にブールス兄弟、南貞助、外に米人二人計りの名を掲げ広く営業を為す[22]。

南が岩倉使節団員でアメリカからイギリスへの船中でチャールズ・ボールズと知り合ったというのは、尾崎の記憶違いであるが、チャールズ・ボールズ兄弟商会のロンドン支店の開業が明治三年であるとすれば、子会社であるアメリカン・ジョイント・ナショナル・エージェンシーの開業はいつなのであろうか。それについては、明治五年七月当時外債募集の目的からアメリカについでロンドンに滞在していた吉田清成大蔵少輔宛のチャールズ・ボールズの書簡には次のようにあった。

アメリケンジヨイントナシヨナルエゼンシー

一千八百七十二年七月十七日　　倫敦府ストラント四百四十六番ニ於テ

大蔵少輔吉田閣下

我社中にて日本政府の國債證書を所持する一條に付、同社世話人親友南春峯君よりの御頼有之候處、私共今般日本政府國債の儀ニ付組合の「バンク」並ニ社中の評議方とも厚ク談判を遂け、左の件々を御報知申候。我會社殊更各國公債證書所持人の利益を保護スルが爲メに發行せしものなれども、其開業以来僅ニ六ケ月を經ていまた時日の猶豫なし、故に我社中のミにて直に貴邦の國債を議立する事能ハす。(23)

この「アメリケンジヨイントナシヨナルエゼンシー」の「頭取」「チヤーレスボールス」の書簡によれば、子会社であるアメリカン・ジョイント・ナショナル・エージェンシーの開業は一八七二年一月頃のことと思われる。

上述のアメリカン・ジョイント・ナショナル・エージェンシーに「通学」し始めたという『宏徳院御略歴』の記すところを続けると、「エゼンセー会社ハ総会ニ於テ余ヲ取締役ニ撰挙ス依テ承諾ノ可否ヲ木戸大久保其他数名ノ知友ニ協議セシニ何レモ日本ノ名誉ナリト称揚セラル、ニ由テ之ヲ承諾セリ」とある。チャールズ・ボールズの言を入れ、アメリカン・ジョイント・ナショナル・エージェンシーで実地の銀行業務などを学んでいる内に「終に該株主ノ一人トナルニ至」り、次いで、「エゼンセー会社ハ総会ニ於テ余ヲ取締役ニ撰挙」したというのである。そこで、その可否を使節団首脳の木戸・大久保その他「数名ノ知友」に相談したところ、何れも「日本ノ名誉ナリト称揚」されたので、取締役となることを引き受けたというのであった。しかし、実際には、南が取締役に「撰挙」されたのは、岩倉使節団が着英する明治五年七月一四日（一八七二年八月一七日）以前のことである。すなわち吉田清成の『七分利付外国公債発行日記』には、「倫敦着後『ジョイントナショナルエゼンシー』の取締役員に列する南春嶺屡々来訪シ、此度新債発行ノ『エゼント』タランヿヲ申立タリ」と記されているからである。(24)

とまれ『宏徳院御略歴』は、さらに記す。

エゼンセー会社へ本邦遊学者ノ預金為替運輸等ヲ依頼スル者多ク且法学校へ通学スルノ業務モアレバ宮殿下ノ御用ト併行スルヿ迚モ出来得可カラザルニ至ル而シテ殿下及随従三宮義胤御家扶五十君氏等モ已ニ英語ニ通暁スルニ至リタレバ此際随従ヲ免ゼラレ学資ヲ会社ヨリ得テ従来企望スル独立業ニ就カンヿヲ木戸大久保伊藤正副大使其他ニ商議セシニ孰レモ賛成且本邦人ノ亀鑑タルベシト称揚セラレタルニ依テ免官ノ願書ヲ出シ聞届ヲ受ケタリ是レ本邦人ノ英国ニ於テ独立商業ニ従事シタル嚆矢ナリ

南はリンカーンズ・インでの勉学の学資を「取締役」をしているアメリカン・ジョイント・ナショナル・エージェンシーからも得て通学を続けていたが、実地勉強の商務が忙しくなるにつれ、東伏見宮の随従の仕事もままならなくなり、一方、東伏見宮・随従の三宮義胤・家従の五十君賀も英語に次第に「通暁」するようになったため、ここに随従・通訳などの仕事の必要性も減じるようになった。そこで、「従来企望スル独立業ニ就カン」ことを木戸・大久保・伊藤らの使節団首脳等と「商議」した結果、賛意を得て、且つ「日本人ノ亀鑑タルベシト称揚」され、東伏見宮随従を免ぜられることになったのである。南は「是レ本邦人ノ英国ニ於テ独立商業ニ従事シタル嚆矢ナリ」と自慢げに記している。

ともあれ、チャールズ・ボールズが、南を取り込み、岩倉使節団一行を含む在米欧の日本人の持っている金をボールズ兄弟商会の銀行なかんずくアメリカン・ジョイント・ナショナル・エージェンシーの顧客とすることにまんまと成功したのである。取締役となった南の待遇も格別のものがある。尾崎三良が述べているところによると、

南は取締役として月給二百ポンド即ち我今の二千円を受け、倫敦に宏壮なる家屋を借り、英人を妻となし随分贅沢の活計を為し、たまたま日本の書生などが訪問すると客室へ招じ葡萄酒などを饗し、妻諸共出で来り挨拶を為し且つ曰く、日本人は自主独立の精神に乏しく、兎角依頼心多く、故に卑屈に成り易し。余は此依頼心を脱し斯く独立の業を営む事と為したり。君等もいつまでも政府の厄介になり僅かのあてがひぶちを貰うより、早く自主独立の計を為すべしと頗る得意の色あり。之を見たる書生等相言つて曰く、南は此異国に来り短日月の間に斯くの如き立派なる活計を為すとは随分えらい男なりと、感服称賛するもの多し(25)。

とあるように、南は自主独立の精神から、子会社であるアメリカン・ジョイント・ナショナル・エージェンシーの重役におさまったことを、日本人留学生に得意然と話し、「えらい男なり」と感服称賛されたのであった。

ところで、南はどのような商業活動をしていたのであろうか。

アメリカン・ジョイント・ナショナル・エージェンシーの所在地は、2 & 3 Adelaide street, 446 Strand, Charing Cross であり、日本人向けに日本語も併記された案内広告によれば、それには「万国用達処」とあり、その営業内容が日本語・英語の両方で、次のように記されていた。(26)

通信ニ係ル部

公私并商用之電信機書翰新聞紙等之御取次仕候

DESPATCH

Postal-Telegraph, Registry, Press and News Agency for Governments, States, Corporations, Travellers and Emigrants, and all commercial or other interests.

輸送ニ係ル部

海陸諸荷物ノ輸送并蔵入レ旅客之印鑑送状御手引等御世話仕候

TRANSPORTATION

Receiving, Storing, Insuring, and Forwarding Goods and Baggage, by Land or Sea transit, to any part of the World. Securing Passages, Passports and Visés. Emigrants booked through to any point.

金銭ニ係ル部

多少員数ニカ、ワラズ為替手形通用切手等差出シ、或ハ両替并借債取立、ストック、并シェアース之売買ヒ質物借金等之御世話仕候

FINANCIAL

Issuing and Cashing Drafts, Circular Notes, and Letters of Credit, whether small or large ; Foreign Monies Exchanged ; Debts Collected and Securities Negotiated, Purchase and Sale of Stocks and Shares. Safe Deposit and Storage.

口銭ニ係ル部

何品物ニテモ御買入之御世話仕候尤此分者現払タルヘシ又現金前払或ハ現金送届生涯海上火難等之災難請合仕候

COMMISION

Executing all Orders, whether Large or Small, *for Cash only.* Consignments received and Advances made. Agencies undertaken, Insurances, Fire, Marine or Life effected.

この広告によれば、アメリカン・ジョイント・ナショナル・エージェンシーの営業内容は多岐にわたっている。その営業内容は通信・輸送・金銭・口銭の四つの部にわかれ、今日の銀行業務のみならず通信業務・運送業務・買い物代行や海上保険業務まで幅広い営業を行う会社であることが宣伝されているのであった。

しかし、南の主たる仕事は金融に関する業務であったと思われる。それは親会社のチャールズ・ボールズ兄弟商会のロンドン支店との取引関係もさることながら、日本人を顧客とする「為替手形通用切手」に関する業務、あるいは「両替」業務などの営業であろう。

第三節　南の預金勧誘

それでは、南の顧客勧誘の仕方は、どのようなものであったのかについても、『尾崎三良自叙略伝』に記されているので、次にそれを見てみよう。

南は大使、書記官、各省の理事官及び各藩の派出員を歴訪し、君方は手当金を多く貯へ置かるるなるべし、之を懐中するは甚だ不便且つ無用心なるべし、之を銀行へ預ければ第一安全にして且つ年四分の利を付すべしと云ふ。一行の連中は東京出発より一年余にもなり各懐中に多少の貯蓄あり。之を委托すべき銀行は諸方にあれども言語通ぜざる故如何はせんと思煩ひ居たる折柄なれば、渡りに舟と大いに悦び且つ其店に至り見るに、宏壮なる建築に堂々としたる客室に紳士らしき人あり。南之が通弁を為し、言語不通の人に在つては至極の好都合なれば何の疑ふ所もなく、多くの人は貯へ置きたる金額は皆之に預けたり。其額総計二万四、五千ポンド（今我二十四、五万円）あり。(27)

岩倉使節団の大使ら首脳・書記官連中・各省派遣の理事官たち、それに幕末・維新期に諸藩から派遣された留学生たちを南を「歴訪」し、あなた方は「手当金」を多く蓄えておられる。しかし、それを現金のままで持っているのは「甚だ不便且つ無用心」ではないですか。お金を銀行へ預金すれば盗難・紛失のおそれもなく「安全」この上ないと思います。預金先の銀行はいろいろありますが、ついてはアメリカン・ジョイント・ナショナル・エージェンシーは

「年四分の利を付すべし」と、「甘言」をもって彼らを説得・勧誘したのである。

「言語不通」ゆえにいかにしようかと思案していた折でもあり、「渡りに舟と大いに悦び」、どのような銀行かと訪ねてみたところ、宏壮なる建築に堂々とした客室に「紳士」然とした人がいて、南が「通弁を為し」ている。それゆえ何の疑いも持たずに多くの人びとは手持ちの金をアメリカン・ジョイント・ナショナル・エージェンシーに預けるに至ったというのである。

しかし開業まもない銀行であるが故に、はたして信用してよいものかどうか、先行き不安を覚えたものもいなかったわけではない。そのように考えたものもいたのであり、南の預金勧誘に応じなかったものたちが被害を免れたわけである。

岩倉使節団の会計を預かっていた田中光顕大蔵理事官は、明治五年一〇月一二日（一八七二年一一月一二日）、留守政府の渋沢栄一宛の手紙で、次のように述べている。

茲ニ一ツの大幸あり、ジョイントナショナルバンクと称する南貞介の入込ミ居候バンクあり、本店ハ瑞西のゼネバニてカピトルも左程の大金ニも無之候得共、南が居候故日本人ハ皆々通弁ハ入らず旁都合宜敷故書生其外多く此バンクへ金を預ヶ居申候、使節着英後ハ南も殊の外尽力周旋ニて頻ニ甘言を以説得し、岩倉千三四百磅計、木戸四百磅計、大久保八百磅計、山口七百磅計、田辺八十磅、何百六十磅、塩田四百磅、久米百磅、肥田、長野其外も多少相預ヶ置申候様の事故、先達而伊藤副使の持参金四百磅も何分預かり申度由ニて、大副使へも南ゟ頻ニ相迫り候故、使節ハ皆々預ヶ候而苦しかる間敷との事ニて、伊藤も亦気遣ひハあるまじくとの説ニ有之候得共、僕ハ何分意に落不申、福地へ相談仕候処、同人ハ危きものと申論故、断然人情を欠て東洋銀行へ相預ヶ置申候、然ニ一昨日ニ至リ俄ニ右バンク分散ニ立至り、使節一同大周章狼狽、気ノ毒千万ニ御坐候、伊藤、福地及僕等ハ公私金とも一銭も相預け置居不申、実ニ仕合ニ御坐候○由利知府事も又々蹉跌気毒之至ニ御坐候、先ハ貴酬旁草略頓首再拝

壬申十月十二日　　　　　田中光顕

渋澤老台　坐下(28)

被害者たちのうちで最も憐れむべきは書生たちであった。英国の留学生総代となった尾崎三良は、次のように述べている。

私が学生で英国で勉強して居た時、岩倉大使一行の会計役として伯（＝田中光顕）が随行して来た時であつた。其頃英国には約五十名の留学生が居て、仏蘭西の少弁務使の鮫島といふのが此の監督をしてゐた。が何しろ仏蘭西に居て英国に居る学生の世話は十分に出来ないといふので、私が学生団頭を申附られた。学生団頭といつても別に権利のある訳のものではなく、唯だ政府からの命令を学生に伝へ、学生の希望を政府へ申達する、言はゞ布告頭といつたやうなものであつた。当時私等学生の費用を渡すと言ふので、鮫島から二千五百磅をブールス、カンパニイの為替で受取つた。で私が此の金を受取に行くと、ブールス、カンパニイに勤めて居た南貞介といふ男が、学生に一時に金を渡すと後で困る事があるだらうから之を預けて置いて小切手にして出せばよいではないかと言つたので、私は夫でもよいはと思つたから其の手続をして帰つた。此の事を寺島大弁務使に話すと。「俺はブールス、カンパニイなんて聞いた事がない、信用のある大銀行かしら」と言つたので、之は大変だと思つたか

ら、早速学生に通知を発して、明日何某の所へ来い、金を渡すからと知らせて置いて、ブールスカンパニイへ行つて見ると、支払停止の札が出てゐる。之には実際驚いた。で南に会つつ《ママ》其不都合を詰つて金を渡すやう迫ると、南は何しろ社長が有金悉皆を持つて本国（亜米利加）へ帰つたので、一文もない。今電報を打つたから返事のあり次第に挨拶をすると言ふのであつた。(29)

さらに、二等書記官であった林董の回顧録である『後は昔の記』にも、次のように記されている。

岩倉使節が欧米巡廻の頃、米国人ボールス兄弟なる者、一銀行を立て、本社を倫敦に置き、日本留学生及び観察員の便宜を計りて金を預かる。当時倫敦の留学生の一人某を、重役の一人として、日本人に関する事を取扱わしめたり。使節着英の後、大使以下一行の人、此銀行に私金を預けたるもの多し。其上にも使節の公金を預らんと欲し、右の日本人をして会計主務田中光顕氏を説かしめたれども、田中氏は福地源一郎の言を聴いて、痛く之を拒絶したり。(30)

使節団大蔵理事官で会計責任者の田中光顕も、持参の公金をアメリカン・ジョイント・ナショナル・エージェンシーへ預けてほしいと南から慫慂され、伊藤副使も「気遣ひハあるまじくとの説」であったが、田中は「僕ハ何分意に落不申、福地へ相談仕候処、同人ハ危きものと申論」であった。結局、「断然人情を欠て東洋銀行へ相預ケ置」いたので、「伊藤、福地及僕等ハ公私金とも一銭も相預け置居不申」、被害を受けることはなかったのであった。

そして、尾崎であるが、留学生たちに渡す金二五〇〇ポンドを南の勧めで小切手にし、このことを寺島大弁務使に話したところ、「俺はブールス、カンパニイなんて聞いた事がない、信用のある大銀行かしら」と言われたので、留学生たちに金を渡そうと「ブールスカンパニイ」へ慌てて出向いたが、時すでに遅し、「支払停止の札」が出ていたというのである。

大弁務使であった寺島宗則も、この尾崎の話を裏付けて、次のように自叙年譜で記している。

（明治五年壬申　年齢四十一）

○十一月九日「ナショナールバンク」ト称スル龍動ノ一銀行アリ日本大使日本人ノ金ヲ預リ居リシニ終ニ破産シテ四分ノ三ヲ失ヘリ長人南貞助該銀行ニ雇使セラレ日本官員ニ勧メテ金ヲ預ケシメ其額数万磅ニ及ヘリ公使館ニモ度々来リテ預金ヲ勧メシモ余之ヲ拒メリ日本生徒ノ金モ亦預ケタルト聞キ其學費ヲ主宰セル尾崎三良ニ命シ直ニ請取ラシメントス二三日経過シテ尾崎至ル時ハ今朝閉店シタル所ナリ余ハ英人「モクホルト」ヲシテ預メ探索シ其危険ヲ知レリ故ニ其害ヲ免カレタリ(31)

南が寺島のいるロンドンの日本公使館にも度々やってきて預金勧誘をしたが、寺島は、尾崎が記しているように、「俺はブールス、カンパニイなんて聞いた事がない、信用のある大銀行かしら」と言って、南の預金勧誘の誘いに乗らず「之を拒」んだのである。寺島は、事前に英人「モクホルト」をして「信用度」を調査させ、アメリカン・ジョイント・ナショナル・エージェンシーの危うさを知っていたので被害を免れたのであった。

木戸孝允は、南の預金勧誘について、南宛の書簡で次のように記していた。

爾後如何御起居候哉さてハンク一条に付候而は不一形御心配と存申候余り大丈夫々々と申御募被成候故一入之御心痛と想察仕候過日来ホテルも日々其騒き而已に而不静候へども頃日漸少しはしずまり申候(32)

アメリカン・ジョイント・ナショナル・エージェンシーの破産後に、南の「不一形御心配」を思いやり、その「一入之御心痛」を木戸が気遣って送ったこの手紙には、南が「大丈夫々々」と申し募って、日本人顧客を獲得していたことがうかがえる。

同郷の長州人として、木戸自身も被害者であるにもかかわらず、幕末・維新期の動乱をくぐり抜けてきた高杉晋作の従兄弟にして義弟である南貞助の苦境に対する同情心からのものであろう。

しかし、南の「甘言」が以上のようなものであったとしても、「言語不通」でこれ幸いとばかりに勧誘に応じたものの中には、「欲得ずく」で顧客となったものもいなかったわけではない。明治五年一〇月一二日（一八七二年一一月一二日）付で、留守政府の渋沢栄一に宛てた一等書記官の福地源一郎書簡には、そのことが詳細に記されている。

当節一大騒動あり、是ハバンクリュプトシーより日本人大損毛を受たる事也。初めナシオナルアメリカンジヨイントエゼンシーと唱たるバンクあり、新約克、倫敦、巴里、ゼネワと四ヶ所ニ店を開きバンク之本業より荷物運送等之事を商売とせり、その開店ハ昨年なりと云、然るニそのバンク之頭取大山師にて、倫敦ニ於てハ南貞助巴里におゐてハ栗本禎次郎をジレクトル之一人と命し、毎月若干之俸金を出し、このバンク之店ニ別ニオッフィースを開かせ、日本東洋局とせり、原より事情不案内之日本人なれハ、南、栗本等之あるを便なりとし、追々とこのバンクニ預ケ金をなす、勿論南も栗本もこのバンク山師之奥之手ハ洞見せず、詰り御先ニ被遣、日本人を説得し、おのれの店の繁昌を骨折、於此使節一行も追々そこのバンクニ預ケ金をなし、一月何程歟之利を貪らんと欲するものあり　岩公塩田山口久米権少外史也　或ハチェッキ之使《ママ》を得るものあり　木戸、大久保、田辺、何等也　然るニ豈計らんや去ル十一日之朝、この店を閉し、張札をなして正金払延引と記せり、日本人之騒動一方ならす、各手形或ハ帳面を以てこのバンクニ向へとも更ニ其詮なし、是より伊藤、吉田、主裁となり、東洋銀行出入之法律家《ローエル》を雇ひ取調候処、日本人之預り金惣高一万二三千ポント以上也、而してバンク之有金ハ一千ポント位、尤、家作地面等ハミな借地借宅なれバ引当ニハ不相成、巴里之方も同様ニ可有之、しかし倫敦程之大高ニハ有之間敷、已ニ昨日より今日迄も大騒動ニ候、初め使節来着之節、御用意金を預り度旨南より度々使節ニ申込、一時被動候姿ニ候処、田中と僕とハ断然之を承知せず、故ニ官金ハ一銭もこの難ニ遇ハず、寺島、吉田之二連も同様更ニ預ケ金無之よし、只鮫島ハ官金をこのバンクニ預ヶたる二千ポント以上也岩公一七百ポント、大久保九百ポント、山口七百ポント、木戸百七十ポント、塩田四百ポント、其外理事官并随行或ハ書記官等ミな多少この難ニ罹る、甚しきハ二ケ月前之御手当を前借して、この預ケ金之利を貪らんと欲せる慾心よりして大損を受たるあり、（伊藤、僕田中、小松、林等大蔵省附属たけハ一行にてこの難を免れたり）最憐べきハ書生輩也（鍋島侯ハ一万六千両を失ふ）毎月之学費金を戸田二郎なるもの書生頭となりて引受、この店ニ預ケ尽く損毛と相成只南ハ大驚失胆只々譫語を吐而已　栗本ハ仏女、南ハ英女を娶り、いつれも女房持にて、バンク之頭取連なりしが、一旦落城細君之愁嘆可察　ローエルハ吉田、伊藤と共ニ取調ニ掛候処、全くの山師にて実ハ日本人之預り金のミにて山師之玄関普請をいたし候姿之よし、いつれ分散と相決し五分か一割之涙金にて御分ケと可相成歟、この救助方ニ付又々政府之御損毛ニなるへし、就中塩田之如きハ倹約を尽して余したる四百ポント、五分之利ニ被迷て之を失ひ両三日以来之顔色青黄色と変し候、或人之句ニ曰、今朝銀行報分散、日本人中無顔色、其状可想、不日落着ニ可

相成候間猶後便ニ報告可仕候
鬼の眼ニ涙バンク之御分散　詠塩田
向脛の色も見ぬのに百五十ポント落たる久米の仙人　久米
久米ハ人物奇なるより仙人之異名あり、且大吝ニて手砲ヲ放チテ此百五十ポントを余したるよし(33)

福地は記す。アメリカン・ジョイント・ナショナル・エージェンシーは「新約克、倫敦、巴里、ゼネワと四ケ所ニ店を開きバンク之本業より荷物運送等之事を商売とせり」とあるが、しかし、これは、ボールズ兄弟商会の米欧における店の営業のことであって、「このバンク之店ニ別ニオッフィースを開かせ、日本東洋局」としたのが子会社であるアメリカン・ジョイント・ナショナル・エージェンシーのことであろう。「倫敦ニ於てハ南貞助巴里におゐてハ栗本禎次郎をジレクトル之一人と命し、毎月若干之俸金を出し」ていたともあるが、栗本はともかく、南が「ジレクトル」というのはアメリカン・ジョイント・ナショナル・エージェンシーの「取締役」となったことを意味しているのであろう。

南の勧誘に応じた日本人とくに使節団員については、「一月何程歟之利を貪らんと欲するもの」たちとしては「岩公塩田山口久米権少外史」の名が、そして、「チェッキ之便を得るもの」たちとして「木戸、大久保、田辺、何」等の名が言及されている。

田中光顕も記していたように、「御用意金」を預りたいと南より度々使節に申し入れ、一時はそれで預金してもよいのではという「姿」になったが、「田中と僕とハ断然之を承知せず、故ニ官金ハ一銭もこの難ニ遇ハず、寺島、吉田之二連も同様更ニ預ヶ金無之よし」とある。預金者の中には、「二ヶ月前之御手当を前借して、この預ヶ金之利を貪らんと欲せる慾心よりして大損を受たる」ものもいたというのである。被害者の「大損」となるばかりか、その「救助」のため「又々政府之御損毛」になるであろうとも、渋沢に書き送っているのであった。

ほかにも大倉喜八郎の直話として、以下のことが『大倉鶴彦翁』に記されている。

倫敦滞留中の翁の環境に起つた種々の出来事は、翁及び当時在留の、日本人の動静を知るに足るものあるを以て、其の一二に就て、翁の直話を掲ぐることにした。

其の頃の倫敦には、かなり多数の日本人が集つて居た。而して其の多くは、法律とか、経済とか、又た何々取調員など、云ふ、色々の名目を附けた日本留学生であった。夫で何でも、学資が非常に掛かると云ふので、日本から更に役人を派遣して、留学生の学力を試験し、不要のものは、どしどし之を本国に帰還させるなど、云ふこともあつたが、要するに、西洋の新文明を吸収しようとして、各方面に渉つて、夫々研究に従事して居たことであつたが、或る日突然米国のジヨイント、ナシヨナル、エゼンシイ銀行が、閉店したと云ふ通知に接した、之が為め日本人の受けた影響は非常なものであつた。何も米国の銀行が閉店したからとて、欧羅巴に居る沢山の日本人にまで、関係が及ぶといふことは、考えられぬ様であるが、之れには理由があることで、此の銀行の倫敦支店には、長州人で南貞助と云ふ人が勤めて居た。所が欧羅巴へ渡つた人は、各自の所持金を、此の南の手に由つて、右の銀行に預けるといふのが、通例の様になつて居た。それで此の銀行は、在欧日本人の為めには、殆んど金庫のやうになつて居たのであるから、それが俄かに閉店すると云ふことは、日本人の為めには、実に由々敷大事と云はなければならぬ。此の恐慌の起る一週間以前、南は私の所へも遣て来て、頻りに金を預けよと勧める。其の頃私の隣の部屋に住つて居た、西村勝三の弟西村勝郎迄が南の為め心配して、折角南が親切にいふのだから、預けたらどうですか、利子が七分だと云ふから、寝かして置くよりか、いくら増かわからない』など、いつて、側から世話をやくけれども、私には少し考があつたから、一向受附けない。『一体なら日本人が預けたいと云つても、少し計りの金は面倒臭いと、断るのが当然であるのに、銀行の方から預かりたがると云ふのは、どうも不審でならない、私の今持つて居る金は、四万円あまりあるけれども、是れは皆粒々辛苦で拵へたので、元より目的があつて、斯うして持つて来たのです、利息を取らうが為めに、遙々こんな遠方まで持つて来たのではない』と断つて、強情に預けなかつた。スルト間もなく其の銀行が破産したので、日本人の預けて居た金は全部取れない。其の時の日本人の受けた損害は、実に莫大なものであつた。私も利息に目がくれたら、其の渦中に巻き込まれて、思はぬ失敗を招くところであつた。何でも其の時大金を所持して居て、損害を免かれた者は、私と岩倉大使の会計主任丈けであつた。南は此の主任の所へも屢々行つて、金を預けることを勧めたのであつたが、主任は遂に預けなかつた。若し之が不幸にして、南の勧めに従ふ様の人であつたら、大使の一行も非常に迷惑をしたことであらふ。所が、幸に此の主任が確りして居たから、災難を免かる、ことが出来たのである。此人は後に宮内大臣になつた田中光顕である。(34)

破産事件から数十年後の話であるから記憶も不確かで事実関係も異なるところもあるが、大倉喜八郎によれば、ある日突然「米国のジヨイント、ナシヨナル、エゼンシイ銀行」が閉店したという知らせに接した。「何も米国の銀行が閉店したからとて、欧羅巴に居る沢山の日本人にまで、関係が及ぶといふことは、考えられなかった。しかしそうではなかった。これには理由があって、「此の銀行の倫敦支店には、長州人で南貞助と云ふ人が勤めて居」て、渡欧した人は、各自の所持金を「南の手に由つて」右の銀行に預けるというのが「通例の様になつて居」た。それで、この銀行は在欧日本人にとって「殆んど金庫」のようになつていたのである。

アメリカン・ジョイント・ナショナル・エージェンシーが破産する一週間ほど前にも南が大倉の許へやって来て頻りに預金を勧める。部屋の隣人の西村勝郎が「折角南が親切にいふのだから、預けたらどうですか、利子が七分だと云ふから、寝かして置くよりか、いくら増かわからない」などと側から世話をやくが、自分は、預金したいとこちらから言うのならばともかく、「銀行の方から預かりたがると云ふのは、どうも不審でならない」。自分の所持金は四万円ばかりあるが、それには目的があり「利息を取らうが為めに、遙々こんな遠方まで持つて来たのではない」と「強情」に預金勧誘を断ったというのである。

『郵便報知新聞』には「四五分」または「六分」、『尾崎三良自叙略伝』では利息が年四分とあったが、大倉は年七分の勧誘であったと言う。これはいずれが正しいか不明であるが、おそらく「四五分」というのが正しく、「七分」というのは大倉の記憶違いではないかと考えられる。

いずれにしても「開業」まもないアメリカン・ジョイント・ナショナル・エージェンシーの「取締役」の南としては、営業成績を上げるのに熱心であったことが知れるが、それは福地の言う「このバンク山師之奥之手ハ洞見せず、詰り御先ニ被遣、日本人を説得し、おのれの店の繁昌を骨折」っていたのである。

しかし、南の「骨折」りも無駄になった。『宏徳院御略歴』によれば、

エゼンセー会社資本ノ大部分ハボールス銀行社中ノ所有ニ係リ又エゼンセー会社ハ自然ボールス銀行ト重モニ取引セリ然ルニ同銀行米国ボストン支店ハ同地ノ大火ニ付保険会社総破壊等ノ原因ヨリシテ閉鎖シ次デニユーヨークク支店ニ及ビ又遂ニ倫敦本店ニ波及シ閉店ス依テエゼンセー会社ハ流動資産及資本金残額徴集ノ源力ヲ失ヒタル

ニ付テ如何トモスルヿ能ハズ是亦終ニ閉鎖スルニ至ル是ニ於テ余ハ学資ノ出所ヲ失ヒ且本邦人ノ損失ニ係リ余ノ進退大ニ窮極ニ達セリ

とある。

アメリカン・ジョイント・ナショナル・エージェンシーの資本の大部分は親会社にあたるボールズ兄弟商会の銀行の「所有」であり、また、この親会社とも取引をしていて、概算一七、八万ポンドを貸していた(35)。しかるに、アメリカのボストンの大火により、保険会社が「総破壊」となり、そのあおりを受けて親会社のボストン支店、さらにはニューヨーク支店、そして「倫敦本店」までが、明治五年一〇月九日に閉鎖となり、アメリカン・ジョイント・ナショナル・エージェンシーも「流動資産及資本金残額徴集の源力」を失い閉鎖となったのであったという。

『尾崎三良自叙略伝』によれば、顧客であった日本人の被害は「其総額計二万四、五千ポンド」であったという。

それでは、日本人の被害の実態はどのようなものであったのかを、次に見てみよう。

第三章　拝借金と預金損失処分（その一）

第一節　拝借金証書

「はじめに」のところで述べたように、『大使公信』第一七号は、次のように留守政府に報告していた。「是迄御国官員及留学生徒等モ多分金子相預置候ニ鄙職来英之義モ理事官随行之官員ニ至ル迄往々預ケ金致置候処豈図ヤ近日資本不足払方相断リ終ニ閉店ニ至」った。そこで「当惑した」一同のために、折よく外国公債募集で来英中の吉田清成大蔵少輔と「示談」し、大久保副使と吉田大蔵少輔の連名で「東洋銀行」から借り入れを行うことにしたのである。(36)

そのことは、木戸日記にも記されていた。明治五年一〇月一〇日に南が「取締役」のアメリカン・ジョイント・ナショナル・エージェンシーの「困難」を聞き及び、「南并仝人同居の英人某に面会」して、その間の事情を「一一承得」したが「雖然其所致如何とも難致」く、よって「使節一統談合」のうえ、伊藤博文副使を吉田のところへ遣わしてその対策を協議させることにした。

折あしく吉田不在のため、伊藤は置き手紙をして戻った。

十一月十日

此事は先つ余り世間に洩れ不申方可然乎と奉存候。

俄然一難事到来、是非今晩拝青可仕心得にて罷出候処、豈図、御外出残懐極り申候。陳其難事と申は彼の南貞介入社之バンクにて、此度米国のロースブローゾル社中と金銀出入候て引合に相成、概草十七八万ポンド之借金をジョイントバンクへ相払不申ては不相成候処、ロースブローゾル社中にて調達難相整、随て南の会社に差響き、当今日本人而已より預り居候金高一万八千ポンド余、急に日本人受取度相望候者へ相渡候事出来不申、頗至難に苦困之折柄、今日貞介罷越、事情細に陳述候処、右金子預け人は、第一岩倉・大久保・木戸・山口・鮫島其外留学生大凡三四十人、何れも急に受取不申ては込入候者而已、殆当惑之極に御座候。然るに即今若し一万ポンド之金を我政府より相弁呉候得は、凡六ケ月之内には返納之方便有之趣、尤慥なる質物等も差入可申段申来候処、勿論使節より金を貸す抔と申事は不出来、去とて其侭に捨置時は三四十人之預たる人々困窮に堪不申、就ては老兄に是非御相談可申上様との大副使之命を蒙り、僕罷出候処御留守、無余儀罷帰申候。且鮫島抔は二千五六百ポンドも相預居候に付、公使館之費用にも差迫可申処、老兄へいつれ煩し懸り候事故、其内前以至当之方略を定め置申度罷出候処、折悪御他行、明朝早天使節旅宿へ御来訪被下度、其上使節一同衆議仕度御座候也。

吉田老兄　　博文(37)

翌一一日の朝吉田が「来館」し、一万六千ポンド余（アメリカン・ジョイント・ナショナル・エージェンシー分は一万一千ポンド余、ボールズ兄弟商会分は四千ポンド余）に上る預金損失で「人々皆狼狽」している状況を考慮して、この日本人被害者の当面応急の救済手段として、イギリスのオリエンタル銀行から一万五千ポンドを借り入れることにしたのである。

以下は、明治五年一一月六日（一八七二年一二月六日）付『大使公信』第一七号の『附属書二』の記録である。(38)

千八百七十二年第十一月廿二日於倫敦東洋銀行

茲に謹て一万五千磅の手形を封入し差出候間御調印可被下就ては次条の取扱方兼て御承知有之候様相願候

第一　此金子は日本政府の為に御借受可相成貴君即ち政府の御名代に候事

第二　此手形は何時にても差出次第可相払と有之候得共十二ケ月以内には日本政府へ御渡方の儀申立間敷但日本政府より此期限前に御払方御望の節は格別の事

第三　右の御借入に相成たる金高丈けには利足相掛り可申其利足高は英国会社取極め割合より一分　百分の一　上に可致且決して五分より以下に無之候事

第四　右の金子は御入用次第田中君の印紙を以て御貸渡可仕御同人の御花押は此手形に御印鑑御加有之度事

右の箇条の約定に随ひ此手形に御調印の上御返却被下候様相願候也

頭取シー、ゼー、エフ、スチユアルド

大久保閣下

田　中　殿

千八百七十二年第十一月廿二日倫敦ト吉南寓館に於て

壱万五千磅の手形に調印可致ため右御封入の貴翰只今落手御申越のケ条逐一領承致候尤此手形へ田中調印可致段御申越有之候得共吉田清成義当府に滞留致し相当の職掌に候間同人の調印に取直し申候乍併右金子受取方は田中

の印紙にて取計可申積に候也

大久保利通

東洋銀行頭取シー、ゼー、エフ、スチユアルド殿

千八百七十二年第十一月廿三日於倫敦

拝啓陳者貴君并吉田大蔵少輔御調印紙封入の貴翰慥に落手右壱万五千磅の金子儀は田中戸籍頭殿の御印紙を以て取計可申様別勘定に致し置可申候以上

東洋銀行社長　ヤンネン

大久保大蔵卿殿

『大使公信』第一七号本文には、特命全権使節副使の大久保利通と吉田清成両人が「鈐印」して、「大蔵省名義ヲ以テ当府東洋銀行社中ヨリ英貨一万三千磅借用致シ」たとあったが、一万三千ポンドとあるのは一万五千ポンドの誤りであろう。そして、不慮の災難で難渋している「理事官随行之向等」へは「此方」即ち岩倉使節団会計担当の田中光顕より相渡し、「生徒之分」は弁務使方にて取り扱わせ、「夫々資給拝借」させることにして、「目前之急」を凌いだのである。

それでは、ボールズ兄弟商会の銀行であるロンドン支店とアメリカン・ジョイント・ナショナル・エージェンシーの支払い停止・閉店・破産で「周章狼狽」した被害者たちは、どの位それぞれ岩倉使節団から「拝借」して急場を凌いだのであろうか。

まず、岩倉使節団員ら官員関係の「拝借金」証書の記録が『太政類典』に記されているが、拝借日の日付順に整理したものを見てみよう(39)。

最初に、明治五年一〇月二八日付の分である。これには岩倉大使、木戸・大久保・山口副使のほか阿部潜の拝借分が見える。岩倉大使と木戸副使はそれぞれ一〇〇〇ポンド、大久保副使は九〇〇ポンド、山口副使は六〇〇ポンド、そして、阿部潜が一〇〇ポンドをそれぞれ拝借している(40)。

○岩倉大使拝借金證書　田中戸籍頭宛

英金壱千磅也

此金四千四百四拾四円四拾四銭四分

但金一円ニ付英金五拾四ペンス替

右ハ兼テナシヨナルジヨイント会社へ預金イタシ置候処此度同社破滅及ヒ目下困迫罷在候ニ付於当地本文ノ通拝借被仰付正ニ落手仕候尤返納方ノ儀ハ帰国ノ上直様返納仕候歟又ハ月々官録ノ内ヲ以テ御引取被下候共御差図次第返納可仕候仍テ拝借証書如件　壬申十月廿八日

○木戸副使同上　宛同上

英金一千磅也

此金四千四百四拾四円四拾四銭四分

但前同断

右ハ前同文　壬申十月廿八日

○大久保副使同上　宛同上

英金九百磅也

此金四千円也

但前同断

右ハ前同文　壬申十月廿八日

○山口副使同上　宛同上

英金六百磅

此金弐千六百六拾六円六拾六銭七分

但前同断

右ハ前同文　壬申十月廿八日

○大蔵省七等出仕阿部潜同上　沖守固代印　宛同上

英金拾磅也

此金四拾四円四拾四銭四分

但前同断

右ハ兼テシヨイントナシヨナル会社へ英金百三十磅内　公金五拾九磅十一シル私金七拾磅九シル　預置候処此度同社及破滅目下困迫罷在候ニ付於当地本文ノ通拝借被仰付正ニ落手仕候尤返納ノ儀ハ帰国ノ上直様上納仕候歟又ハ月々私共官録ノ内ヲ以テ御引取被仰付候トモ御指揮次第返納可仕候仍テ拝借證書如件　壬申十月二十八日

次に、翌一〇月二九日には、山田顕義・肥田為良・佐々木高行一行・由良守応・大原令之助らが田中大蔵理事官宛てに拝借証書を入れている。山田顕義理事官は八〇〇ポンド、肥田為良理事官は四〇〇ポンド、佐々木理事官一行は八〇〇ポンド、由良守応勧農助は五五ポンド、大原令之助は一〇〇ポンドをそれぞれ拝借している。(41)

○理事官山田顕義同上　宛同上

英金八百磅也

此金三千五百五拾五円五拾五銭六分

但前同断

右ハ兼テシヨイントナシヨナル会社へ英金一千百八十六磅六シル内　公金八百四十七磅私金三百三十九磅六シル　預ケ置候処此度同社及破滅目下困迫罷在候ニ付於当地本文ノ通拝借被仰付正ニ落手仕候尤返納ノ儀ハ帰国ノ上直様上納歟又ハ月々私共官録ノ内ヲ以テ御引取被仰付候トモ御指揮次第返納可仕候仍テ拝借證文如件　壬申十月廿九日

○造船頭肥田為良同上　宛同上

英金四百磅也

此金千七百七拾七円七拾七銭八分

但前同断

右ハ兼テシヨイントナシヨナル会社へ英金六百二拾磅内　公金二百磅余私金四百磅余　預置候処此度同社破滅及ヒ目下困迫罷在候ニ付於当地本文ノ通拝借被仰付正ニ落手仕候尤返納ノ儀ハ帰国ノ上直様上納仕候歟又ハ月々私共官録ノ内ヲ以テ御引取被仰付候トモ御指揮次第返納可仕候仍テ拝借證書如件　十月（※史料の配列からみて一〇月二九日と思われる）

○佐々木理事官外三名同上　宛同上

英金八百磅　　拝借高

此金三千五百五拾五円五拾五銭六分

但前同断

内

官金二百六拾一磅

私金五百三拾九磅

但私金ノ内

百九拾七磅半ハ　　佐々木高行分

百六拾四磅半ハ　岡《ママ》田重俊分
二拾三磅半ハ　平賀義質分
百五十三磅半ハ　長野文炳分

右ハ兼テシヨイントナシヨナル会社へ英金千百〇二磅十八司令《ママ》内　公金三百六十磅私金七百四十二磅十八シル
預ケ置候処此度同社破滅及ヒ目下困迫罷在候ニ付於当地本文ノ通拝借被仰付正ニ落手仕候尤返納ノ儀ハ帰国ノ
上直様上納歟又ハ月々私共官録ノ内ヲ以テ御引取被仰付候トモ御指揮次第返納可仕候仍テ拝借證書如件　長野
文炳不在ニ付無印　平賀義質　岡《ママ》田重俊　佐々木高行不在ニ付無印　壬申十月廿九日

○勧農助由良守応同上　宛同上
英金五拾五磅也　拝借高
　此金二百四拾四円四銭四分
　　但前同断
右ハ兼テシヨイントナシヨナル会社へ私金五拾五磅預ケ置候処此度同社及破滅目下困迫罷在候ニ付当地於テ本
文ノ通リ拝借被仰付正ニ落手仕候尤返納ノ儀ハ帰国ノ上直様上納仕候歟又ハ月々私共官録ノ内ヲ以テ御引取被
仰付候トモ御指揮次第返納可仕候依テ拝借証書如件　壬申十月二十九日

○大原令之助同上　受人吉田大蔵少輔　宛同上
英金百封度

此金四百四拾四円四拾四銭四分

但前同断

右ハ此度ナシヨナル会社破産ニ付目下困迫罷在候間拝借相願御聞届ニ相成難有奉存候返納ノ儀ハ何レ帰朝ノ上如何様トモ御沙汰次第早速相納可申候依テ証書如件　同日

さらには、鉄道中属の瓜生震が一一月一日付で、左院派遣の西岡逾明・安川繁成・小室信夫・鈴木貫一らが一一月二日付で、そして、大使随行の久米邦武権少外史が一一月三日付で、相次いで拝借金証書を差し出している。瓜生震は一〇〇ポンド、左院の議官たちは一二〇〇ポンド、そして久米邦武が一〇〇ポンドを拝借している。(42)

○鉄道中属瓜生震同上　宛同上

英金百磅也

此金四百四拾四円四十四銭四分

但金一円ニ付英金五十四ペンス替

右ハ兼テシヨイントナシヨナル会社へ英金三百三十磅余　但私金ナリ　預置候処此度同社及破滅目下困迫罷在候ニ付当地於テ本文ノ通リ拝借被仰付正ニ落手仕候尤返納ノ儀ハ帰国ノ上直様上納歟月々私共官録ノ内ヲ以テ御引取被仰付候トモ御指揮次第返納可仕候仍テ拝借證書如件　壬申十一月朔日

○中議官西岡逾明外四名同上　宛同上

英金千弐百磅也　私共会社へ英金千三百七十二磅及仏貨四万フランク預置内公金六百三十磅損失ス

此金五千三百三拾三円三拾三銭三分

但金壱円ニ付英金五拾四ペン《ママ》替

右ハ此度ナシヨナル会社破産ニ付目下困迫罷在候間拝借被仰付候条実正也御返納ノ儀ハ私共月給ニテ御引上被下候トモ如何様ニモ御沙汰次第上納可仕候為後日証書如件

少議生安川繁成不在ニ付無印　中議生鈴木貫一同上　小議《ママ》官小室信夫　小議《ママ》官高崎正風　中議官西岡逾明

壬申十一月二日

○権少外史久米邦武同上　宛同上

英金百磅也　　拝借高

此金四百四拾四円四拾四銭四分

但前同断

右ハ兼テナシヨナルエイゼンシ店へ英金百五拾磅　但私金也　預ケ置候処此度同店及破滅目下困迫罷在候ニ付於当地本文ノ通拝借被仰付正ニ落手仕候尤返納ノ儀ハ帰国ノ上直様上納歟又ハ月々私共官録ノ内ヲ以テ御引取被仰付候トモ御指揮次第返納可仕候依テ拝借証書如件　壬申十一月三日

以上が『太政類典』に記録されている使節団関係者たちの拝借金証書である。

第二節　応急の被害者救済

とにかく拝借金がないと、二進も三進もいかず、進退に窮するのである。拝借金ではないにしろ、関連した例が、尾崎三良の『尾崎三良自叙略伝』に記されているので、それを見てみよう。

故佐々木高行後に侯爵となりたる人、其頃司法大輔にて理事官として一行中に在り。倫敦滞在中例の南の言を信じ、公私金一切を彼の商会に預け墺地利の首府ウインナに開会中の博覧会見物に出掛け、随行員たる岡内重俊外一名を従へ出発せり。此時旅費として現金を持たず彼の商会の信用状を携帯せり。欧米人の旅行には現金を携帯せず大抵信用ある銀行の信状《ママ》を持ち、至る所にて必要の金額を所在銀行にて此信状《ママ》に照し受取るの慣例なり。佐々木一行もウインナに至り博覧会其他所々見物、凡そ一週間の後同所を出発せんとし、旅館及び外諸払を為さん為めに例の信状《ママ》を以て指定の銀行へ必要の金員を受取らんとせしに、豈図らんや信状《ママ》を発せし商会は既に閉店し、彼の信状《ママ》にては一銭をも受取ること能はずと聞きて喫驚したり。然るに一行は其夕景出立せんとして已に夫々行李を整へ準備を為せし所、宿料を支払ふこと出来ず、そこで我々は日本大使一行の者故に後にて倫敦より金員を送付すべし、兎に角今夕出立せざれば事務差支ありと弁解したる所、彼れ頑として応ぜず、宿料を払はざれば出立ならぬとて其荷物を押へて之を許さず。そこで已を得ず佐々木と今一人の随行者等を人質として残し置き、岡内一人倉皇として倫敦に奔せ帰り大使に事情を陳し、僅かに金を得てウインナに取つて返し、漸く佐々木一行を救ひ得て帰りしことあり。[43]

南の言を信じて、公私金一切を「信用状」にして、博覧会見物でオーストリアのウイーンに出かけ、一週間ほど滞在した後に、宿舎の支払いをするため指定の銀行で「信用状」から現金に換えようとしたところ、南のアメリカン・ジョイント・ナショナル・エージェンシーの支払い停止・閉店で、出発しようとしたところを足止めを食らってしまい、やむなく佐々木理事官ともう一人の随行者が「人質」となって居残り、岡内重俊一人が「倉皇」としてロンドンまで馳せ帰って「僅か」の金をえて、とんぼ返りでウイーンに戻って漸く佐々木一行はウイーンを発つことができたというのである。

佐々木高行の日記である『保古飛呂比』の一一月九日の条には、「大困窮」したことが、次のように書かれている。(44)

龍動ノ銀行「ナショナルバンク」破産ノ旨、今日「スイツ」国にて承知、大困窮ス、但同行ヘハ南貞助ノ勧メニヨリ、平賀義質ノ周旋ニ依頼セルニ、両人共居合サズ、不案内者三人ニテ進退谷ル、無余義三人ニテ端銭迄取集メ、漸ク巴里府迄帰ル

尾崎が回顧した内容と佐々木自身が書いた内容とでは食い違いがあるが、いずれが真実であろうか。聞こえの悪い「人質」話など日記には書けないと思って、佐々木は真実が書けなかったのではなかろうか。ともかく拝借金そのものではないにしろ、佐々木一行の苦境を救ったのも「僅か」のはした金であったというところが、真実といえる。

また、大倉喜八郎の伝記である『大倉鶴彦翁』には、陸軍少将の山田顕義のことが次のように書かれている。

ジヨイント、ナシヨナル銀行が、閉店したと云ふ報告に接してから、三日後の事であつた。富永冬樹が訪ねて来

て、『山田顕義さんが、是非あなたに逢いたいと云つて、昨夜巴里から来られたのです、どうぞ面会して下さい』と云ふので、私は快諾して山田さんに逢つた。此の時、山田さんは陸軍少将で、軍事取調の御用を帯びて居られたそうです。其の費用から旅費まで、すつかり銀行に預けて居たのに、今度の災難が起つて困つて居られた。山田さんの言はるるには、『私は今から大使の所へ金の談判に出掛けるのであるが、それに就て、予め御相談したいことがあるのです』といはれるから、私も気の毒に思つて、『どう云ふ御相談ですか』と尋ねると、山田さんは『大使の方に金のことを掛合ふのだが、どうも此の掛合ひは六ヶ敷相に思はれる、若しそれは駄目だとはねられたら、私の方では、日本帝国の陸軍少将が、之から巡礼をして帰るが、それでもい丶かと迫る積りである、それでも御勝手で御座ると遣られた日には、殆んど当惑するのです、だから万一そう云ふ時には、勝手に致すと巡礼旅行を実行せねばならぬが、それは体面上実際上出来るものでない。けれども断乎として其の決心を示すには、此此にも相当の準備がなくてはならぬ、多分あなた迄を煩はさずに済まうとは思ふけれど、万一の場合は、御迷惑でも三万円丈け、私に用達てる事は出来ますまいか』と、改まつて頼まれるので、私は直ぐに、『よろしう御座います、屹度承知致しました』と快諾すると、山田さんも非常に喜んで、『それで私も安心しました』と、早速大使の所へ行かれた。そして大蔵省から出張された吉田清成さんなどに相談して、到頭大蔵省の方から金を出す様になつた。流石は山田少将丈に、策戦計画が上手だといつて、後から大笑ひした事であつた。(45)

この大倉喜八郎の伝記によれば、山田少将は、大使との拝借金の掛合いについて、掛合いがうまくいかなければ「日本帝国の陸軍少将が、之から巡礼をして帰るが、それでもい丶かと迫る積りである」と覚悟していたようである。これについて、一等書記官であった田辺太一も、一九〇二(明治三五)年三月二〇日に華族会館で催された岩倉使節団同航者記念会で、次のように語っている。

▲日本の将官乞食とならんとす　山田顕義ハその折に別れて巴里へ行つて居たので自分だけの旅費ハ例の南の銀行へ預けたからお蔭で之も一文なし組となつたが、流石ハ軍畧に秀でた男だけに大使の処へやつて来て『銀行閉店の為めにどうする事も出来ぬから帰朝の旅費だけを別途に支出して貰ひたい』と掛合ふた、けれども今云ふ通り大使の方にも入用だけの金しかないので夫ハならぬと断ると、山田ハ大に立腹の体で『然らバよろしいお頼み申さぬ、其代り日本の陸軍将官たる山田顕義ハ官服の侭乞食をして帰るから左様御承知下さい』と力んで闥を排して去らうとしたので、大使ハそれも甚だ困つた訳と、終に山田の旅費ハ別に出す事となつた、跡から聞けバ山田ハこの掛合にか〻る前夜欧羅巴へ来合せてゐた大倉喜八郎の旅宿を尋ね、云々の次第で之から大使へ金の談判に行くのだが、万一容れられぬ時ハ手強く言ひ放つて戻るから其時ハお前から帰朝の旅費を立かへて呉れろと頼み、その承諾を後盾にして大使との談判に背水の陣を張り到頭大使を説き伏せ得たのであつた相な(46)

他方、留学生たちへの応急救済であるが、これについては、寺島大弁務使を通じて「困難」を救済することとしたことが、『大使公信』第一七号の『附属書三』からわかる。それには、次のように記されている(47)。

一英金三千九百二十磅十四シルリンク一ペンス
別紙寺島大弁務使より差出当国在留学生の為即今相渡呉候様申出一同評議の上無余儀事情に付可相渡決定致候間
同人へ右金高御渡相成度此段御達申候也

十一月廿七日　　　　　　　　　　　　特命全権大使

吉田大蔵少輔殿

別紙書面の通当国在留の書生等を致管轄候に付ては即今御渡被下夫々処分仕度尤精細勘定書等は拙者より本邦大蔵省へ直に差出可申返済或は渡切等の処置は大蔵省於て結局相着候様可申越候事

壬申十一月廿七日（＊壬申一〇月二七日、太陽暦と混同）

寺島大弁務使印

全権大副使殿

覚

一墨銀八百三十三弗四十銭

右広島県生五人当年二ケ月分

一同　五百弗

右小倉県生当月後六ケ月分

一同　六百六十六弗七十二銭

右ハ官費生ノ内前田利継服部潜蔵両人学資不来に付右両人四ケ月分

一英貨千五百磅

右ハ凡ソ六ケ月間生徒ノ内帰朝ノ者路費手当

一同　一千九百七十封度十三シルリンク七ペンス

右ハ惣代ヨリ差出シタル負債ノ高

〆英貨三千四百七十封十三《ママ》シルリンク七ペンス

墨貨二千弗十二セント

此英貨四百五十封度六ペンス

総シテ英金三千九百二十封度十四シルリンク一ペンス也

壬申一一月廿七日とあるのは、一〇月二七日の誤りであるが、寺島には三九二〇ポンド一四シリング一ペンスが大使副使一同評議の上「無余儀事情に付可相渡決定致候間同人へ右金高御渡相成度此段御達申候也」と岩倉大使から吉田大蔵少輔に指令されているのであった。

留学生救済についても、尾崎三良が記しているところを見てみよう。

其内予は生徒総代と云ふ者に鮫島少弁務使より申付けられ、在英国生徒へ政府よりの命令を通達し又生徒より申立ることを取次、政府へ上申する役人類似のものなり（鮫島は最初英仏二ケ国へ派遣せられたる代理公使にして併せて生徒の支配を為すべき任務を帯び来りたれども、英国にて外交官と認めざるに依り仏国に駐在して遙かに在英生徒の支配をも兼任して、予を其取次役と為し生徒総代と云ふ名を付けたるものと見えたり）。此故に予は数次仏国に往復して鮫島に面したり。或る時、在英生徒に給する学資金の本国政府より来りたるものを渡すに依り来るべしとの通知に依り、予直ちに仏都巴里に至り鮫島に面し在英生徒の名簿と並びに之に対する学資金とを請取りたり。其生徒凡そ五十四、五名に英貨弐千五百ポンドなり。各生の受くべき金額平等ならず各々差あり。且つ之を一時に渡すべきものにあらず。毎月に月額幾干と定めて渡すべき規定なり。且つ此金は例のブールス会社の手形にて請取り、英国へ帰り此金額を予の従来取引する倫敦ユニヤン銀行へ預け替へんと思ひ、彼のブールス会社へ赴き巴里にて鮫島より受取りたる手形を見せ現金を受取らんとしたるに、南其店に居りて言ふには、其金は其まま当店に預け置き書生には毎月の定額を渡すに小切手を以て渡すことにしたらば大いに便利なるべし云々（同人は書生毎月受取るべき額並びに其習慣をも熟知し居る故なり）とて容易に渡さうともせず、若し其会社の信ずべきものなれば言ふ所尤もの次第故強ても言はず。其より寺島大弁務使に至りブールス会社の事を聞きたるに寺島の曰く、ブールスと云ふ人は如何なる人か我曾て知らず。然れども新しき会社には何分信を置く能わず、南より頻りに公使館の公金を預からんことを勧誘して已まざれども我は之に預けずと。(48)

在英留学生徒への学資金支給は在仏駐在公使の鮫島の担当であり、そのため、在英留学生徒五十数名の生徒総代に任命された尾崎は、巴里へ往ってその学資金二千五百ポンドをボールズ兄弟商会の小切手で受け取り、英国へ戻って換金しようとしたところ、南が「其金は其まま当店に預け置き書生には毎月の定額を渡すに小切手を以て渡すことにしたらば大いに便利なるべし云々」と言って容易に換金しない。そこで、在英駐在大弁務使の寺島にそのことを話すと、「ブールスと云ふ人は如何なる人か我曾て知らず。然れども新しき会社には何分信を置く能わず」と言われたというのである。

尾崎は続けて記す。

依つて予益々之を不安心に思ひ、之を各書生に其全部を一時に渡したる方得策なりと考へ、五十幾名の書生へ郵書を以て来る何月何日午前十時ブールス会社に於て学資金を渡すに付き同所へ来るべしと通告し、予も亦同時刻に彼の商店に至りたるにこはいかに、店の前面の入口に筆太に支払停止の張札を掲げたり。内に入り見るに南一人外に米人ラシク両人店頭に居り、頻りに支払不可能の理由を弁疏し居たり。其言ふ所に依れば、社主ブールス兄弟は過日米国へ旅行し、店に現存する金額は全部携帯し去り当地には預り金の支払ひに充つべき用意なし、依つて今頻りに電信を以て米国へ照会中なりと。是れ全く所謂ペテンに罹りたるを知るといへども後悔及ばず。尤も是は予が初めより信じて之に托したるに非ず、鮫島より托したる金を其まま引継ぎたるものを早く引出し其災厄を免れんとしたるも及ばざりしなり。其内に兼て通知したる時刻になれば、書生は待ちに待ちたる金を受取らんとして続々入り来るも、右の次第にて如何ともすること能わず。皆不平たらたら帰り去るも、中には今此金を受取らざれば本国へ照会したればとて再び送金のことは容易に運ぶべからず、各々宿料の支払ひにも差支へ五十余名の学生忽ち生活に困る事情あり。此書生の内に今の東郷大将もあり。何とか急に救済の道を与へられたしと強要するものあり。予も亦一介の貧生如何ともすることなし。幸ひに今全権大使滞在中なれば、事情を詳悉し必要の救済を懇願するの外道なしと考へ之を寺島へ談じたる処、今公使館には余分の金なし、是は大使に懇願するの外に道なしとのことなれば、同氏より其事を大使へ談ずることを依頼したり。然るに一方大久保初め副使、書記官、理事官、各藩の参事等過半は此災に罹り、中には一人にて一千ポンドも取られたる者もあり、日本人中一時大驚慌を来したる情況なり。岩倉大使、木戸副使等は此災に罹らざりしも、余は皆多少罹らざるものはなき位なりし（岩倉、木戸の両人は月々受くべき手当金を其侭会計方田中光顕に預けありし為此災を免れたりと云ふ）[49]。

寺島の言に不安を感じた尾崎は、学資金を一時に留学生徒に渡す方が「得策」と考えて、日時を決めて「ブールス会社」へ来るようにと留学生徒に連絡して、その日時に出向いたところ、豈図らんや、店の正面に「筆太に支払停止」の「張札」が出ていて、南と米人一人がその理由を種々「弁疏」するのであった。南が言うには、「社主」のボールズ兄弟が店の有り金全部を持って英国を去ってしまい、「当地には預り金の支払ひに充つべき用意なし、依つて今頻りに電信を以て米国へ照会中なり」と弁解これ努めているのであった。

もともと鮫島に托された金をそのまま小切手で引き継ぎ、これを早々に換金して災難を免れようとしたのだが、時既に遅く、「後悔」しても後の祭りだったのである。

さらに尾崎は続ける。

其後寺島に逢ひ生徒の学資金借用のことを聞きたれば、委細大使に話し置きたり、依つて足下直ちに大使に面談すべしとのことなれば、則ち其旅館バキンヌナム、パレスホテルに行き、岩倉公に面し学資金のことを談じたるに公曰く、其事は寺島より聞きたり、何とかせずばなるまい、夫は伊藤に話しすべしとのことに付き、乃ち又伊藤に面したるに伊藤の曰く、其事は既に承知せり、全体書生に給すべき金にしてブールス商会に預けたる金は幾干なるやとのことに付き、予即ち弐千五百ポンドなりと答ふ。彼曰く、此処弐千ポンドも拝借したらば急場を弁ずることを得べしやと。予曰く、預け金全部額を願ひ度趣意なれども此れ以上は成りがたしとのことならば已を得ず、夫丈でもどうかかうかすべしと答ふ。此時予は朝より寺島の所彼れ是れ奔走し、早や午後三時を過ぎたるも未だ昼食を為さず空腹甚だしく、此にて金額のことを彼れ是れ争ふ勇気もなく又其が為め急に事運ばざる時は益々窮する訳なれば、此額即ち弐千ポンドの公金を大使より拝借することに取極め、偖て其金は会計方田中光顕に指図し置くべければ同人より請取るべしとのことなり。依つて同人に面じたるに同人も今伊藤より聞き委細承知せり、さりながら今日は追々夕景にもなり金員の受授に不便なる故、明日午前の内公使館にて寺島公使の面前にて受授すべしと約し、先ず安心と其日は直ちに下宿に帰り、ほつと一息漸く朝よりの空腹を医し、翌早朝公使館に至り寺島に面し、昨日大使等に面したる情況を話し待つ間程なく田中来り、昨日約したる金額を渡すに付き此証書に署名捺印すべしと証書案を渡されたり。之を見るに、一英貨弐千ポンド也、右借用仕候処実正也、年月日等あり。予何心なく之に記名せんとしたる処、寺島より其証書を見せよとあり。依つて之を見せたるに同氏は之を手にして眺ること凡そ三十分、予思へらく此簡単なる書面を何故斯く深く研究せらるるにや殆んど合点行かず、さてさて年寄りは埒の明かぬ物かなと心窃かに冷笑し居たるが、やがて徐ろに口を開いて曰く、此証書ではいかぬ、斯く書くべしと口綬せらしまま之を筆記したるは即ち左の通り。

一英貨二千ポンド也。右ハ英国留学生徒へ支給すべき学資金をブールス商会へ預け有之候処、右商会一時不融通に相成、生徒等大いに困難致候に付き救済の為め一時拝借仕候処実正也。返弁之義は右商会より返金あり次第に返弁可致候也。年月日記名

右の通り認め田中に見せたる処、是は余り虫のよすぎる証書ではなきかとのことなりしも、彼の商会も全く破産したと云ふことでなし、他日返弁の望あるものなれば此より外に書方なしと云ひ、寺島も傍らより口添へせられ、終に田中も承諾してオリエンタル銀行の小切手にて弐千ポンドを渡されたり。予は直ちに之を予の銀行ユニヤンバンクへ振込み直ちに五十余の生徒に分配したり。此一難は是にて免れたり(50)。

留学生徒たちの困窮を救済するため、尾崎が寺島大弁務使に相談したところ、「今公使館には余分の金なし、是は大使に懇願するの外に道なし」ということで、岩倉大使へ面会し、「何とかせずばなるまい」という言を得て、大使より伊藤副使に話がいき、留学生徒に渡すべき金は二千五百ポンドではあるが、二千ポンドを拝借することで、話が

まとまったのであった。

会計方田中光顕に拝借金証書を差し出すにあたっては、寺島の助言で「返弁之義は右商会より返金あり次第に返弁可致候也」という文面になり、「余り虫のよすぎる証書」ではないかという田中の難色も押し切って、その承諾を得たのであった。

ここに渡されたオリエンタル銀行の小切手をユニオン銀行に振り込み、五十余名への学資金支給の急場を凌いだのであった。

第三節　拝借金の返済方法

さて、上述の拝借金額がそのまま損失金額を意味するものではないことは、言うまでもないであろう。そこで被害者たちの預金額すなわち損失金額については、後述することとして、まず、拝借金の返済に関する記録を、『太政類典』の記録から、順次月日順に見てみよう。[51]

拝借金証書には返済については、「帰国ノ上直様上納」するか、それとも「月々私共官録之内」から返済するか、政府の指揮により返済すると拝借金証書に記されていた。

一　明治六年二月四日。

まず、拝借金の返済に関し、明治六年二月四日付で、大蔵省から正院に、次のような伺いが提出された。[52]

大蔵省伺

欧米全権大使一行ノ内并各国視察西岡中議官始メ其他ノ者英国ナシヨナルジヨイント会社へ預金イタシ置候処此度同社分散及ヒ日下困迫罷在候ニ付差向融通ノ為メ倫敦府オリエンタルバンクヨリ英金一万五千磅借入取計右窮迫ノ者へ別紙證書写ノ通リ一時貸渡候段大久保伊藤両副使田中理事官ヨリ申越候間不取敢御届申上候尤オリエンタルバンクへ償却方ノ儀利足ノ損失モ有之ニ付横浜出店オリエンタルバンクへ過一日払遣シ置申候へ共右大使始へ貸渡シ金返納方ノ儀ハ辛未冬全権大使発朝ノ節洋行中出納事務廉々相伺置候通リ彼地ニテ拝借金等イタシ候テ此地於テ可放支月給ノ内ヲ以テ右高ノ半方宛返納可致筈ニ候間右ニ基キ取計可然存候尤其他是マテ全ク月給引当トシテ拝借金致シ居候分モ有之間今般別段拝借金ノ儀ハ月給引当ノ分相済次第引続返納為致可申候且元留学生大原令之助儀ハ壬申七月中三等書記官被免随行ノ心得ヲ以テ英国滞在外政取調被仰付候処月給等於彼地如何ノ渡シ方イタシ居リ候哉判明イタシ兼候間於彼地可給与月給ノ内ヲ以テ全権大使始メ一般同轍ノ処分ニ準シ可然存候右具陳ノ趣来ル八日便ニ付托シ詳細田中理事官へ向相達置申度候間急速御指揮被下度此段相伺申候也　二月四日大蔵

オリエンタル銀行から借り入れた一万五千ポンドについては利息の関係もあるので、二月一日、その横浜支店へ返済したけれども、岩倉大使以下のものたちへ「貸渡」した金については、「出納主務」より伺っていたとおり、日本において支給する月給から二分の一ずつ「返納」することになっていたので、そのように取り計らいたい。

しかし、今まで「月給引当トシテ拝借金致シ居候分モ有之」ので、「今般別段拝借金ノ儀」は「月給引当ノ分相済」み次第、引き続き返納させたい。

なお、元留学生大原令之助は、明治五年七月中に三等書記官を免じ「随行之心得」を以て「外征取調」を仰せ付けたが、現地において、どのような金の「渡シ方」をしていたか不明なので、現地で給与すべき「月給ノ内」をもって、「全権大使始メ一般同轍ノ処分ニ準」じたいというのが伺いの内容であった。

この伺いにある通り、拝借金は月給の二分の一ずつ返納させるということであった。

この伺いについては、翌二月五日、「伺ノ通」と指示されたのである。

二 ①明治六年七月、三條公恭・河鰭実文・福原和勝・森寺常徳の東京府宛の願(53)

②明治六年七月、大蔵省への東京府の上申(54)

③明治六年一一月一二日、正院への大蔵省伺い(55)

④明治六年一二月二七日、正院より大蔵省への指令(56)

①三條公恭願　東京府宛

私昨申年英国ニ於テ拝借ノ金子至急返納可仕候様再三御達ノ趣奉畏候早速御請可申上ノ処夫々へ申談シ居彼是延引ニ相成奉恐入候右拝借金ノ儀ハ私共帰朝ノ砌彼地ニ於テ弁務使ヨリ御下渡ニ相成候路費并ニ御手当其外所持ノ金子途中便宜ノ為メ彼地出立ノ砌於龍動シヨイントナジヨナルエイセンセイト申候バンクへ全金差入同バンク為替手形ニテ持参仕米国ニウヨルクへ著ノ上承リ候処右ノバンク僅十日間ニ俄ニ閉店仕候由ニテ私始メ同行一同所持ノ手形総テ不通ニ相成差向当惑罷在候処其頃龍動ニテ書生総代相勤居候戸田三郎ト申者ヨリ伝信《ママ》ヲ以テ私始メ同行ノ河鰭実文福原判森寺常徳等都合四人ノ内へ諸手当トシテ英金六百ポント送リ来リ漸ク右金子ニテ帰朝仕候

事ニ御坐候尤モ右ノ金子ハ龍動ニ於テ吉田大蔵少輔殿ヨリ拝借仕候趣ニ付猶於当地御省ヘ返納可仕様兼テ申来候ヘ共実ハ前文ノ通リ不慮ノ失財仕候ニ付頗ル当惑罷在候何分ニモ即今至急ニ返納難仕加フルニ右バンクノ裁判如何ニ相成候共相分不申其内最早何ト歟裁判モ付可申左候ヘハ私共失財ノ処分モ相付多少ニ不拘弁金モ可有之ト存候間何卒即今至急ニ返上ノ儀ハ千万御猶予奉願度彼ノバンク裁判相済私共失財ノ処分片付申候上ハ早速返納ノ目的相立出願可仕間前文無止情実御憐察被仰付可然様大蔵省ヘ御進達被下候様奉懇願候以上　七月日缺

記

拝借高

一英貨六百磅

内

百七拾磅余　東京府貫属華族　三條公恭

百三拾壱磅余　同　河鰭実文

百弐拾七磅余　山口県貫属士族陸軍大佐　福原和勝

百七拾磅余　東京府貫属士族　森寺常徳

②東京府上申　大蔵省宛

華族正四位三條公恭ヨリ拝借金上納御猶予ノ儀別紙ノ通リ願差出候間可然御指揮被下度此段申上候也　七月日闕

③大蔵省伺

英国留学生三條公恭外三名所用ノ金子倫敦府バンクへ預ケ置候処同社破産ニ付不慮ノ損失ニ至リ帰朝発途ニ臨ミ必死困却ノ場合吉田少輔ヨリ英貨六百磅拝借帰朝ノ上返納ノ約条ニ付再三督促ノ末公恭ヨリ別紙ノ通リ申出候次第ニテ迚モ一時返納ノ儀ハ行届申間敷去迚返納ノ目途無之候テハ不相成儀ニ付勘弁仕候処大使随行ノ者前同様拝借金ノ儀在職ノ者ハ月給ノ半数免職ノ者ハ旧月給六分一ツ、月々返納ノ積リ兼テ伺済ノ趣ヲ以テ取計来リ候ヘ共右四名ノ内陸軍大佐福原和勝ヲ除クノ外三條公恭河鰭実文森寺常徳儀ハ素ヨリ月給無之者ニ付右ヘモ難基候ニ付留学中被下候千円ヲ十二个月ニ割一个月八拾三円三拾三銭三厘ヲ前書免職ノ者旧月給ノ例ニ比シ此六分一金拾三円八拾八銭九厘ツ、右三名ヨリ月々返納為致可申尤モ其内職務拝命ノ者有之候ハ、月給半数ノ規則ヲ以テ取計可申右ハ予メ一定仕置右様ノ類ハ前書ノ通取計申度依之願書写相添此段相伺候也　十一月十二日

④正院ヨリ大蔵省ヘノ指令

伺ノ趣別紙ヲ以テ相達候事　十二月廿七日

①によれば、英国留学生の三條公恭・河鰭実文・福原和勝・森寺常徳の四人は、帰国にあたり旅費その他の所持金をアメリカン・ジョイント・ナショナル・エージェンシーの「為替手形」にしたが、ニューヨークへ着いたところでアメリカン・ジョイント・ナショナル・エージェンシーの閉店により「手形不通」となって「当惑」した。幸い英国留学生総代の戸田三郎（＝尾崎三良）より電信で六〇〇ポンドの送金があった。この六〇〇ポンドはロンドンの吉田少輔から拝借したものである。

その内訳は、三條公恭が一七〇ポンド余、河鰭実文が一三一ポンド余、福原和勝が一二七ポンド余、そして森寺常徳が一七〇ポンド余である。

この度、この拝借金を返納せよと大蔵省より再三督促を受けているが、「何分ニモ即今至急ニ返納難仕」く、加えて「右バンクノ裁判如何ニ相成候共相分不申」、裁判の結果がわかり「失財ノ処分」もつけば、「多少ニ不拘弁金モ可有之」と思うので、「即今至急ニ返上ノ儀ハ千万御猶予奉願度」く、このことを大蔵省に取り次いでほしいという東京府への願いであった。

②の東京府よりの上申を受けた大蔵省は、③の伺いを正院に立てた。

③によれば、三條公恭ら四人は「迚モ一時返納ノ儀ハ行届申」まじく、「去迚返納ノ目途無之候テハ不相成儀ニ付勘弁」している。大使随行のものたちの「拝借金ノ儀」は「在職ノ者」は「月給ノ半数」を、「免職ノ者」は「旧月給六分一」ずつ、毎月返納させることになっているが、福原和勝以外の三人は官職を拝命していないので月給はなく、その基準にもあてはまらない。そこで、留学中に渡していた年一〇〇〇円の一二分の一、一か月八三円三三銭三厘を仮に「旧月給」とみなし、その六分の一の一三円八八銭九厘を毎月返納させたい。もっとも職務拝命で月給をもらうようになれば、その時は月給の二分の一ずつ返納させるように「一定」しておきたいというのが、伺いの内容であった。

この伺いについては、明治六年一二月二七日、「伺ノ趣別紙ヲ以テ相達候」ということになったのである。

三　①明治六年九月　二等議官西岡逾明・三等議官高崎正風願　左院宛(57)

②明治六年一〇月　西岡二等議官・高崎正風三等議官・安川繁成五等議官願　左院宛(58)

③明治六年一〇月　左院伺(59)

④明治六年一一月　西岡二等議官・高崎正風三等議官・安川繁成五等議官願　左院宛(60)

⑤明治六年一一月日缺　財務課議案(61)

⑥明治六年一一月二日　法制課儀按(62)

⑦明治六年一一月二日　法制課付箋(63)

⑧明治六年一一月四日　左院上申(64)

①二等議官西岡逾明三等議官高崎正風願　左院宛

我々儀欧羅巴各国巡察中用意金其他旅費金等皆以テ仏蘭西巴里斯府出店亜米利加「バンク」へ致寄托置候処右「バンク」及破滅其上我々儀御用取調ヲモ充分差急キ取掛候へ共一国ノ政治上而已ニテハ分明致シ兼候儀ニ有之各国ト政治ヲ照考致シ来候処遂ニ二个月余モ延期ト相成最早公私ノ資用ヲモ差支目下難渋差迫候ヨリ不得止事我々名前ヲ以テ仏蘭西人「フッセー」ト申人ヨリ仏金三万五千フランク致借用帰京致シ候尤帰京後早々正算帳相仕立可差上候へ共十八个月ノ会計ニテ彼是ノ精算急ニ揃兼候情実モ有之然ル処仏人へ内借ノ筋ハ段々期限モ相迫リ去迚我々ヨリ繰替返弁可相整候へ共前文種々ノ難渋相罹リ今更他ニ余儲モ無之就テハ近来甚タ以テ恐縮ノ至リ奉存候へ共本院御定額ノ内ヨリ歟又ハ何筋ヨリ歟暫時拝借被仰付右借用金ハ期限内返済相整度勿論正算帳出来ノ上々納可申上候廉モ有之候ハヽ任御沙汰則返納可申上候間此段奉願候以上　九月日闕

英貨千三百六拾五磅拾シルリンク三ヘンス

仏貨四万五千フランク

此金壱万四千五百四拾円拾九銭弐厘
　内
英貨六百三拾三磅　　　　　　　　用意金トシテ持越金
仏貨三万五百拾六フランク　　　　並ニ船車料預ケ金
　此金八千四百九拾六円六拾弐銭四厘
英貨七百三拾弐磅拾シルリンク三ヘンス
仏貨壱万四千四百八拾四フランク　日当旅籠料等既ニ受取済ノ上自分預ケ金
　此金六千四拾三円五拾六銭七厘五毛

①の明治六年九月の二等議官西岡逾明と三等議官高崎正風からの左院宛の願であるが、各国巡察中用意金その他旅費金などすべて「巴里府出店」の亜米利加のバンクへ「寄托」のところ、バンクが「破滅」し、その上、予想外に調査に日数がかかり、「公私ノ資用ヲモ差支目下難渋差迫」ったため、余儀なく仏人「フッセー」より「仏金三万五千フランク」を借用した。

その返済期限も迫っているが、自分たちで返弁するには「余儲」もないので、左院「御定額」の内からか、又はその外の「筋」からか、「暫時拝借」させてもらいたいというのであった。

②西岡二等議官高崎三等議官安川五等議官伺　左院宛
私共視察御用中船車料并ニ用意持越金去ル壬申九月英国ニ於テバンクシヨイントナジヨナルエジンシーヘ預置候

処同十月中旬同社破産ニ付別紙ノ通損失仕候右様金補欠ノ義如何可取計哉御指令被下度此段相伺候也　十月

一英貨千三拾八磅六シルリンク拾壱ヘンス

仏貨四万五千フランク

外

英貨三百弐拾七磅三シルリンク四ヘンス

壬申九月中バンクシヨイントナシヨナルヘ《ママ》ジンシーヘ預ケ置候処同十月中旬閉店ニ付全ク損失

合英貨千三百六拾五磅拾シルリンク三ヘンス

仏貨四万五千フランク

壬申十月バンク閉店ニ付損金英貨千三百六十五磅十シルリンク三ヘンス及ヒ仏貨四万五千フランクノ内ヘ戻リ癸酉五月戸田三郎ヨリ請取

③左院伺

二等議官西岡逾明外二人各国視察御用ニ付持越候公私金共仏国巴府《ママ》ニ於テ亜米利加出張銀行へ預ケ候処右銀行閉店致シ同人共預置候金額別紙ノ通全ク損失相成候ニ付右補闕処置ノ義ハ如何取計ヒ可申哉別紙相添奉伺候間至急御指麾《ママ》可被下候也　十月日缺

さらに②のように、明治六年一〇月、西岡逾明外二人から、各国視察中の船車料並びに用意持越金をアメリカン・ジョイント・ナショナル・エージェンシーの破産で失ったが、この損失「補欠ノ義」について、いかが取り計らうべきかという伺いを受けた左院から、③のように、至急の指揮が求められたのであった。

④二等議官西岡逾明三等議官高崎正風五等議官安川繁成願　左院宛

我々儀昨春正月欧米各国視察被仰付御定則ノ通リ旅費日当並ニ預備金等御渡相成即横浜ニテ英仏ノ銀行へ為換ヲ約シ欧州ニ到著仕候処彼地ノ言語モ通セス旁仏蘭西在留ノ本邦公使へ問合ヲ以テ右金ノ内英貨千三百六拾五磅拾シルリンク三ヘンス仏貨四万五千フランク英仏両地ニ於テ「ナシヨナルエシンシー」ノ会社へ寄托致シ置候処豈図ン同社破業ニ及ヒ寄托ノ金額皆以テ損失致シ目下内外トナク困窮仕候処ヨリ此旨全権大使へ歎願仕英貨千弐百磅仏貨三万五千弐百フランク拝借被仰付之ヲ以テ夫々取掛リノ御用ヲ弁シ且各所視察モ仕候尤モ右拝借金ハ御沙汰次第返納可申上旨證書差上ケ置候故ヲ以テ当二月以来我々月給半高宛毎月返納申上候儀ニ御坐候然ルニ我カ欧州滞留中諸用ノ費殊ノ外相嵩ミ候ニ付右拝借ノ金額モ大概御用ニ相充候外私用ニ遣払候廉モ無之候全ク御用取調ノ為メ意外ノ費用ニ相成候処右損失ノ金額我々月給ノ半数ヲ以テ毎月上納仕候テハ実ニ困迫仕候間甚タ以テ奉恐入候へ共非常ノ御評議ヲ以テ右損失ノ金額ハ官府ニ於テ御弁償被成下度此段願上候也　十一月日闕

⑤財務課議案

左院上申西岡二等議官外二人全権大使ヨリ拝借金返納方歎願ノ儀考案候処右拝借ノ金額大概公用ニ相充私用ニ遣払候廉無之趣申立有之候へ共事実公費ニ属シ候分ハ其段別ニ請取方可申出筈ニテ拝借金処分ノ儀ハ大蔵省伺済ノ成規モ有之儀ニ付右損失ノ分官ヨリ御弁償ノ儀ハ外響ニモ相成断然御聞届難相成儀ト存候依テ御指令按左ニ相伺候也　十一月日缺

指令案
書面願ノ趣難聞届候事
但公費ニ可相立分ハ明細勘定書ヲ以テ更ニ可申立事

⑤のように、明治六年一一月、この西岡逾明たちの歎願に対して、財務課からは、拝借金は大概公用に費消し私用に「遣払廉無之」といえども、拝借金の処分については、大蔵省の成規もあるほかこの損失を官より弁償するのは「外響ニモ相成断然御聞届難相成」と指令したいというものであった。

⑥法制課儀按　財務課歴査
左院伺西岡逾明外二人各国視察先キへ持越候公私金損失補闕ノ儀審議候処右損失金ノ内臨時用意ノ廉洋銀四千九弗余ハ官ノ御損失ニ相立其他船車賃並日当旅籠料等全ク一行ノ旅費ニ属シ候分ハ先般佐々木高行等伺出ノ節御裁決ノ例ニ因リ銘々分配ノ有無ニ不拘自分損失ニ為相立候方可然ト存候依テ御指令案左ニ相伺候也　十一月二日
但官金御損失ニ付本人御処分ノ儀ハ法制課於テ取調相伺候積
指令案
書面ノ趣損失金ノ内臨時用意ノ廉洋銀四千九弗余官ノ損失ニ相立候条其他自分旅費ニ属シ候船車賃洋銀三千五百三拾四弗余並日当旅籠料等英貨七百三拾弐磅仏貨壱万四千四百八拾フランク余ハ銘々損失ノ儀ト相心得弁償可為致候事
大蔵省へ達案

別紙左院伺ノ趣朱書ノ通及指令候条為心得此段相達候事

⑦法制課附箋

本文西岡逾明外二人外国へ持越候官金損失ノ儀ニ付当人御処分ノ儀審案候処全バンク破産ノ禍ニヨリ損失ヲ来シ候トハ乍申官金ヲバンクへ預ケ候ハ盗難其他不慮ノ恐レアリテ之ヲ保全スルノ為メ預ケ置候儀ニ可有之候ヘハ夫等不慮ノ禍ニカヽリ損失等招カサル様兼テ確固ト保認候上預ケ置ヘキ当然ノ儀ニ候処一朝バンクノ破産ニヨリ損失ヲ来シ候ハ到底不束ノ取計タルハ免レ難ク何分ノ御譴責モ有之当然ニ候ヘ共其事実ニ於テハ不得止ノ情理之レアリ如何ニモ特別ノ御詮議ヲ以テ此度限リ御宥免有之候方可然存候

⑥によれば、明治六年一一月二日、法制課は、西岡逾明外二人が各国視察中に公私金を損失し、その「補闕」をしてもらいたいという歎願について「審案」したところ、臨時用意の「洋銀四千九弗余」は官の損失とし、其の他「船車賃並日当旅籠料等」の旅費に属する分は「自分損失」とするのがしかるべきであり、そのように指令したいとして、「指令案」並びに大蔵省への達し案を上申している。

そして、⑦のように、「官金」を「バンク」へ預けたのは盗難などに備え「保全」するためだったとはいえ、「一朝バンクノ破産ニヨリ損失ヲ来シ」たのは「到底不束ノ取計」であり、「何分ノ御譴責」もあるのは当然ではあるが、その事実においては止むを得ない「情理」もあることを考慮すれば、「特別ノ御詮議」をもって、この度限りは「御宥免」とするのが然るべきであるという法制課の見解が「附箋」で示されていたのである。

⑧左院上申

西岡二等議官外二人各国視察御用先へ持越候公金等仏国巴理府於テ亜国出張銀行へ預ケ置候処右銀行破産ニ付預ケ金損失云々別紙同人共願出ノ通リ御聞届相成度依之別紙相添此段上申候也　十一月四日

そして、左院からも、⑧のように、西岡逾明外二人の歎願について聞き届けたいと、上申したのであった。

四　①明治六年九月　海軍大丞兼主船頭肥田浜五郎願　海軍省宛[65]

②明治六年一〇月二十一日　大蔵省回答　海軍省宛[66]

③明治六年一一月九日　海軍省伺　正院宛[67]

①海軍大丞兼主船頭肥田浜五郎願　本省（＝海軍省）宛

私儀造船頭奉職中全権大使一同理事官トシテ欧米各国へ被差遣候節去五月中使節ヨリ先キへ英仏蘭等ヲ巡回ノ積リニテ諸器械絵図等相求メ候為メ用意金並ニ御賄料日当御手当等壬申年中仮受取致シ其後米国取調存外日数相掛リ七月初旬英国へ渡船ノ節最前請取候所持ノ官私金共御国ノ岡使ブロックスへ相頼ミ英国へ為換ニ取計同国著ノ上モ右バンクハ慥ナル店ノ由ニ付尚先々仏蘭西ノ方へモ同店ノ万国通用為替ヲ取組罷越夫ヨリ仏国取調相済和蘭へ至リ候処右ノバンク閉店ニ及ヒ候趣ニテ両替礑ト差支候間再度英国へ罷越同バンクへ種々談判致シ試候へ共何分金子取戻シ候手続ニ至リ不申併是ハ私而已ナラス使節一行ノ内両三輩ヲ除クノ外不残並彼地在留ノ御国公使其他生徒等ニ至ル迄一般官私金共同様損失相成候次第尤私儀ハ英国ニテ預ケ候訳ニハ無之米国ヨリ為替ニテ英国へ

廻シ候処不幸ニシテ其店ニ当リ候事ニ御坐候且其末ロンドン府於テ英金四百ポンド拝借相願候節公金弐百ポンド余私金四百ポンド余ト申上候ハ全ク公金四百ポンド余私金弐百ポンド余ト可申上ノ処心得違致シ候訳ニ有之候其次第ハ最前米国ニテ請取候日当御手当並御賄料ノ儀月数ニ合セ追々私費ニ遣払候残リヲ私金ト相心得居候ヘ共篤ト熟慮イタシ候処万一私同年九月頃御用相済帰朝致シ候ハ、請取過ノ分ハ必ス返上可致筈ニ可有之若全ク私金ニ候ヘハ返上可致道理無之候ヘ共返上可致筈ニ候上ハ則官金ニ付前条転動相生候訳ニ有之候併精算致シ候処別冊仕上帳ノ通リ有之候右ハ何レ一般ノ御処置モ可有御坐候ヘ共如何相心得可申哉其筋ヘ御申立ノ上可然御取計被下度此段相願候也　九月日缺

①のように、明治六年九月、海軍大丞兼主船頭の肥田浜五郎より、理事官として米国・英国・フランス・オランダ等を視察巡廻中に「用意金並ニ日当御手当」などの官私金を為替にしていたところ、「バンク閉店」となり両替に「差支」えた。そこで「バンクヘ種々談判致シ試候ヘ共何分金子取戻シ候手続ニ至リ不申」、そこでロンドンで英金四〇〇ポンドを拝借した。その節公金二〇〇ポンド余、私金四〇〇ポンド余と伝えたのは、公金四〇〇ポンド余、私金二〇〇ポンドの「心得違」であった。帰朝後に拝借金四〇〇ポンドを月々返納しているが、しかし、最初に受け取った金のうち「請取過ノ分」は「私金」であり「必ス返上可致」ではあるが、拝借金が公金四〇〇ポンド分であるならば「返納」するいわれはない。「何レ一般ノ御処置」もなされると思われるが、どのように心得たらよいのかという願が海軍省に出された。

②大蔵省の海軍省への回答

海軍大丞兼主船頭肥田為良造船頭奉職中理事官トシテ欧米各国へ被差遣候節ノ入費等ノ儀ニ付別紙ノ通リ願出候処右入費ハ元来何レノ金額ヨリ御渡方相成候事哉御問合ノ趣致承知右ハ於当省何分ノ儀難及御答候条特命全権大使へ御伺相成候様致シ度此段及御答候也　十月二十一日

肥田浜五郎の願を受けた海軍省は、肥田に渡した「入費」はもともと「何レノ金額ヨリ御渡方」になったものかを大蔵省に問い合わせたところ、大蔵省としては答えがたいので「特命全権大使」へ伺ってほしいと回答した。

③海軍省伺

海軍大丞兼主船頭肥田浜五郎儀造船頭奉職中理事官トシテ欧米各国へ被差遣候節ノ入費等ノ儀ニ付甲四套第百拾八号ノ通リ願出候処元来何レノ金額ヨリ御渡方相成候事ニ候哉於当省其目途附兼候ニ付可然処分相成度云々大蔵省へ及掛合候処甲二套第一千四百四拾三号写ノ通同省ヨリ回答有之候ニ付書類其侭相添差出候条何分ノ御指揮相成度此段奉伺候也　一一月九日

③のように、海軍省は大蔵省との「掛合」では埒があかないので、関係書類を添えて正院の指揮を仰ぐに至ったのである。

五　①明治六年一二月（カ）　財務課議案(68)

②明治六年一二月二七日　左院と海軍省へ達(69)

③明治六年一二月二七日　大蔵省へ達(70)

①財務課議案

書面二等議官西岡逾明外二人海軍大丞兼主船頭肥田為良留学官費生徒三條公恭外三人海外ニ於テ拝借金等ノ儀ニ付左院其外ヨリ上申ノ趣別紙内訳相糺シ得ト及審按候処右ハ銘々予備ノ公金共英国倫敦府銀行ヘ預ケ置候処同社一朝及破産一行ノ者共必死困却ノ末夫々繰替又ハ拝借被仰付帰朝ノ上在官ノ者ハ月給ノ半数免官ノ者ハ旧月給ノ六分一ツヽ月賦返納ノ儀嘗テ大蔵省ヨリ上申ノ上其通御允許相成追々返償ノ手続ニ有之候処右ハ何レモ政府ノ為メニ海外派出被命勉励其職掌ヲ尽シ候者ニ有之候処如斯不慮ノ災禍ニ逢候事ニテ其情実不得止次第ニ付前書繰替御貸渡相成候外拝借金ノ儀弁償致シ候ハ誠ニ難渋ノ筋ニ有之候間特別ノ訳ヲ以テ被下切ノ積リ取調可申上ト相考候処左候テハ別紙表目ノ通リ皆返納又ハ内納未納等有之拝借高損失高ヘ比較致過《マ》不《マ》及相成不都合ニ付公金ハ政府ノ御損失ニ相立私金ノ分損失高ノ三分ノ一此度限リ特別ノ訳ヲ以テ更ニ為御手当被下拝借金ノ分ハ最前大蔵省伺済并ニ佐々木高行等同様伺出ノ節御裁決ノ比例ニヨリ御取立ノ積リ尤河鰭実文外一人ハ官費生徒ノ儀ニ付官ノ御損失ニ相立更ニ被下拝借ノ分ハ是又前同様御取立相成至当ノ儀ト存候尤別紙西岡逾明外二人肥田主船頭並三條公恭外三人損失高ノ内歩通被下方並官ノ御損失ニ相立候分共何レモ英仏貨相場等一様ニモ無之且ハ取調方付兼候廉モ有之候間前書ノ趣ヲ以テ別紙ハ大蔵省ヘ御下付ノ上一般ノ御処分ハ同省ニテ詳細為取調左院其外ヘハ其段御達相成可然存候依之夫々ヘ御達案並書類共相添此段仰高裁候也　左院海軍省伺書並ニ損失名前ハ以下書類中欄外圏点ノ分ナリ

明治六年一二月頃と思われるが、①のように、財務課は正院の「高裁」を仰いだ。

これによれば、西岡逾明外二人・肥田為良・三條公恭外三人から、拝借金についての願がそれぞれあり、それらを受けて左院その他から上申が出されている。

「審按」したところ、これらは「銘々予備ノ公金」をイギリスのロンドンの銀行へ預けていたが、「同社一朝及破産一行ノ者共必死困却」するに至った。そこで、それぞれ「繰替又ハ拝借被仰付」て帰朝し、その返済については、大蔵省上申の通り、「在官ノ者ハ月給ノ半数免官ノ者ハ旧月給ノ六分一ツヽ」月賦で返済することが「允許」され、追々「返償」の手続きとなった。

しかし、何れも「政府ノ為」に海外派出を命じられ、「勉励其職掌ヲ尽シ候者」たちであり、このような「不慮ノ災禍」に遭った「情実」は止むを得ないことである。そのため「拝借金」を弁償させるのは「誠ニ難渋ノ筋」であり、「特別ノ訳」をもって「被下切ノ積リ」で取り調べているが、「皆返納又ハ内納未納」などあって、「拝借高」と「損失高」を比較すれば「過不足」が生じ「不都合」である。

そこで「公金」は「政府ノ損失」とし、「私金ノ分」は「損失高三分ノ一」をこの度「特別ノ訳」をもって「手当」とし下げ渡すことにしたい。「拝借金」については、大蔵省の伺い通り、また、佐々木高行に関して同様の伺いで「裁決」された「比例」により取り立てることとしたい。河鰭実文外一人は官費留学生なので「官ノ損失」として更に下され、拝借金は前同様に取り立てるのが「至当」である。

もっとも、西岡逾明外二人・肥田主船頭・三條公恭外三人に関する損失高のうち、「歩通被下方」の分並びに公金として「官ノ御損失ニ相立候分」については、いずれも英貨・仏貨とも相場が「一様」ではなく、取り調べもつけかねるので、上述の通りの書面を大蔵省に「下付」し、「一般ノ御処分」は大蔵省にて詳細を取り調べさせることにしたい。

よって、左院などそれぞれへの「御達案並書類」を添えて、正院の「高裁」を仰ぎたいというものであった。

②左院・海軍省へ達

英国倫敦府バンクシヨイントナシヨナルエシンシー破産ニ付二等議官西岡逾明外二人拝借金等ノ義ニ付上申ノ趣ハ特別ノ詮議ヲ以テ損失高ノ内公金ハ官ノ損失ニ相立私金損失高ノ凡三分一更ニ被下候条拝借金ノ内ヘ一時返納致シ猶残金ハ従前ノ通返納可致候尤右取調方大蔵省ヘ相達候条委細同省ヘ可打合此旨相達候事　海軍省ヘハ海軍大丞兼主船頭肥田為良ニ作ル　左院

そして、②のように、損失高のうち「公金」は「官ノ損失」とし、さらに「私金損失高ノ内」三分の一を与えることとし、それを「拝借金」の返納分に加え、「拝借金」になお「残金」があれば従前の通りに返納させるよう、西岡逾明外二人に相達することを左院に、肥田主船頭にも同様相達するように海軍省に指令されたのであった。

③大蔵省へ達

英国倫敦府バンクシヨイントナシヨナルエジンシー及破産ニ候ニ付拝借金等ノ義並海軍省ヨリ伺出ノ趣ハ別紙ノ通相達候条其旨可相心得右ノ外預金損失ノ義今般特別ノ詮議ヲ以テ官員私金ノ分ハ損失高ノ内三分一更ニ被下川鰭実文其外官費留学生徒ノ義ハ損失高悉皆被下候条何レモ拝借金ノ内ヘ一時返納致シ猶拝借ノ残金有之候ハヽ従前ノ通取立可申候依テ別紙左院海軍省伺書並損失候名前共下付候条詳細取調夫々処分シ早々可届出此旨相達候事

但本件人名相洩候分モ有之候ハ、本文ニ準シ処分スベキ事

さらに、③のように、今般「特別ノ詮議」をもって「官員私金ノ分」につき「損失高ノ内三分一」を追加して下されることになった。官費留学生徒については「損失高」はすべて下されることになったので、それを「拝借金」返納分の内に加え、なお「残金」があれば従前の通りに返納させるよう、それぞれ損失のある者の名前を下付するので詳細に取り調べて報告するように、大蔵省へ指令されたのであった。

以上、一～五で見たように、拝借金の返済については、

(一) 在官の者については、月給の二分の一ずつ月賦で返済させる事とする。
(二) 免官の者については、旧月給の六分の一ずつ月賦で返済させる事とする。
(三) 官費留学生については、年間に支給していた金額の一二分の一を旧月給とみなし、その六分の一を毎月返納させる事とする。
(四) 渡し済みの用意金などのうち、公金分については政府の損失とし、私金分については損失高の三分の一を「手当」として下げ渡すことにし、返済の手続きをすすめる事とする。

などということが、定まったのであった。

それでは次に、「不慮ノ災禍」であるバンク破産の被害を、さらに詳しく見てみることにする。

第四章　拝借金と預金損失処分（その二）

第一節　大蔵省伺と正院の指令

明治六（一八七三）年末、バンク破滅による預金損失分のうち「官員私金ノ分」は「損失高ノ内三分ノ一」を追加「手当」として下げ渡すことになり、そのほか渡し済みの「用意金」などのうち、「公金分」については政府の損失とすることになり、これらの基準に基づき返済の手続きをすすめる事となったが、さらに詳細に取調を進めるうちに、この「用意金」についても疑問が生ずることになった。

それではこの「用意金」に関する詳細な遣り取りを、同じく『太政類典』の記録より、次に見てみることにしよう。

以下は、その遣り取りを、日付順に示したものである。

①明治六年一二月二三日　大蔵省伺(71)

②明治七年一月二五日　財務課議案(72)

③明治七年一月二八日　大蔵省伺に対する指令(73)

④明治七年二月一二日　大蔵省伺(74)
⑤明治七年二月一七日　左院議案　財務課歴査(75)
⑥明治七年二月一九日　大蔵省に対する指令(76)
⑦明治七年三月一三日　大蔵省伺(77)
⑧明治七年三月　大蔵省へ掛合　左院財務課(78)
⑨明治七年三月二二日　大使会計掛回答　検査寮宛(79)
⑩明治七年三月二三日　大蔵省回答　左院財務課宛(80)
⑪明治七年三月　左院議案　財務課主査　正院宛(81)
⑫明治七年三月三〇日　三月一三日の大蔵省伺に対する指令(82)
⑬明治七年四月二四日　大蔵省伺(83)
⑭明治七年四月二九日　左院議案　財務課主査(84)
⑮明治七年五月五日　明治七年四月廿四日の大蔵省伺への指令(85)
⑯明治七年八月二九日　大蔵省伺(86)
⑰明治七年九月八日　左院議案　財務課主査(87)
⑱明治七年九月二五日　明治七年八月二九日の大蔵省伺に対する指令(88)

まず、①明治六年一二月二三日の大蔵省伺である。

①明治六年一二月二三日　大蔵省伺

去明治五年十月全権大副使英京倫敦滞留中同府銀舗ジヨイントナシヨナルエジエンシー社破滅ニ付諸官員留学生徒等一時融通ノ為メ同府オリエンタルバンク等ヨリ御借入ノ分各員拝借相成候処其後分散配当金トシテ割戻相成候分并帰朝ノ上返納等ノ分有之候処右預ケ金ノ内公私ノ区分相立可取立分ハ取立遣払ニ相立候分ハ早々清算致シ一件顛末完結相成候様処分可致ノ処各員ノ月給ハ素ヨリ私金ト見做シ可然見込ニ候ヘドモ旅費汽車賃等ハ公金ニ可属歟私金ト可致哉此際関係不尠候ニ付一応相伺候条大使事務局等ヘモ御下問ノ上何分至急御指揮有之度候也　六年十二月廿三日

この①によれば、バンク破滅により金を拝借した官員・留学生徒には、その後「分散配当金」が割り戻されている。そして帰朝後に返納となったが、バンク預金のうち「公私ノ区分」を立て、遣い払いになっている分は早々に精算し、「一件顛末完結」となるはずである。ところが、各員の月給はもとより「私金」であるけれども、「旅費汽車賃」は「公金」になるのか、それとも「私金」となるのか、一応大使事務局へも「御下問」のうえ、至急指揮を仰ぎたいというものであった。

この問題について、財務課は次の②のように伺いを立てている。

②明治七年一月二五日　財務課議案

大蔵省上申英国倫敦バンク破滅ニ付預ケ金公私区別ノ儀ハ大使事務局ヘ御下問相成候迄モ無之旅費汽車賃ト雖トモ既ニ各員ヘ渡済銘々都合ニ寄リ預ケ候分ハ私金ト可見做ハ至当ニ候ヘ共会社破滅ノ儀ハ全ク不慮ノ災害ニシテ

事情慇然ノ儀ニ付右ハ特別ノ御詮議ヲ以テ公費ニ相立処分致シ可然哉仍テ御指令案左ニ相伺候　一月廿五日

財務課は、②のように、判断して伺いを立てている。すなわち、大使事務局に下問するまでもなく、旅費・汽車賃は既に各員にそれぞれ渡し済みであり、それぞれの都合により預金しているので、「私金」とみなすのが「至当」である。しかし、バンク破滅は「不慮ノ災害」であり、その事情は「慇然」なので、「特別ノ御詮議」をもって「公費」として処分するのが然るべきであるとして、伺いを立てている。

③明治七年一月二八日　大蔵省伺に対する指令

伺ノ趣旅費汽車賃既ニ渡済ノ上銘々都合ニ寄リ預ケ候分私金ト見做シ候儀至当ニ候ヘトモ会社破滅ノ議ハ不慮ノ災害顕然タルヿナレハ特別ノ評議ヲ以テ公費ニ相立テ可致処分事　一月廿八日

明治七年一月二八日、①の大蔵省と②の財務課の伺いに対して、正院は、財務課の判断を採用し、「特別ノ評議」をもって、旅費・汽車賃は「公費」として処分するように指令したのであった。

さらに、大蔵省からは次の④のような伺いが出された。

④明治七年二月一二日　大蔵省伺

去ル明治五年十月全権大副使英京倫敦府滞留中同府銀舗ジヨイントナシヨナルエジエンシー社破滅ニ付当官員等預ケ金公私区別ノ儀昨年十二月中相伺本年一月廿八日御指揮有之候処右預ケ金割戻配当ノ儀譬ヘハ千弗ノ預ケ高

内八百弗公金二百弗私金ノ処配当金二百弗割戻相成候へハ之ヲ区分シ百六十弗ヲ公金ノ割戻ト致シ四十弗ヲ私金ノ割戻ト見倣処分致シ可然哉将又最前相伺候旅費汽車賃公費ニ相立テ候儀ハ預ケ金ノ内ノ旅費汽車賃ニ候間拝借金ヲ以仕払候旅費汽車賃ハ勿論公費ニハ不相立儀ト存候ヘトモ為念此段モ相伺候条可然御指揮有之度存候也　二月一二日

④によれば、バンク破滅による預金への「割戻金」については、例えば預金が千ドルと仮定して、この預金のうち「公金」が八〇〇ドル「私金」が二〇〇ドルであったとする。そして「割戻配当金」が二〇〇ドルであったとすると、「公金」の「割戻配当金」は一六〇ドル、「私金」の「割戻配当金」は四〇ドルと見做して処分するべきか、それとも旅費・汽車賃は「公費」とする明治七年一月二八日の指令をふまえると、預金のうちの旅費・汽車賃なので拝借金をもって支払う旅費・汽車賃は「公費」とはならなくなるのでないかという大蔵省の正院への伺いであった。

この④の大蔵省の伺いについて、左院からは次の⑤のような見解の伺いが出されている。

⑤明治七年二月一七日　左院議案　財務課歴査
大蔵省上請英国倫敦バンク破滅ニ付預金公私ノ区別割戻配当ノ儀及調査候処割合方至当ノ筋ニ可有之且旅費汽車賃預ケノ分別紙御照会ニ添附シ候如ク特別ノ御評議ヲ以テ公費ニ相立候上ハ拝借金ヲヲ《ママ》以テ支払候旅費汽車賃ハ返納不致候テ可然候ヘトモ左候テハ計算上混雑イタシ候間拝借金ハ悉皆返納旅費汽車賃ヲ更ニ被下拝借金ノ内へ一時返納ニ繰込候様御指令相成可然存候因テ御指令案取調仰高判候也　二月一七日　照会ハ一月廿日ノ指令ナリ

左院からは、⑤のように、大蔵省のいう預金中の「公金」と「私金」への「割戻配当金」の区分の割合は「至当」である。また、「特別ノ御評議」をもって、旅費・汽車賃を「公費」とした上は旅費・汽車賃を返納させるべきではないということになる。

しかしそれでは「計算上混雑」するので、拝借金は拝借金として「悉皆返納」させる。その上で旅費・汽車賃はさらに下げ渡すことにして、その分を拝借金返納の分に「繰込」ように指令するのがよいと判断されるので、「高判」を仰ぎたいという伺いなのであった。

これに対して、正院は次の⑥のように指令した。

⑥明治七年二月一九日　大蔵省に対する指令

伺ノ趣会社破滅ニ付失却致シ候旅費汽車賃預ケ金ハ既ニ公費ニ相立候上ハ更ニ旅費汽車賃ヲ相渡拝借金ノ内へ返納候様可為致其余割戻シ配分ノ儀ハ伺ノ通タルヘキ事　二月一九日

すなわち⑥で、正院は、「割戻配当金」の配分は大蔵省の伺いの通りとし、「旅費汽車賃」を既に「公費」とした上は、さらに「旅費汽車賃」を下げ渡し、それを拝借金返納のうちへ「繰込」んで拝借金を返納させるようにせよという指令となったのである。

さらに、大蔵省は、「日当御手当賄代」の扱いについても、⑦のような伺いを正院に立てている。

⑦明治七年三月一三日　大蔵省伺

英京倫敦府銀舗シヨイントナシヨナルエシエンシー社破滅ノ節官員等預ケ金損失処分ノ儀ニ付昨六年十二月伺書上進本年一月廿八日御指揮并本年二月十二日附ヲ以再伺同月十九日御指揮有之候御旨意ニ基キ夫々逐一明細取調処分可致ノ処元来大使会計掛ニ於テ日当御手当賄代等ハ凡日数ヲ積リ相渡候ヘ共旅費汽車賃ハ用意金ト名ヲ仮リ相渡シ追テ仕払為差出候振合ニ有之然ルニ会計掛リニテ都テ仕払当人ニハ一切不相渡向有之又用意金ハ不相渡当人ニテ仕払置候哉ノ向モ有之各自不同ニテ旅費汽車賃ノ渡高ハンク破壊前後ノ区分判然致兼且各員ヨリ差出候預金調書モ甚タ不明瞭ノ廉不尠ニ再三推問等致候ヘトモ素々預金ノ類ハ当人勝手ヲ以月給及ヒ日当賄代ノ受取金或ハ私金等モ取纏各自ノ都合ヲ以預置候金高ニテハンク破壊ニ及ヒ候迄ハ其内請取候金高モ有之夫是相混シ若卒然破滅ニ至リ候事故何程ハ日当何程ハ旅費ノ損失ト区分ハ当人ニ於テモ難相分趣ニ有之乍去旅費私金ノ損失何程ツヽト中儀取調候半テハ自然二重ノ渡方ニ相成候向出来可申彼是不都合ノ次第ニテ今更取調方甚差支申候殊ニ外国行旅費支給ノ御定則モ無之折柄ニテ確然憑拠可致様無之此上如何様推問致シ候テモ唯時日遷延致候而巳到底明瞭公平ノ完結ハ難相成事ニ被存候依テ更ニ審案致候処此一件ハ実ニ不慮ノ災害顕然ノ事ニテ特別ノ御詮議相成候儀ニ付当人監守致候公金ヲ除ノ外月給旅費日当并本人貯金トモ一切損失金ノ半高ヲ致支給更ニ御下渡ノ筋ニテ拝借金ノ内へ返納為致配当金ノ儀ハ悉皆官ニ収入割下ケ不致候様御処分相成候ハヽ全ク各自損失ノ金高ニ相当致シ不公平無之速ニ完結可相成ト被存候依テ此段改テ相伺候条事実無余儀次第御亮察相成至急何分ノ御指揮有之度存候也　三月十三日

⑦によれば、明治七年二月一九日の指令をふまえ「逐一明細取調」べて処分いたすべきのところ、元来、大使会計

掛は、「御手当賄代」などは大体の日数をもとに渡している。その際「旅費汽車賃」は仮に「用意金」として渡し、追って支払の明細を差し出させている。ところが、大使会計掛がすべて支払い、当人には一切渡さない場合もあるし、また、「用意金」も渡さないが、当人が支払う場合もあるなど、各自「不同」である。

それに「旅費汽車賃」の「渡高」も「バンク破滅」前後の区分が判然としないし、また、各員より提出させた「預金調書」も甚だ「不明瞭」のことが少なくない。

それゆえ「再三推問」するに、もともと「預金ノ類」は、当人が勝手に自分の都合で「月給及ヒ日当賄代ノ受取金」あるいは「私金」などを取り纏めて預金している。そして、バンク破滅に及ぶまでは、預金高についても、その内に「請取候金高」もあるなど、「夫是相混」じていて、「卒然」バンクが「破滅ニ至リ候」ことゆえ、「何程ハ日当」「何程ハ旅費」の損失であるという区分は、当人でもわからない趣である。

しかしながら、「旅費私金」の損失は「何程ツヽ」ということを取り調べないと「自然二重ノ渡方ニ相成」ることもあり得て、「彼是不都合」の次第となる。

このようにして、取り調べに甚だ差し支えが生じることになり、殊に「外国行旅費支給」の「定則」がない以上、「憑拠」しようにも「憑拠」のしようがない。これ以上どのように「推問」しても時日ばかりが「遷延」していくばかりで、到底「明瞭公平ノ完結」はできない。

よって、さらに「審案」すれば、この一件は実に「不慮ノ災害」であることが「顕然」であり、当人が「監守」する「公金」を除き、「月給旅費日当并本人貯金」とも一切「損失金」の「半高」を支給して「拝借金」の内へ「返納」させることにする。「配当金」については「悉皆」政府の収入とし「割下ケ」しないように処分すれば、各自損失の「金高」に相当し「不公平」がなく「完結」すると思われるという意見具申が正院に対してなされたのであった。

また、左院財務課よりは、次の⑧のような掛合が大蔵省に対してなされた。それは、特命全権大使始め随行の面々は「船賃汽車賃并賄代」を官費で支給するようになっているところ、海外の出張先においては、「等級」によりおよその「日当」を定めて渡しているのであれば、その「日当」を承知しておきたいという掛合であった。

⑧明治七年三月　大蔵省へ掛合　左院財務課
先般特命全権大使始随行ノ面々船賃汽車賃并賄代共官費ヲ以支給ノ積リ兼テ御伺済相成居候処右ハ海外出張先ニ於テ等級等ニ依リ賄代ハ凡日当リノ当ヲ定メ御渡相成居候哉左候ハ、其日当致承知度及御掛合候至急御回答有之度候也　三月

⑧の左院財務課よりの掛合を受けた大蔵省は、大使会計掛へこの旨を伝え、⑨のような回答を受けた。

⑨明治七年三月二二日　大使会計掛回答　検査寮宛
特命全権大使始随行ノ面々へ於海外々々賄代渡方ノ儀左院財務課ヨリ問合ニ付至急可申進旨致領掌候右支給方ノ儀ハ大副使ヲ除クノ外書記官理事官随行共一切官等ノ別ナク米国ニ於テハ一日米金五弗宛英国ニテハ一日英金壱磅ツ、相給シ其他欧州各国共一日英金壱磅ノ割合ヲ以其国々ノ貨幣ヲ支給致候事ニ御御坐候此段御回答及候也　三月二二日
　尚々全権大副使ハ旅籠払現場相懸候高ヲ会計掛ニテ仕払候儀ニ付大ニ不同有之一日何程ト難定候事

すなわち、⑨のように、大使会計掛は、「賄代渡方」については、「大副使」以外の「書記官理事官随行」に「官等」の区別なく賄代を渡している。それは、米国では「一日米金五弗」ずつ、英国では「一日英金壱磅」ずつ、およびその他欧州各国では「一日英金壱磅」の割合をもってその国々の「貨幣」でもって支給していたという旨、大蔵省の検査寮へ回答した。

そして、次の⑩のように、大蔵省は、この大使会計掛の回答を左院財務課に伝え、これで了解してほしいと回答したのであった。

⑩明治七年三月二三日　大蔵省回答　左院財務課宛
特命全権大使随行ノ面々へ於海外日当賄代渡方御問合ノ趣致承知候右ハ大使会計掛へ打合候処別紙写ノ通返答有之候条右ニテ御了解可有之此段御答及ヒ候也　三月廿三日

この⑧〜⑩の遣り取りを経て、左院の財務課主査は、次の⑪のように、正院の「高裁」を仰いでいる。

⑪明治七年三月　左院議案　財務課主査　正院宛
別紙大蔵省再三伺英国倫敦バンク破滅ニ付諸官員預金損失処分ノ儀本年二月中御指令ノ通リ公金ハ御下渡相成拝借金ノ内へ返納為致可然存候処同省稟議中大使会計掛リニテ汽車並ニ船賃渡方ニ有無有之其上バンクへ預ケ高ノ内何程ハ日当何程ハ旅費トノ区別当人ニ於テ難相立旨上申云々審案致シ候処随行官員中不残分別立兼候次第ニモ有之間敷然ルヲ当人ニ於テ区別難相立トテ公金ヲ除クノ外都テ損金ノ半高ヲ支給シ拝借金ノ内へ返納其余ノ私金

ハ割戻無之儀譬へハ甲ノ人ハ用意《ママ》ヲ受取仕払乙ノ人ハ会計掛リニテ渾テ仕払丙ノ人ハ用意金ヲ不受取当人ニテモ仕払置等各自不同ノ金高ヲ啻ニ平均ヲ以テ御処分相成候ハヽ甲乙丙共余程不公平ノ割合ニ相成可申候間若シ当人ニオイテ分別難相立分ハ夫迄現場受取タル高并ニバンクヘ預高何程ニテバンク破滅迄当人旅行ノ日数ニ応シ米国ハ米金五弗英国其他ハ英金一磅ノ割ヲ以テ計算シ引去リ候ハヽ其預候残金高ノ内ニ公金私金ノ別自カラ相立可申且汽車並船賃ハ其乗込候場所々々ヘ依リ現実ノ払高ヲ押ヘ調査致シ候ハヽ孰レモ格外ノ損益無之且最前ノ御指令ニ基キ処分可相成議ト存候因テ御指令取調仰高裁候也　三月

すなわち、これまで大蔵省から再三伺いを立て、バンク破滅による官員の預金処分について、本年二月中の指令の通り、「公金」は下げ渡しとして拝借金の内に繰り入れ返納させることになった。しかし、大使会計掛の方では「汽車並ニ船賃渡方」に「有無」があり、その上バンク預金高のうち「何程ハ日当何程ハ旅費」との区別を官員当人には立てがたい旨のこの大蔵省の上申について「審案」すれば、官員全員が「分別」できない訳でもない。それなのに、官員当人は区別がつかないということで「公金」を除くのほかはすべて「損金ノ半高」を支給し拝借金の内に繰り入れ返納させ、「其余ノ私金」につき割り戻しがないのは、例えば、「甲ノ人ハ用意（金）ヲ受取仕払」い、「乙ノ人ハ会計掛リニテ渾テ仕払」い、「丙ノ人ハ用意金ヲ不受取当人ニテモ仕払」い、「各自不同ノ金高」を「啻ニ平均ヲ以テ御処分相成」るというのでは甲乙丙ともに「余程不公平」の割合となる。

それゆえ、官員当人が「分別」できないというのであれば、それまで「現場受取タル高」並びに「バンク預高」は「何程」であって、バンクが破滅するまで官員当人の旅行日数に応じて、米国は「米金五弗」、英国その他の国々は「英金一磅」の割合で計算し引き去れば「其預候残金高」の内に「公金私金」の区別は自ずからつき、また、「汽車並船賃」は「其乗込候場所々々」により、「現実ノ払高ヲ押」さえて調査すれば、いずれも「格外ノ損益」もなく、指令に基づいた処分となると考えられるので、「高裁」を仰ぎたいというのであった。

この⑪の伺いに対して、正院は、次の⑫のように指令した。

⑫明治七年三月三〇日　三月一三日の大蔵省伺に対する指令
伺ノ趣難聞届候条公私ノ分別立兼候向ハ夫迄受取候金高并バンクヘ預高等何程ニテバンク破滅迄当人共旅行ノ日数何程内各国巡廻先会計掛ニテ相渡候日当ノ割ヲ以引去預金残高ノ内公私ノ区別相立且汽車船賃ハ各員乗込候現場ノ払高ニ因テ夫々計算シ本年二月中指令ノ通取計可申事　三月三十日

⑫によれば、左院の「審案」の通り、官員当人に「公私ノ分別」がつかない場合は、「夫迄受取候金高」並びにバンク破滅に至るまでに「当人共旅行ノ日数」は「何程」、その内各国巡回先で大使会計掛が渡した「日当ノ割」をもって引き去り、「預金残高」の内「公私ノ区別相立」て、また、「汽車船賃ハ各員乗込候現場ノ払高」によってそれぞれ計算し、本年二月の指令通り処分すべきことを、正院は大蔵省に指令したのであった。

第二節　旅費の扱い

さらに大蔵省は、⑬のように、「旅費」の扱いについて、正院に対して伺いを立てている。

⑬明治七年四月廿四日　大蔵省伺

英京倫敦バンク破滅ニ付同社へ預ケ金処分ノ儀昨年来数次具状仕候末旅費汽車賃ハ公費ニ可相立旨御指揮有之致敬承候処右旅費ト相唱候儀汽車賃ヲ除クノ外日当并賄料其外一般へ関渉致候総称ニ有之候哉左候ヘハ今般預ケ金損失致候ニ付右等ノ廉々悉皆官費ニ被為立候御趣旨ニ候哉又ハ右ノ内何々ハ旅費ト可称分有之候哉了解難致候ヘトモ洋行ニ付被下候支度料日当等都テ旅費ト御指示シ相成候儀トモ不被存候且各自ヨリ差出候預ケ金遣払候書面取調再応及訊問候ヘトモ今般公費ニ可相立旅費汽車賃并私金ノ区界混淆明瞭記載差出候分ハ僅ニ壱両人ニ不過多分ハ公私預ケ金額ト彼地於テ拝借ノ金員等ヲ記載シ汽車賃旅籠料遣払ノ廉々甚不明瞭ニテ実ニ漠然ニ候ヘトモ是又現場不得止場合ニ可有之因テ熟考仕候処去月三十一日御指図ノ通リ精密ノ取調ハ迚モ出来申間敷ニ付滞在中日当ノ外各自為賄料理事官并随行ノ者賄料ハ此程司法権大判事河野敏鎌外二名欧州巡廻中大使一行ノ例ニ比シ被下候様申出候ヘトモ夫是斟酌ノ上英金一磅ツヽ被下候様上申仕候ニ準シ同様被下候様致シ度左候ヘハ右ヲ旅費ト見据右賄料并日当トモバンク破滅後滞在日数ニ応シ計算仕候ハヽ右旅費ト汽車賃判然相立可申尤汽車賃ノ儀ハ御用往返ノ繁閑ニ依テ各自多少有之今更取調モ難相成候ヘトモ先ノ実際ノ情状取糾候処御用先経歴中ノ里数ニ寄リ前借ヲ以テ仕払置御用済現払ノ金額過不足請納取計候趣相聞へ候然ルニ此廉手控ニ記載有之者モ賄料日当用意金等混淆致シ又ハ更ニ記載無之者モ有之右汽車賃不分明ノ者ハ分賦平準ヲ不得候ヘトモ日当旅費料或ハ雑用抔ト書記シ汽車賃認出無之ハ其実遣払候トモ区別判然不致候間日当賄料ヲ除ノ外ハ私金ノ取計ニ処分シ日当旅籠料汽車賃混シ居候分ハ前書日当賄料算当ノ通リ滞在日数ヲ以テ夫々区分相立賄料日当ノ額ヲ除残余ハ悉皆汽車賃ト見据候テノ取調ヨリ外有之間敷尤大使副使并書記官ノ向々ハ都テ大使会計掛リニテ仕払候ニ付右ニ準シ今般公費ニ可相立旅費汽車賃無之候間是ハ逐次精算取調相伺候積其余ノ儀ハ前書具状ノ通御決定并帰朝汽船賃共公費ニ相立候様

致度存候
一由利公正以下六名ノ儀ハ龍動ボールスブロゾル社へ別紙ノ通リ預金有之同社致破滅候処此社ノ儀ハ可配分所有物無之ニ付ナシヨナルエゼンシー社同一ノ配当金不受者ニ有之候尤当時取調中ニ有之候ヘトモ到底配当金無之テハ如何処分可仕哉別紙相添何分ノ御指揮併テ相伺候也　四月廿四日

すなわち、これまで数次に渉って預金処分について伺い、「旅費汽車賃ハ公費」とする旨の指令を受けているが、「旅費」というのは「汽車賃ヲ除クノ外日当并賄料其外一般」に関係する「総称」なのか。そうであるとすれば、預金損失につき「右等ノ廉々悉皆官費」とする趣旨なのであろうか、それとも「右ノ内何々ハ旅費」と称する分があるのであろうか、了解しかねるが、旅行につき渡した「支度料日当」などをすべて「旅費」とするように指示したとも考えられない。

また、官員各自から提出させた書面を取り調べ「再応及訊問」んだけれども、今般「公費」とした「旅費汽車賃」並びに「私金ノ区界混淆明瞭記載」して提出した者は僅かに一両人に過ぎない。多くは「公私預ケ金額ト彼地於テ拝借ノ金員等」を記載して「汽車賃旅籠料」の遣い払いは甚だ「不明瞭」で実に「漠然」としている。これも仕方のないことであって、熟考するに、去る三月三一日の指令のような「精密ノ取調」はとてもできない。

そこで滞在中の「日当」のほか各自の「賄料」は、この度司法権大判事河野敏鎌外二名が欧州巡廻中「大使一行ノ例ニ比シ」下さるよう申し出ているが、「夫是斟酌」の上「英金一磅ツヽ」下さるようにしたのに準じて、官員各員に下さるようにしたい。

この日当と賄料を「旅費」と見做して、バンク破滅に至るまでの「滞在日数」に応じて計算すれば、「旅費」と

「汽車賃」も判然とする。もっとも「汽車賃」については、「御用往返ノ繁閑」によって各自とも多少異なるが、「実際ノ情状取料」したところ、「御用先経歴中ノ里数」により「前借」して支払しておき、御用が終われば「現払ノ金額過不足」を精算することもある。しかし、これらの「手控」を記載している者も「賄料日当用意金」などを「混淆」したり、記載がなく「汽車賃不分明ノ者」は「分賦平準」を得なくても、「日当旅籠料或ハ雑用」などと記載していて「汽車賃」の「認出」がなく、実際の「遣払」いが「何程」か区別が判然としない。

そこで「日当賄料」以外は「私金」として処分し、「日当旅籠料汽車賃」を「混淆」している分は、「前書日当賄料算当」の通り、「滞在日数」をもってそれぞれ区分を立て、「賄料日当ノ額」を除き残りは「悉皆汽車賃ト見据」えて取り調べるよりほかはない。

もっとも「大使副使等書記官ノ向々」はすべて大使会計掛にて支払っているので、右に準じて今般「公費」とする「旅費汽車賃」はないことになるので、これは「逐次精算取調」べて伺うつもりである。そのほかについては「前書具状」の通り決定し、そして、「帰朝汽車賃」ともに「公費」としたいというものであった。

そして左院からも⑭のように、明治七年四月二四日の大蔵省伺をふまえた意見と伺いが正院に提出されたのである。

⑭明治七年四月廿九日　左院議案　財務課主査

大蔵省伺英京倫敦バンク及破滅候処旅費汽車賃ト私金ノ別不明瞭ニ付賄料ハ英貨壱磅ツヽ下賜候ハヽ右ト日当ヲ除キ残余汽車賃ト見据ヘ全汽車賃ノ廉記載等無之分ハ日当賄料ヲ除ノ外私金ノ積処分致シ度及由利公正其他数名預金損失処分伺出ノ趣トモ及審査候処最前御指令中旅費汽車賃ト有之ハ素ヨリ日当賄料等ヲ指シ特別ノ寛典ヲ以

テ公費ニ被為立候儀ニテ一切ノ費用公私相混シ区別判然不致ハ不都合ニ候ヘトモ現場不得止儀モ可有之今更其別難相立然ル処兼テ出張先ニ於テ見積ノ金額御渡相成居候ニ付則見積高米金五弗英金壱磅ノ額ヲ以テ現日数ニ応シ決算為致残余汽車賃ト見据区別ヲ立ルノ外有之間敷且汽車ノ廉一切手記無之シテ事跡ノ無拠分ニ限リ日当賄料ヲ除クノ外都テ私金ノ処分相成候テハ是又分賦平準ヲ得スシテ不公平ヲ生シ不都合ニ有之固ヨリ汽車賃ノ廉手記無之トモ里程ニ応シ定価モ有之儀ニ付事実遣払候分ハ経過ノ費用篤ト実際上取糺候上ハ自ラ汽車遣払ノ分別可相立此分モ同様公費ニ被為立候方可然歟左スレハ最前ノ御指令ニ基キ事公平ニ出テ可申且又由利公正外数名倫敦ボールスブロゾル社へ預金損失ノ儀ハ公私ノ分別詳細取調別段伺出ノ上何分ノ御指令相成候儀可然依テ御指令案左ニ相伺候也　四月廿九日

一月以来ノ御指令并河野権大判事等航海中費用交附ノ儀ニ付四月中ノ伺ヲ参照トス

まず左院は、以下のように意見を述べる。「旅費汽車賃ト私金ノ別」が不明瞭なので、「賄料」は「英貨壱磅ツ、下賜」すれば、この「賄料」と「日当」を除いた残りは「汽車賃」と見据え、全く「汽車賃」の記載がない分については「賄料」と「汽車賃」以外は「私金」として処分したい。

由利公正ら数人より損失処分について伺いが出ている趣旨とも勘案すると、「最前御指令中」の「旅費汽車賃」とあるのは、素より「日当賄料等」を指し、これを「特別ノ寛典」をもって「公費」としたのであって、「一切ノ費用」につき「公私」を混淆し区別が判然としないのは不都合である。けれどもバンク破滅という止むを得ない事情があり、今更その区別もつけがたい。

然るところ、出張先で「見積ノ金額御渡相成居候」につき、「見積高米金五弗英金壱磅」でもって「現日数」に応じ「決算」させ、残りは「汽車賃ト見据」えて区別をつけるより方法がない。「汽車賃」にしても、記載がないので「日当賄料」を除いた全てを「私金」として処分するのでは、これまた「分賦平準ヲ得スシテ不公平」となり不都合である。たとえ「汽車賃」の記載がなくても「里程」に応じ「定価」もあるはずであって、事実遣い払いした分は、実際のところを取り糾せば「自ラ汽車遣払ノ分別」がつき、この分も「公費」にした方がよいのではないか。

そのように処分すれば「公平」であり、また、由利公正らのボールズブラザーズ社関係の預金損失についても「公私ノ分別」を詳細に取り調べて伺い出でたら「何分ノ御指令」を下すというのがよく、御指令案を添えて伺いたいというものであった。

⑭の明治七年四月二九日の左院からの伺いの趣旨をふまえ、⑬の明治七年四月二四日の大蔵省からの伺に対して、正院は、⑮のように指令した。

⑮明治七年五月五日　明治七年四月廿四日の大蔵省伺への指令

伺ノ趣□□条賄料ノ儀ハ出張先ニ於テ相渡候見積高米金五弗又ハ英金壱磅ノ額ヲ以現日数ニ充テ決算可致且日当汽車賃等相混シ認出候向ハ申出ノ通リ尤汽車賃不分明ノ分ハ経過ノ路程ニ仍テ各国定価ヲ以テ公費ニ可相立二ケ条由利公正以下六名損失金ノ儀ハ公私ノ分別詳細取調猶可伺出事　五月五日

ボールスブロゾル会社ニ対スル日本債主ノ名前及金高ノ目録

一千四百五拾封度　由利公正

一七百封度　由良勧農助

一四百九十二封度六シリンク三ペンス　佐々木司法大輔
一二百二十六封度十五シリンク　岡田《ママ》権中判事
一二百十壱封度十一シリンク三ペンス　長野権少判事
一六百弐拾封度　肥田造船頭
一百三十封度　阿部潜
右概算三千八百三十封度十二シリンク

すなわち、「賄料」については、出張先において渡した「見積高米金五弗又ハ英金壱磅」の額をもって「現日数」に充て決算する。そして、「汽車賃」など混淆している場合は申し出での通りとする。もっとも「汽車賃」が不分明の場合は「経過ノ路線」により「各国ノ定価」をもって「公費」とする。由利公正ら六名の「損失金」については「公私ノ分別」を詳細取り調べてさらに伺うように指令したのであった。

その後、大蔵省は、次の⑯の伺いを正院に提出した。

⑯明治七年八月二九日　大蔵省伺

英国倫敦府ナシヨナルエセンシー社破滅ニ付全権大副使初理事官並随行ノ官員且官費留学生徒ニ至ル迄公私預ケ金若干損失ニ付客歳以来右処分ノ儀屡々具状仕候処右預金損失高ノ内官員ノ分ハ日当賄代汽車賃共官費ニ相立留学生預金ノ儀ハ是又同様官費ニ相立勘算調査可伺出旨去ル五月五日御指令ノ趣ニ基キ今般逐一本人ニ掛合現在ノ員数勘合悉皆不洩取調出来候ニ付猶詳細査考仕候処日当賄代ノ儀ハ一旦銘々へ請取候上ハ最早各自ノ擔負ニシテ

私金タルヲ不免ハ明了ニ有之詰リ内地旅行ノ旅費日当并月俸モ同様ノ者ニテ外々御預ケノ官金トハ特ニ別種ト奉存候然ルヲ一朝変故アリテ失却致候トモ再ヒ官ニテ給与致候理ハ有之間敷尤銀行破壊ノ件ニ付テハ海外旅客ノ身如何ニモ困難ヲ極メ情実恨然ニハ候へ共当時各々拝借等モ被差許目下ノ危急ヲ凌キ候儀ニモ有之畢竟不時ノ災害ニテ官民ノ不幸ト存候間臣民タルモノ多少其損害ヲ負荷候モ是又義務ト奉存候就テハ官物買上其他一切官用ノ為銘々ノ相預リ候金額并ニ汽車賃ノ分ハ悉皆官ノ御損失ト被成各員へ請取候日当賄代ハ私金タルヲ以テ其三分ノ一ヲ御給与相成候ハ、条理適当可仕右ヲ官金ノ名義ヲ以御下付ノ儀ハ名実適当不仕儀ト奉存候右ハ取調ノ上熟議仕候趣今一応相伺申候至急御指揮被下度候也　八月廿九日

⑯によれば、大蔵省は、これまで「預金公私ノ処分」について、「官員」の分は「日当賄代汽車賃」をともに「官費」とし、「留学生」の分も「官費」として「勘算」し調査するようにしたいという伺いを出していた。

そこで、明治七年五月五日の指令の趣旨に沿って調査を進め、「現在ノ員数」を「勘合」し、一人残らず取り調べが終わったが、なお「査考」すれば、「日当賄代」については各員「請取候上ハ最早各自ノ擔負」であって「私金」であることは免れないことは明瞭である。それは内地旅行の「旅費日当并月俸」と同様であって、各員預金の「官金」とは「別種」のものである。そうではあるが、預金を損失したからといって「再ヒ官ニテ給与致候理」はない。その「情実」は「恨然」ではあり、それゆえに「拝借」も許されて「目下ノ危急」を凌いだのであった。これは「官民ノ不幸」であるが、「多少其損害ヲ負荷」するのも「臣民」の義務である。

ついては、「官物買上其他一切」は「官用」のため、各員の「預金高」並びに「汽車賃」はすべて「官ノ御損失」とし、各員が受け取った「日当賄代」は「私金」であるので、その「三分ノ一」を「給与」するのが「条理上」適当

である。

それゆえ、「官金」の「名義」で「下付」するのは「名実」不適切となるため、今一応指揮を仰ぎたいという大蔵省からの伺いなのであった。

この大蔵省からの伺いにつき、次の⑰のような見解が左院から提出された。

⑰明治七年九月八日　左院議案　財務課主査

大蔵省伺英国倫敦府ナシヨナルエセンシー社破滅ニ付公私預ケ金処分ノ儀官員日当賄代ハ全ク私金タルヲ以其三分一ヲ御給与ノ方条理適当ノ趣云々審議仕候処右条理上於テハ汽車賃ト雖トモ畢竟旅費ノ一部分ニテ一旦銘々請取候上ハ是又私金タルヲ不免都テ公費ニ難被立哉ニ候ヘトモ此件全ク不慮ノ災害ニ出テ困難憫然タルヨリ特別ノ御詮議ヲ以最前御指令相成候儀ニテ尤内地旅行ノ旅費一般ニモ難見做候付伺ノ趣ハ御聞届不相成左ノ通御指令可然ト存候也　九月八日

この⑰によれば、バンク破滅による「公私預ケ金」の処分について「官員日当賄代」は全く「私金」であり、その「三分の一」を給与するのが「条理適当」である、すなわち、条理上においては「汽車賃」と雖も「旅費」の一部分であって、一旦各員が受け取っている以上は「私金」であることを免れず、すべて「公費」とはなしがたいという趣旨を大蔵省は述べているが、しかし、バンク破滅は「不慮ノ災害」で「困難憫然」であるため、「特別ノ御詮議」をもって「最前御指令」を下したのであり、「内地旅行ノ旅費」と同列視はできない。よって、この大蔵省の意見は聞き届けないという指令を出すのがよいという左院の見解なのであった。

⑱明治七年九月二五日　明治七年八月二九日の大蔵省伺に対する指令

伺ノ趣ハ最前指令ノ通相心得都テ公費ノ積取調処分可致事　九月廿五日

そして、明治七年九月二五日、正院は、⑯の八月二九日の大蔵省伺に対して、「最前指令」すなわち⑮の明治七年五月五日の指令の通り心得、すべて「公費」の積もりで取り調べ処分するように、改めて指令したのであった。

以上、①から⑱まで、大蔵省の伺いと、左院からの意見を勘案した正院の指令との遣り取りをもう一度整理してみると次のようになる。

大蔵省からは、バンク破滅後に、拝借金を許された官員・留学生徒には「分散配当金」が割り戻されている。そのため拝借金の返納については、バンク預金について「公金分」「私金分」それぞれの区分を立てなければならないが、月給はともかく、「旅費汽車賃」は「公金」なのか、それとも「私金」なのかという疑問が出された。

この大蔵省の伺いについて、財務課は、「旅費汽車賃」は既に各員にそれぞれ渡し済みであり、それぞれの都合により預金しているので、「私金」とみなすのが「至当」である。しかし、バンク破滅は「不慮ノ災害」であり、その事情は「愍然」なので、「特別ノ御詮議」をもって「公費」として処分するのが然るべきであるという見解を示し、正院もこの見解を採用して、「旅費汽車賃」は「特別ノ評議」をもって「公費」として処分するようにと、明治七年一月二八日、大蔵省に指令したのであった。

この正院からの指令に対して、大蔵省は、「割戻配当金」の「公費分」と「私金分」の割合については、「預金」の「公金分」と「私金分」の割合に応じて振り分けるべきか、そうであれば、預金の内の「旅費汽車賃」なので、拝借金で支払う「旅費汽車賃」は「公費」とはならなくなるのではないかという疑問が、さらに示されるに至った。

この大蔵省の疑問については、大蔵省の意見は「至当」ではあるが、「計算上混雑」するので、拝借金は拝借金として「悉皆返納」させる、その上で「旅費汽車賃」は別途さらに下げ渡すことにして、その分を拝借金の返納分に「繰込」むよう指令するのがよいと左院は見解を示し、正院も「割戻配当金」の配分は大蔵省の伺いの通りとするが、「旅費汽車賃」を既に「公費」とした上は、左院の見解のように、さらに「旅費汽車賃」を下げ渡し、それを拝借金返納のうちへ「繰込」んで拝借金を返納させるようにせよという指令となったのである。

ところが、大蔵省としては、大使会計掛によれば「御手当賄代」などは大体の日数をもとに渡している、その際「旅費汽車賃」は仮に「用意金」として渡し、追って支払の明細を提出させているが、「大使会計掛」がすべて支払い、当人に渡さない場合、また、「用意金」も渡さず当人が支払う場合もあるなど、各自「不同」である。それに「旅費汽車賃」の「渡高」もバンク破滅前後の区分が判然とせず、各員提出の「預金調書」も甚だ「不明瞭」である。それゆえ、預金自体は当人の都合で「月給及ヒ日当賄代ノ受取金」あるいは「私金」などを取り纏めて預金しているなど「相混」じていて、預金損失についても、日当と旅費の「区分」が当人もわからない趣である。しかし、「旅費私金」の損失はそれぞれ「何程ツヽ」かを取り調べなければ「二重ノ渡シ方」となり「彼是不都合」である。殊に「外国行旅費支給」の「定則」がない以上、取り調べに時日が「遷延」するばかりで「明瞭公平ノ完結」を期することはできないというのであった。

また、左院は、これまでの大蔵省の伺いに対して、「公金」は下げ渡しとして拝借金の内に繰り入れ返納させることになったが、大使会計掛の方では、「賄代渡方」については、「大副使」以外の「書記官理事官随行」に「官等」の区別なく賄代を渡していて、それに「汽車並ニ船賃渡方」に「有無」があり、その上バンク預金高のうち「何程ハ日当何程ハ旅費」との区別を官員当人は立てがたいという大蔵省の上申を「審案」するところ、官員当人が分別できないというのであれば、それまで「現場受取タル高」並びに「バンク預高」は「何程」であって、バンクが破滅するまで官員当人の旅行日数に応じて、米国は「米金五弗」、英国その他の国々は「英金一磅」の割合で計算し引き去れば、「其預候残金高」の内に「公金私金」の区別は自ずからつき、また、「汽車並船賃」は「其乗込候場所々々」により、「現実ノ払高ヲ押」さえて調査すれば、いずれも「格外ノ損益」もなく、指令に基づいた処分となると考えられるとの見解を示し、正院の判断を仰いだのであった。

そして正院も左院のこの「審案」を受け容れて、官員当人に「公私ノ分別」がつかない場合は、「夫迄受取候金高」並びにバンク破滅に至るまでに「当人共旅行ノ日数」は「何程」、その内各国巡回先で大使会計掛が渡した「日当ノ割」をもって引き去り、「預金残高」の内「公私ノ区別相立」て、また、「汽車船賃ニ各員乗込候現場ノ払高」によってそれぞれ計算し、本年二月の指令通り処分すべきことを、大蔵省に指令したのであった。

さらに大蔵省は「旅費」の扱いについて疑問を提示する。すなわち、「旅費汽車賃」は「公費」とする旨の指令を受けているが、「旅費」というのは「汽車賃ヲ除クノ外日当并賄料其外一般」に関係する「総称」なのか。そうであるとすれば、預金損失につき「右等ノ廉々悉皆官費」とする趣旨なのであろうか、それとも「右ノ内何々ハ旅費」と称する分があるのであろうか、了解しかねる。しかし、旅行につき渡した「支度料日当」などをすべて「旅費」とするように指示したとも考えられないし、また、官員各自から提出させた書面を取り調べ「再応及訊問」んだけれども、今般「公費」とした「旅費汽車賃」並びに「私金ノ区界混淆明瞭記載」して提出した者は僅かに一両人に過ぎない。多くは「公私預ケ金額ト彼地於テ拝借ノ金員等」を記載して「汽車賃旅籠料」の遣い払いは甚だ「不明瞭」で実に「漠然」としている。これも仕方のないことであって、熟考するに、去る三月三一日の指令のような「精密ノ取調」はとてもできない。

そこで、滞在中の「日当」のほか各自の「賄料」は、この度司法権大判事河野敏鎌外二名が欧州巡廻中「大使一行ノ例ニ比シ」下さるよう申し出ているが、「夫是斟酌」の上「英金一磅ツ、」下さるようにしたのに準じて、官員各員に下さるようにしたい。そして、この日当と賄料を「旅費」と見做して、バンク破滅に至るまでの「滞在日数」に応じて計算すれば、「旅費」と「汽車賃」も判然とする。もっとも「汽車賃」については、「御用往返ノ繁閑」によって各自とも多少異なるが、「実際ノ情状取斜」したところ、「御用先経歴中ノ里数」により「前借」して支払しておき、御用が終われば「現払ノ金額過不足」を精算することもある。しかし、これらの「手控」を記載している者も「賄料日当用意金」などを「混淆」したり、記載がなく「汽車賃不分明ノ者」は「分賦平準」を得なくても、「日当旅籠料或ハ雑用」などと記載していて「汽車賃」の「認出」がなく、実際の「遣払」いが「何程」か区別が判然としない。

それゆえ「日当賄料」以外は「私金」として処分し、「日当旅籠料汽車賃」を「混淆」している分は、「前書日当賄料算当」の通り、「滞在日数」をもってそれぞれ区分を立て、「賄料日当ノ額」を除き残りは「悉皆汽車賃ト見据」えて取り調べるよりほかはない。もっとも「大使副使等書記官ノ向々」はすべて大使会計掛にて支払っているので、右に準じて今般「公費」とする「旅費汽車賃」はないことになるので、これは「逐次精算取調」べて伺うつもりである。そのほかについては「前書具状」の通り決定し、そして、「帰朝汽車賃」ともに「公費」としたいという伺いを、正院に提出した。

そして左院からも、明治七年四月二四日の大蔵省伺いをふまえた意見と伺いが正院に提出されたのである。

それは、「旅費汽車賃ト私金ノ別」が不明瞭なので、「賄料」は「英貨壱磅ツ、下賜」すれば、この「賄料」と「日当」を除いた残りは「汽車賃」と見据え、全く「汽車賃」の記載がない分については「賄料」と「汽車賃」以外は「私金」として処分したい。「最前御指令中」の「旅費汽車賃」とあるのは、素より「日当賄料等」を指し、これを

「特別ノ寛典」をもって「公費」としたのであって、「一切ノ費用」につき「公私」を混淆し区別が判然としないのは不都合である。けれどもバンク破滅という止むを得ない事情があり、今更その区別もつけがたい。然るところ、出張先で「見積ノ金額御渡相成居候」につき、「見積高米金五弗英金壱磅」でもって「現日数」に応じ「決算」させ、残りは「汽車賃ト見据」えて区別をつけるより方法がない。「汽車賃」にしても、記載がないので「日当賄料」を除いた全てを「私金」として処分するのでは、これまた「分賦平準ヲ得スシテ不公平」となり不都合である。たとえ「汽車賃」の記載がなくても「里程」に応じ「定価」もあるはずであって、事実遣い払いした分は、実際のところを取り糺せば「自ラ汽車遣払ノ分別」がつき、この分も「公費」にした方がよいのではないか。そのように処分すれば「公平」であり、また、由利公正らのボールズブラザーズ社関係の預金損失についても「公私ノ分別」を詳細に取り調べて伺い出でたら「何分ノ御指令」を下すというのがよく、御指令案を添えて、正院に伺いを立てたのである。

この左院の見解をふまえ　正院は、「賄料」については、出張先において渡した「見積高米金五弗又ハ英金壱磅」の額をもって「現日数」に充て決算する、そして、「汽車賃」など混淆している場合は申し出での通りとする。もっとも「汽車賃」が不分明の場合は「経過ノ路線」により「各国ノ定価」をもって「公費」とする。由利公正ら六名の「損失金」については「公私ノ分別」を詳細取り調べてさらに伺うように、大蔵省へ指令したのであった。

さらに、大蔵省は「預金公私ノ処分」について、「官員」の分は「日当賄代汽車賃」をともに「官費」とし、「留学生」の分も「官費」として「勘算」し調査するようにしたいという伺いを出し、明治七年五月五日の指令の趣旨に沿って調査を進め、「現在ノ員数」を「勘合」し、一人残らず取り調べが終わり、なお「査考」すれば、「日当賄代」については、各員「請取候上ハ最早各自ノ擔負」であって「私金」であることは免れないことは明瞭である。それは内地旅行の「旅費日当并月俸」と同様であって、各員預金の「官金」とは「別種」のものである。そうではあるが、預金を損失したからといって「再ヒ官ニテ給与致候理」はない。その「情実」は「恨然」ではあり、それゆえに「拝借」も許されて「目下ノ危急」を凌いだのであった。これは「官民ノ不幸」であるが、「多少其損害ヲ負荷」するのも「臣民」の義務である。

ついては、「官物買上其他一切」は「官用」のため、各員の「預金高」並びに「汽車賃」はすべて「官ノ御損失」とし、各員が受け取った「日当賄代」は「私金」であるので、その「三分ノ一」を「給与」するのが「条理上」適当である。それゆえ、「官金」の「名義」で「下付」するのは「名実」不適切となるため、今一応指揮を仰ぎたいという伺いを正院に提出した。

この大蔵省からの伺いにつき、左院は、大蔵省のいう「官員日当賄代」は全く「私金」であり、その「三分の一」を給与するのが「条理適当」である、すなわち、条理上においては「汽車賃」と雖も「旅費」の一部分であって、一旦各員が受け取っている以上は「私金」であることを免れず、すべて「公費」とはなしがたいという趣旨は了解できるが、しかし、バンク破滅は「不慮ノ災害」で「困難憫然」であるため、「特別ノ御詮議」をもって「最前御指令」を下したのであり、「内地旅行ノ旅費」と同列視はできない。よって、この大蔵省の意見は聞き届けないという指令を出すのがよいという見解を正院に伝えたのであった。

そして、明治七年九月二五日、正院も、八月二九日の大蔵省伺に対して、「最前指令」すなわち明治七年五月五日の指令の通り心得、すべて「公費」の積もりで取り調べ処分するように、改めて指令したのであった。

このようにして、結局、バンク破滅は「不慮ノ災害」であるため、「預金公私」の区分については、「特別ノ御詮議」をもって、「在外官員付托ノ私金」を「公費」とすることが、定まったのであった。

第五章　拝借金と預金損失処分（その三）

第一節　公私預金処分

バンク破滅による各員の拝借金返納額が確定するためには、各員のバンク預金の公金分と私金分の区分が定まっていなければならない。

大蔵省による各員のバンク預金の公金分と私金分の区分の取り調べが完了し、それぞれの拝借金の返納額が定まるのは、明治八（一八七五）年四月になってからのことである。この各員の公私預金処分について述べる前に、その間に行われた大蔵省の伺いと正院との間の遣り取りを、太政類典から日付順に以下記しておくことにする。

①明治七年一〇月二五日　大蔵省伺(89)

②明治七年一二月二二日　大蔵省伺(90)

③明治八年四月二日　大蔵省伺(91)

④明治七年一〇月二五日、同年一二月二二日そして翌明治八年四月二日の大蔵省伺に対する指令(92)

①明治七年一〇月二五日　大蔵省伺

英国龍動府銀舗ナシヨナルエセンシー社破滅ニ付全権大副使初理事官并随行ノ官員且官費留学生徒ニイタルマテ公私預金損失ノ儀ニ付先般見込ヲ以テ御指揮相伺候処最前ノ御指令通リ相心得都テ公費ノ積取調処分可致云々御指令ニ相成候間尚更ニ取調条件左ニ

一全権大使副并書記官ノ分ハ汽船車賃賄料等ハ総テ大使会計掛ニテ取計候ニ付預ケ金中右金員ハ無之候ヘトモ特別ノ御用柄ヲ以テ各員日当ヲ被廃更ニ月手当被下候右ハ固ヨリ日当同様ノ御処分相成可然筋ト存候ニ付夫々取調候処委細別冊ノ通リ有之拝借金ノ内過納又ハ未納ノ分差引更ニ官費ニ相立可下渡金合二万六千五百二十一円四十銭二厘此節相渡其余未納金二百三十円八十三銭九厘ハ兼テ伺済ノ通上納ノ儀更ニ相達候様取計可申ト存候

一海軍省士官へ外国人雇入ノ入費并工部省器械買上代金鮫島弁理公使ヨリ「チヨインナシヨナルエセンシー社へ預金損失相成候ニ付英貨二千七百磅拝借金有之右ハ両省ヨリ返納可致筋ト被存候ヘトモ右ハ今般諸官員損失金御処分ノ儀ニ照準シ取調相伺申候

一同銀舗本店ホールスブロゾル社へ預金ノ向ハ過般上陳イタシ候通リ配当金掛合中ニハ候ヘトモ即今可差越見据無之到底配金《ママ》無之ニ於テハ「ナシヨナルエセンシー社配当金ニ準シ四分ノ一ヲ下シ賜候哉何分当省見込難相立因テ此段ハ先以預人全ク損失ノ積取調申候間可然御指揮相伺候

一別冊名前ノ外未在洋又ハ御国内出張等ニテ即今取調難出来候分有之候間帰京ノ上夫々完結相伺候積リニ御坐候且又ホールスブロゾル社へ預金等派出先ニ於テ其地ノ銀舗ヨリ受取後右ブロゾル社破滅ニ付該地銀行ヨリ操替相渡候金員同社ヨリ償還不相成趣ヲ以テ本人へ返戻ノ儀掛合越候向モ有之此節本人往復中等ニテ治定不致趣ニ付是等ノ分ハ猶追々取調相伺候積リニ有之候ヘトモ先以テ予テ此段上陳仕置候

右ノ通今般於当省処分イタシ可然存候間至急何分ノ御指揮相成候様仕度依テ別紙相添此段相伺候也　七年十月廿五日　大蔵

（別紙）

正院左院外内務文部工部海陸軍省へ　通達案

英国倫敦府銀舗破滅ニ付公私預金損失処分ノ儀ニ付日当賄料汽車賃等ハ官費ニ相立私金ノ分ハ右預金損失高ノ三分一可被下旨今般正院ヨリ御達相成候ニ付則別紙人員仕訳書ノ通　過納未納被下金等可相納可相達　尤納渡期限ノ儀ハ出納寮ヨリ可及御報知候間夫々納受方御取計有之度且其旨本人へ御達相成候様イタシ度此段別紙相添申進候也　七年月日　大蔵

東京大坂二府静岡和歌山二県へ達按　大蔵省

英国倫敦府銀舗破滅ニ付公私預金損失処分ノ儀日当賄料汽車賃ハ官費ニ相立私金ノ分ハ右預金損失高ノ三分一可被下旨今般正院ヨリ御達相成候ニ付則別紙人員仕訳書ノ通　過納未納被下金等可相納可相達　尤納渡日限ノ儀ハ出納寮ヨリ可相達候間納受方可申出且其旨本人へ達方可取計此段別紙相添相達候事　七年月日　大蔵

①は、「全権大副使初理事官并随行ノ官員且官費留学生徒」に至るまで、公私預金損失について、指令通り取り調べているが、以下の事項について正院に確認したいという大蔵省の伺いであった。

すなわち、第一は、大使副使並びに書記官の「汽船車賃賄料」などについてはすべて大使会計掛にて取り計らい、預金中にそれらの分はないが、「特別ノ御用柄」で「各員日当ヲ被廃更ニ月手当ヲ被下」ている。これらについては、日当同様の処分が相当であり、「拝借金」のうち「過納又ハ未納」の分は差し引き、さらに「官費」として下げ渡すことにしたい。下げ渡し金額の合計は二万六五二一円四〇銭二厘であり、それでもなお未納金は二三〇円八三銭九厘あるので、各員に「上納」するように達したい。

第二は、海軍省士官に「外国人雇入ノ入費」並びに「工部省器械買上代金」分は、鮫島弁理公使がアメリカン・ジョイント・ナショナル・エージェンシーへ預金し損失となった。これら二七〇〇ポンドの拝借金については、海軍省と工部省が返納するべきであるが、「官員損失金」処分に照準して取り調べたい。

第三は、ボールズ兄弟商会の銀行破産による「割戻配当金」は掛合中であり以後の見通しも立たないので、アメリカン・ジョイント・ナショナル・エージェンシーの配当金の例にならって四分の一を下賜すべきか否か、大蔵省では見込がつかない。よって当面は「預人全ク損失」のつもりで取り調べたいので指揮していただきたい。

第四は、現在把握している者以外の海外又は国内出張の者の取り調べは帰京しだい行いたい。また、「ホールスブロゾル社へ預金」など、派出先で「其地ノ銀舗」より受け取り、破滅後に「該地銀行ヨリ繰替相渡候金員」については、同社より償還されない趣であるため、「本人へ返戻ノ儀」を掛合う向きもある。これらについても追々取り調べて伺う予定である。

以上が、大蔵省が正院に対して了解と指揮を求めた明治七年一〇月二五日の伺いであった。

そして、明治七年一二月二二日、大蔵省は、次の②のように、先に提出した一〇月一五日の伺い、この伺いは一〇月一五日ではなく二五日の間違いであると思われるが、今に至るもその伺いに対して何の下命もないので、再度正院からの指令を求める伺いを立てている。

②明治七年一二月二二日　大蔵省伺
英国龍動府銀舗破滅ニ付預ケ金損失御処分ノ儀本年十月十五日付ヲ以テ明細書相添相伺置候ヘドモ未タ何等ノ御指揮無之ニ付右ニ係リ損失イタシ候者ヨリ当省ヘ屡々及催促候向モ有之候間至急何分ノ御下命ニ相成候様イタシ度此段再応相伺候也　七年十二月廿二日　大蔵

さらに、大蔵省は、①の明治七年一〇月二五日の伺い、そして②の明治七年一二月二二日の伺いに対する指令が一向に下命されないため、明治八年四月二日、次の③のように、再三正院に伺いを立てた。

③明治八年四月二日　大蔵省伺
英国倫敦府銀舗破滅ニ付公私預ケ金損失ノ儀昨七年十月廿五日明細書相添相伺置候ヘトモ尓後何等ノ御下命無之ニ付同年十二月廿二日付ヲ以テ尚伺置候ヘトモ于今御下命無之然ル処右破滅ノ節大使一行ノ面々拝借金返納方ノ儀同年九月三十日付ヲ以テ伺置候分ハ此度御指令ニ相成候ヘトモ前条預金損失処分ノ儀御下命無之候テハ差支候廉々有之候間何分至急御指揮ニ相成候様イタシ度此段再三相伺候也　四月二日　大蔵

③によれば、大使一行の面々の拝借金返納の件について、明治七年九月三〇日の指令を受けたが、「預金損失処分」が定まらないと差し支えが生じるので、至急指揮を仰ぎたいという大蔵省の伺いであった。各員の拝借金に対する返納額がどれほどになるかは、「預金損失処分」が定まっていてはじめて確定するからである。
この大蔵省の再三の伺いに対して、正院は、日付は判明しないが、次の④のように指令した。

④明治七年一〇月二五日、同年一二月二二日そして翌明治八年四月二日の大蔵省伺に対する指令

伺ノ趣ホールスブロゾル社ノ向ハ私金損失高ノ三分一ヲ被下追テ配当金有之候ハ、其配当金高ノ三分一ヲ官ニ収メ三分ノ二ヲ各自ニ可相渡候其余伺ノ通

すなわち、第三のボールズ兄弟商会の関係については、「私金損失高ノ三分一」を下げ渡し、追って「配当金」が決まれば、その三分の一を官に収納し、三分の二を各員に渡すようにし、そのほかの事項については伺いの通り処理せよというものであった。

さて、第三章で関係者の拝借金証書を示したが、それでは各員の拝借金額と返納高について、明治六年末に大蔵省が取り調べ判明したものを、ここで見てみよう(93)。

	拝借高	返納高	差引残高
○岩倉大使	四四四四円四四銭四厘	二七〇〇円	一七四四円四四銭四厘
○木戸副使	四四四四円四四銭四厘	二二五〇円	二一九四円四四銭四厘
○大久保副使	四〇〇〇円	二九〇〇円	一一〇〇円
○山口尚芳	二六六六円六六銭七厘	一二二五円	一四四一円六六銭六厘
○塩田篤信	一一一一円一一銭一厘	四七五円	六三六円一一銭一厘
○田辺太一	二四四四円四四銭四厘	一〇〇〇円	一四四四円四四銭四厘
○何　礼之	四四四四円四四銭四厘	三七五円	六九円四四銭四厘

○久米邦武　四四四円四四銭四厘　一五〇円　二九四円四四銭四厘
○肥田造船頭　一七七〇円七七銭八厘
○吉原重俊　四四四円四四銭四厘
○阿部　潜　四四円四四銭四厘
●山田陸軍少輔　二〇六六円六六銭七厘
○山田陸軍少輔　六四四円四四銭四厘　皆納
○原田兵学大教師　四八八円八八銭九厘
○富永冬樹　三五五円五五銭六厘
○瓜生鉄道中属　四四四円四四銭四厘　四〇〇円　四四円四四銭四厘
●佐々木高行外二人　一一六〇円
○佐々木高行　八七七円七七銭八厘　八四六円六六銭八厘　三一円一一銭
○岡内重俊　七三一円一一銭一厘　八〇〇円
○平賀義質　一〇四円四四銭四厘　三〇〇円
○長野文炳　六八二円二二銭二厘　四〇〇円　二八二円二二銭二厘
●由良守応　二四四円四四銭四厘　英金七〇〇磅但官金　由良守応別口
○岩山直樹租税大属　一〇二円二二銭二厘
○由利公正　一三三三円三三銭三厘
○岩見鑑造　一三三三円三三銭三厘

○兼松直稠	三三三円三三銭三厘	四〇円	二九三円三三銭三厘
○松村文亮	二二二円二二銭二厘	二〇円四四銭五厘	二〇一円七七銭七厘
○土山藤四郎	六六六円六六銭六厘	一〇五円	五六一円六六銭六厘
○安川繁成・鈴木貫一	五三三三円三三銭三厘		
○西岡逾明・鈴木貫一	六四〇〇円		
●寺島大弁務使	八八八八円八八銭八厘		
●鮫島弁理公使	三一一一円一一銭一厘	工部省器械代・皆納	
○生徒総代			
栗本貞次郎	二六三四円六六銭三厘（仏貨一三六〇八フランク八三チーム）		
栗本貞次郎	二九三三円四二銭三厘（英金六六〇ポンド三ペンス六）		
○生徒総代			
戸田三郎	八八八八円八八銭八厘		
○大蔵生徒			
南　保	一三三円三三銭三厘		
○三條公恭・河鰭実文	二六六六円六六銭七厘		

以上が明治六年一二月末時点での各員の拝借金と返納金の調書である。

このうち、官金とされているのが、●印の山田陸軍少将・佐々木理事官と外二人・寺島大弁務使・鮫島弁理公使の拝借金である。

ところで、明治六（一八七三）年末、バンク破滅による預金損失分のうち「官員私金ノ分」は「損失高ノ内三分ノ一」を追加「手当」として下げ渡すことになった。

それでは、この「預金損失分」のうち、新たに下げ渡すことになった「私金分」の「三分一」の取り調べについて、次に見てみよう。

まず、「英金バンク破滅一件ニ付今般可下渡金員并名前書」によれば、以下の通りである。(94)

○岩倉具視大使　　　　一六五三円四七銭五厘

○木戸孝允副使　　　　一八一円五四銭三厘

○大久保利通副使　　　一九一〇円五一銭九厘

○山口尚芳副使　　　　六四五円九〇銭一厘

○工部省　　　　　　　三一一一円一一銭一厘　但七〇〇ポンドの代

○塩田篤信一等書記官　四四七円五三銭一厘

○田辺太一一等書記官　一八五円一〇銭五厘

○何　礼之一等書記官　五一七円八八銭九厘

○山田顕義陸軍少将　　六四四円四四銭四厘

○久米邦武権少外史　　五〇四円一厘

○吉田二郎　　　　　　一〇四円一銭九厘

○大鳥圭介　二五七円一二銭三厘
○岩山直樹勧業助　八七円一六銭七厘
○平賀義質　二七九円三二銭一厘
○中島永元　一六七円八一銭五厘
○内村良蔵　四〇四円一銭九厘
○松村文亮（兵部理事官随行心得）　四四四円四四銭四厘
○内海忠勝（大坂府参事）　六四一円七四銭一厘
○中山信彬（外務省五等出仕）　二三五円六四銭八厘
○中野健明（外務一等書記官）　六七一円二九銭六厘
○吉原令之助　四五四円八〇銭三厘
○土山盛有　一三五円
○佐々木高行　一〇三三円五三銭八厘
○岡内重俊　一〇一七円四〇銭八厘
○長野文炳　八四八円七九銭七厘
○肥田為良主船頭　二五二円一八銭五厘
○原田一道陸軍大佐　四九二円二二銭二厘
○富永冬樹　三五五円五五銭六厘
○阿部　潜　二五三円三八銭九厘

○由良守応（租税寮七等出仕和歌山県貫属士族）　三円五五銭六厘
○由利公正・岩見鑑造　一三六九円四四銭三厘
○川鰭実文（官費留学生）　八八円八八銭九厘
○福原和勝（官費留学生）　四五二円四四銭四厘
○西岡逾明外三名　五五九六円四四銭九厘
○瓜生　震（鉄道中属）　九七三円六一銭三厘

以上、総計二万六五二一円四〇銭二厘が下げ渡される金額であった。
また、未納の部としては。以下の三人が挙げられている。

○南　保　四五円六銭一厘
○三條公恭　九二円八一銭五厘
○森寺常徳　九二円九六銭三厘

第二節　個人別調書

それでは、まずアメリカン・ジョイント・ナショナル・エージェンシー関係の各員の詳細調査内容を見てみよう。

一円は英貨五四ペンスの換算である。[95]

◆アメリカン・ジョイント・ナショナル・エージェンシー関係

○岩倉具視・特命全権大使

私金預金総高　一四七七ポンド一七シリング四ペンス
配当金総高　三六一ポンド一五シリング五ペンス
差引損失高　一一一六ポンド一シリング一一ペンス（四九六〇円四二銭六厘）
三分一被下金　一六五三円四七銭五厘
全くの損失高　三三〇六円九五銭一厘
拝借金　一〇〇〇ポンド（四四四四円四四銭四厘）
配当金で上納済　三六一ポンド一五シリング五ペンス（一六〇七円八七銭）
三分一被下金で上納分　一六五三円四七銭五厘
明治六年二月より一一月までに上納済　二八三六円五七銭四厘
差引可被下渡分　一六五三円四七銭五厘

○木戸孝允・特命全権副使

私金預金総高　一六二ポンド五シリング
配当金総高　三九ポンド一四シリング二ペンス
差引損失高　一二二ポンド一〇シリング一〇ペンス（五四四円六三銭）
三分一被下金　一八一円五四銭三厘
全くの損失高　三六三円八銭七厘

拝借金　　一〇〇〇ポンド（四四四四円四四銭四厘）
配当金で上納済　　三九ポンド一四シリング二ペンス（一七六円四八銭一厘）
三分一被下金で上納分　　一八一円五四銭三厘
追々上納済　　四二六七円九六銭三厘
差引可被下渡分　　一八一円五四銭三厘

○大久保利通・特命全権副使

私金預金総高　　九〇七ポンド一八シリング二ペンス
内　官費相立分　　四五〇ポンド二ペンス
配当金　　一一〇ポンド三シリング二ペンス
差引損失高　　七九七ポンド一五シリング
全くの官損分　　三三九ポンド一七シリング
私金預金損分　　四五七ポンド一八シリング
内　配当金　　一一二ポンド一シリング九ペンス
全くの私金損失高　　三四五ポンド一六シリング三ペンス（一五三六円九四銭四厘）
三分一被下金　　五一二円三一銭五厘
差引損失高　　一〇二四円六二銭九厘
拝借高　　九〇〇ポンド（四〇〇〇円）
私金配当金可下渡分で上納済　　一一二ポンド一シリング九ペンス（四九八円一六銭七厘）

追々上納済　二九〇〇円
預金高の内月手当今般可下渡分　四五〇ポンド二ペンス（二〇〇〇円三銭七厘）
私金預金高の内三分一被下今般可下渡分　一一五ポンド五シリング五ペンス（五一二円三一銭五厘）
差引可被下渡分　一九一〇円五一銭九厘

○山口尚芳・特命全権副使

私金預金総高　五七七ポンド五シリング一〇ペンス
配当金　一四一ポンド六シリング二ペンス
差引損失高　四三五ポンド一九シリング八ペンス（一九三七円七〇銭四厘）
三分一被下金　六四五円九〇銭一厘
全くの私金損失高　一二九一円八〇銭三厘
拝借高　六〇〇ポンド（二六六六円六六銭七厘）
配当金で上納済　一四一ポンド六シリング二ペンス（六二八円三銭七厘）
三分一被下金で上納分　六四五円九〇銭一厘
追々上納済　二〇三八円六三銭
差引可被下渡分　六四五円九〇銭一厘

○鮫島尚信・弁理公使

海軍士官雇入費并工部省器械買入公金預金高　二六七七ポンド一八シリング一一ペンス
海軍省より送金海軍士官雇入費額分　二〇〇〇ポンド

配当金　　四八九ポンド一一シリング八ペンス
差引損失高　　一五一〇ポンド八シリング四ペンス
工部省器械買入代の分　　仏貨一万七八七八弗（六七七ポンド一八シリング一一ペンス）
配当金　　一六五ポンド一九シリング一ペンス
損失高　　五一一ポンド一九シリング一〇ペンス
海軍士官雇入費并工部省器械買入公金損失に付右御入用に□候分鮫島公使に可渡分寺島宗則へ渡し官費可相成分　　二〇二二ポンド八シリング二ペンス（八九八八円四八銭一厘）
損失高　　二七〇〇ポンド
　内　海軍省公用の分　　二〇〇〇ポンド
　　工部省公用の分　　七〇〇ポンド
　　　内　海軍工部両省預金高に対する配当金既に官納相成候分
　　　　六五五ポンド一〇シリング九ペンス
官費に可相立分　　二〇四四ポンド九シリング三ペンス（九〇八六円五〇銭）
　内　工部省公用拝借金追々返納済の処今般器械買上代公費に相成候に付工部省へ可下渡分
　　七〇〇ポンド（三一一一円一一銭一厘）

○塩田三郎・一等書記官

私金預金高　　四〇〇ポンド
配当金　　九七ポンド一八シリング四ペンス

差引損失高　三〇二ポンド一シリング八ペンス（一三四二円五九銭三厘）
三分一被下金　四四七円五三銭一厘
全くの私金損失高　八九五円六銭二厘
拝借高　二五〇ポンド（一一一一円一一銭一厘）
配当金で上納済　九七ポンド一八シリング四ペンス（四三五円一八銭五厘）
三分一被下金で上納分　四四七円五三銭一厘
追々上納済　六七五円九二銭六厘
差引可被下渡分　四四七円五三銭一厘

○田辺太一・一等書記官

私金預金高　八三ポンド一七シリング九ペンス
配当金　二〇ポンド一〇シリング七ペンス
差引損失高　六三ポンド七シリング二ペンス（二八一円五九銭三厘）
三分一被下金　九三円八六銭四厘
全くの預金損失高　一八七円七二銭九厘
拝借高　五五ポンド（二四四円四四銭四厘）
配当金で上納済　二〇ポンド一〇シリング七ペンス（九一円二四銭一厘）
三分一被下金で上納分　九三円八六銭四厘
追々上納済　二四四円四四銭四厘

差引可被下渡分　　一八五円一〇銭五厘

○何　礼之・一等書記官

私金預金総高　　一四七ポンド九シリング六ペンス

　内　配当金　　二一ポンド一シリング

全く官費可相成分　　六四ポンド一九シリング

私金預金高　　六一ポンド九シリング六ペンス

配当金　　一五ポンド一シリング

私金損失高　　四六ポンド八シリング六ペンス（二〇六円三三銭三厘）

三分一被下金　　六八円七七銭八厘

全くの私金損失高　　一三七円五五銭五厘

拝借金　　一〇〇ポンド（四四四円四四銭四厘）

私金配当金で上納済　　一五ポンド一シリング（六六円八八銭九厘）

三分一被下金で上納分　　六八円七七銭八厘

月手当等官費相立今般更に可下渡分　　八六ポンド（三八二円二二銭二厘）

追々上納済　　四四四円四四銭四厘

差引可被下渡分　　五一七円八八銭九厘

○山田顕義・陸軍少将

預金高　　五〇七ポンド五シリング六ペンス

内　書籍并軍用車雛形買上用意金官損可相立分　三六二ポンド五シング六ペンス
内　日当并賄料汽車賃等官費可相立分　一四五ポンド
配当金　一二四ポンド三シリング六ペンス
差引全く官損并官費高　三八三ポンド二シリング
拝借金　六一〇ポンド
内　公用遣払　四六五ポンド
私用拝借金　一四五ポンド
日当賄代預金官費相立更に可下渡分　一四五ポンド
追々上納済　六四四円四四銭四厘
差引可被下渡分　六四四円四四銭四厘

○久米邦武・権少外史

私金預金高　一五〇ポンド三シリング三ペンス
(但旅費日当金として前渡相成候内預金候に付官費可相成分)
配当金　三六ポンド一五シリング三ペンス
差引全くの官費損失高　一一三ポンド八シリング
拝借金　一〇〇ポンド（四四四円四四銭四厘）
内　預金賄料等に付官費相立今般更に可被下渡分
一五〇ポンド三シリング三ペンス（六六七円三八銭九厘）

追々返納済　　二八一円五銭六厘
差引・過納に付可下渡分　　五〇四円一厘

○吉田二郎

私金預金高　　九二ポンド一九シリング六ペンス
配当金　　二二ポンド一五シリング三ペンス
損失高　　七〇ポンド四シリング三ペンス（三一二円五銭六厘）
三分一被下金　　一〇四円一銭九厘
私金全くの損失高　　二〇八円三銭七厘

○大鳥圭介

私金預金高　　二二九ポンド一六シリング三ペンス
配当金　　五六ポンド五シリング一ペンス
損失高　　一七三ポンド一一シリング二ペンス（七七一円三七銭）
三分一被下金　　二五七円一二銭三厘
私金全くの損失高　　五一四円二四銭七厘

○南　保

私金預金高　　四〇ポンド
配当金　　九ポンド一五シリング一〇ペンス
損失高　　三〇ポンド四シリング二ペンス

私金損失高三分の一被下金　四四円七五銭三厘
私金全くの損失高　八九円五〇銭六厘
吉田大蔵少輔より官金の内・拝借金　三〇ポンド（一三三円三三銭三厘）
内　三分一被下金で上納分　四四円七五銭三厘
但配当金吉田大蔵少輔洋行勘定で納入相成候分　九ポンド一五シリング一〇ペンス（四三円五一銭九厘）
差引未納金　四五円六銭一厘

○岩山直樹・勧業助

預金高（但官費可相成分）　四二ポンド一一シリング三ペンス
内　配当金　一〇ポンド八シリング七ペンス
差引・全くの官損高　三二ポンド三シリング八ペンス（一四三円三銭七厘）
拝借金　二三ポンド（一〇二円二二銭二厘）
日当賄代等官費吏に可下渡分　四二ポンド一二シリング三ペンス（一八九円三八銭九厘）
差引・過納に付可下渡分　八七円一六銭七厘

○平賀義質

官私預金高　八二ポンド六シリング六ペンス
公費預金高　四四ポンド七シリング四ペンス（一九七円一八銭五厘）
内　配当金　一〇ポンド一七シリング二ペンス（四八円二五銭九厘）

○中島永元

官金損失高　　三三ポンド一〇シリング二ペンス（一四八円九二銭六厘）
私金預金高　　三七ポンド一九シリング二ペンス
私金分配当金　　九ポンド五シリング一〇ペンス
預金悉皆日当賄料遣残りに付私金損失分　　二八ポンド一九シリング四ペンス（一二七円四〇銭七厘）
私金損失高三分一今般可下渡分　　四二円四六銭九厘
佐々木高行拝借高八〇〇ポンドの内
拝借金　　八六ポンド一シリング一〇ペンス
公用遣払官費　　六一ポンド一一シリング一〇ペンス（二七八円一八銭五厘）
私用遣払上納可相成分　　二三ポンド一〇シリング（一〇四円四四銭四厘）
配当金で上納済　　四一円二九銭六厘
追々上納済　　三〇〇円
私金預金損失高三分一被下今度可下渡の分　　四二円四六銭九厘
返納過納分共下渡可相成分　　三八三円七六銭五厘
未納分引き　　一〇四円四四銭四厘
差引・今般可下渡分　　二七九円三二銭一厘

預金高（官費可相成分）　　五〇ポンド
内　配当金　　一二ポンド四シリング一〇ペンス

全くの官費預金損失高　三七ポンド一五シリング二ペンス
可下渡分　一六七円八一銭五厘

○内村良蔵

預金高（官費可相成分）　二二〇ポンド七シリング三ペンス
内　配当金　二九ポンド九シリング二ペンス
全くの官費預金損失高　九〇ポンド一八シリング一ペンス
可下渡分　四〇四円一銭九厘

○松村文亮・兵部理事官随行心得

預金高（官費可相成）　一〇〇ポンド
内　配当金　二四ポンド九シリング七ペンス
全くの官費預金損失高　七五ポンド一〇シリング五ペンス（三三五円六四銭八厘）
拝借金　五〇ポンド（二二二円二二銭二厘）
日当賄料官費に相立今般可下渡分　一〇〇ポンド（四四四円四四銭四厘）
追々上納済　二二二円二二銭二厘
差引・可下渡分　四四四円四四銭四厘

○内海忠勝・大阪府参事

預金高（官費可相成分）　一九一ポンド三シリング一〇ペンス
内　配当金　四六ポンド一六シリング

全くの官費預金損失高　一四四ポンド七シリング一〇ペンス（六四一円七四銭一厘）
今般更に可下渡分　六四一円七四銭一厘

○中山信彬・外務省五等出仕

預金高（官費可相成分）　一〇〇ポンド
内　配当金　二四ポンド九シリング七ペンス
差引・全くの官費預金損失高　七五ポンド一〇シリング五ペンス（三三五円六四銭八厘）
今般更に可下渡分　三三五円六四銭八厘

○中野健明・外務一等書記官　在仏国に付代理教部大録石尾孝基

預金高（官費可相成分）　二〇〇ポンド
内　配当金　四八ポンド一九シリング二ペンス
差引・今般更に可下渡分　一五一ポンド一〇ペンス（六七一円二九銭六厘）

○栗本貞次郎・生徒代
渡六之助
小野弥一

預金高（但仏国生徒費金の内）　六四八ポンド二シリング七ペンス
内　栗本の名前で預金分　二六五ポンド一四シリング六ペンス
内　小野の名前で預金分　四三ポンド四シリング六ペンス
内　渡の名前で預金分　三三九ポンド三シリング七ペンス

配当金　一五八ポンド一三シリング一ペンス
官金全くの損失高　四八九ポンド九シリング六ペンス
仏国留学生徒学資金渡りの分　仏貨三万四四五フラン八〇サンチーム
ポンド換算　一一八九ポンド一シリング四ペンス（一ポンド＝二五フラン九〇サンチーム）
配当金官納分　一五八ポンド一三シリング一ペンス
差引・官費損失分　一〇三〇ポンド八シリング三ペンス

○戸田三郎・生徒代

預金高（但英国留学生学資金）　二三六八ポンド一一シリング五ペンス
内　戸田の名前で預金分　二一九八ポンド一四シリング七ペンス
内　田口太郎の名前で預金分　一六九ポンド一六シリング一〇ペンス
配当金　五四五ポンド一七シリング
全くの官費損失高　一八二二ポンド一四シリング五ペンス
留学生学資金渡し分　二〇〇〇ポンド
配当金官納の分　五四五ポンド一七シリング
差引官費損失高　一四五四ポンド三シリング（六四六二円八八銭九厘）

○吉原令之助

預金総高　二六四ポンド八シリング
日当賄代官費分　七一ポンド一シリング

○土山盛有

私金自分用意分　　一九三ポンド七シリング
配当金　六四ポンド一四シリング六ペンス
　内　官費配当金　　一七ポンド七シリング一〇ペンス
　内　私金配当金　　四七ポンド六シリング八ペンス
差引損失総高　　一九九ポンド一三シリング六ペンス
官費損失高　　五三ポンド一三シリング二ペンス
私金損失高　　四六ポンド四ペンス（六四八円九六銭九厘）
損失高三分一被下金　　二一六円三二銭一厘
私金全くの損失高　　四三二円六四銭二厘
拝借金　　一〇〇ポンド
　賄料并日当等官費に相立候分更に可下渡分　　七一ポンド一シリング（三一五円七七銭八厘）
　私金配当金既に官納相成候分　　四七ポンド六シリング八ペンス（二一〇円三七銭）
三分の一被下金で上納　　二一六円三二銭一厘
追々上納済　　一五六円七七銭八厘
差引・過納可下渡分　　四五四円八〇銭三厘
預金高　　五七四ポンド三シリング
配当金本人受取公用遣払分　　一四〇ポンド一〇シリング一一ペンス

全くの官損高　四三三ポンド一二シリング一ペンス
拝借金　一五〇ポンド
　但書籍買入質問費教師雇入費等遣払候に付返納に不及分
可下渡分　一三五円

○西岡逾明外三名

公私預金総高　三一二六ポンド二ペンス
内　西岡逾明預金高　一九九ポンド三シリング六ペンス
内　鈴木貫一預金高　一五六一ポンド六シリング五ペンス
内　安川繁成預金高　八〇八ポンド九シリング六ペンス
内　小室信夫預金高　五五七ポンド九ペンス
公私配当高総高　七六五ポンド四シリング六ペンス
官損費配当金　七六三ポンド一四シリング七ペンス
私金配当金　一ポンド九シリング一一ペンス
官納相成候分　四三〇ポンド一九シリング一ペンス
本人受取候分　三三四ポンド五シリング五ペンス
差引公私損失高　二三六〇ポンド一五シリング八ペンス
　書籍買上教師雇入等用意金預金高官損相成分　一〇三二ポンド八シリング八ペンス
配当金　二五二ポンド一四シリング八ペンス

全く官損失分　　七七九ポンド一四シリング
　汽船車料并日当賄代等官費可相成分　　二〇八七ポンド九シリング三ペンス
配当金　五〇〇ポンド一九シリング一一ペンス
全く官費可相成分　　一五七六ポンド九シリング四ペンス
私金の分　　六ポンド二シリング二ペンス
　内　配当金　　一ポンド九シリング一一ペンス
私金損失高　　四ポンド一二シリング三ペンス（二〇円五〇銭）
三分一被下金　　六円八三銭三厘
差引・私金全損失高　　一三円六六銭七厘
拝借金　　二五八〇ポンド七シリング一〇ペンス
配当金の内彼の地に於て受取候分　　三三四ポンド五シリング五ペンス
合計　　二九一四ポンド一三シリング三ペンス（一万二一九五四円五銭六厘）
書籍買上代現入費可下渡分　　八八六円五三銭九厘
教師雇入并謝礼可下渡分　　四三九七円八五銭五厘
汽船車日当賄代等官費相立今般可下渡分　　二〇八七ポンド九シリング四ペンス（九二七七円六三銭）
三分一被下金　　六円八三銭三厘
追々上納済　　三九七五円
私金配当金可下渡分　　一ポンド九シリング一一ペンス（六円六四銭八厘）

差引・可下渡分　五五九六円四四銭九厘

○瓜生　震・鉄道中属

預金総高　三三〇ポンド二シリング三ペンス
配当金　八〇ポンド一六シリング二ペンス
内　官金配当金　二七ポンド六シリング
内　私金配当金　五三ポンド一〇シリング二ペンス
差引・公私預金損失高　二四九ポンド六シリング一ペンス
日当賄代官費可相成分　一一一ポンド一〇シリング七ペンス
配当金　二七ポンド六シリング
全く官費損失分　八四ポンド四シリング七ペンス
私金預金高　二一八ポンド一一シリング八ペンス
配当金　五三ポンド一〇シリング二ペンス
私金損失高　一六五ポンド一シリング六ペンス（七三三円六六銭七厘）
三分一被下金　二四四円五五銭五厘
差引・全くの私金損失高　四八九円一一銭二厘
拝借金　一〇〇ポンド（四四四円四四銭四厘）
日当賄代官費相立可下渡分　一一一ポンド一〇シリング七ペンス（四九五円六八銭五厘）
私金配当金で官納相成分　五三ポンド一〇シリング二ペンス（二三七円八一銭五厘）

三分一被下金で上納分　　二四四円五五銭五厘
追々上納済　　四四〇円
差引・可下渡分　　九七三円六一銭一厘

次に、ボールズ兄弟商会の銀行への預金関係の詳細調書は、以下の通りである。(96)

◆ボールズ・ブラザーズ関係

○佐々木高行

公私預金総高　　五四二ポンド六シリング三ペンス
配当金掛合中
公用預金損失分　　二七〇ポンド
私金預金損失分　　二七二ポンド六シリング三ペンス
日当賄料に付官費相成今般可下渡分　　二五二ポンド六シリング三ペンス（一一二一円三八銭九厘）
日当賄料残金の分　　二〇ポンド
官費相立今般可下渡分　　六ポンド一三シリング四ペンス（二九円六三銭）
拝借金八〇〇ポンドの内
拝借金　　三三七ポンド一八シリング二ペンス（一五〇一円八一銭五厘）
公用拝借の口　　一四〇ポンド八シリング二ペンス

公用遣払の分　一〇〇ポンド
遣払残り上納可相成分　四〇ポンド八シリング二ペンス（一七九円五九銭三厘）
私金拝借の口　一九七ポンド一〇シリング（八七七円七七銭八厘）
返納済　九四〇円二厘
差引・過納分今般可下渡分　六二円二二銭四厘
差引・私金預金の内日当賄料分官費相立此度可下渡分　一一二一円二七銭七厘
差引・日当賄料残り私金に付此度三分一被下金　二九円六三銭
公用拝借の内遣払残金返納分引き　一七九円五九銭三厘
今度可下渡分　一〇三三円五三銭八厘

○岡内重俊

私金預金高　二二六ポンド一五シリング
配当金掛合中
日当賄料に付官費相成今般可下渡分　二〇六ポンド一五シリング
米国にて受取賄料残りの分　二〇ポンド
官費に相立三分一今般可下渡分　六ポンド一三シリング四ペンス（二九円六三銭）
佐々木高行拝借金八〇〇ポンドの内
拝借金　二二二ポンド一〇シリング
公用遣払の分　五八ポンド（二五七円七七銭八厘）

私金遣払の分　　一六四ポンド一〇シリング（七三一円一一銭一厘）
返納　八〇〇円
差引・過納　　六八円八八銭九厘
私金預金の内日当賄料官費に相立此度可下渡分　　九一八円八八銭九厘
私金預金の内賄料残りは私金に付三分一被下金可下渡分　　二九円六三銭
三口合計・過納の分共此度可下渡分　　一〇一七円四〇銭八厘

○長野文炳

私金預金高　　二一一ポンド一一シリング三ペンス
配当金掛合中
日当賄料に付官費相立今般可下渡分　　一九一ポンド一一シリング三ペンス（八五一円三八銭九厘）
米国にて受取賄料残りの分　　二〇ポンド（八八円八八銭九厘）
官費に相立三分一今般可下渡分　　六ポンド一三シリング四ペンス（二九円六三銭）
二口合計　　八八一円一銭九厘
佐々木高行拝借金八〇〇ポンドの内
私用拝借金　　一五三ポンド一〇シリング（六八二円二二銭二厘）
上納済　　六五〇円
差引・未納　　三二円二二銭二厘
可下渡分　　八四八円七九銭七厘

○肥田為良・主船頭

公私預金高　　六二〇ポンド

配当金掛合中

官損并官費可相立分　　三七五ポンド二シリング三ペンス

私金損失高　　二四四ポンド一七シリング九ペンス（一〇八八円三八銭九厘）

私金損失高三分一今般更に可被下分　　三六二円七九銭六厘

差引・私金全くの損失高　　七二五円五九銭三厘

拝借金　　四〇〇ポンド（一七七七円七七銭八厘）

公金損失高日当賄料汽船車賃并書籍買上用意金等更に可下渡分　　三七五ポンド二シリング三ペンス

（一六六七円一六銭七厘）

三分一被下金　　三六二円七九銭六厘

差引・可下付分　　二五二円一八銭五厘

○原田一道・陸軍大佐

預金高　　一一〇ポンド一五シリング

（但二〇六ポンド一五シリング預金し為替証書で九六ポンドを受取り残りの分、尤も日当賄代に付官費可相立分）

配当金掛合中

今般可下渡分　　四九二円二二銭二厘

八〇〇ポンドの内

拝借金　　一一〇ポンド（四八八円八八銭九厘）
上納済　　四八八円八八銭九厘

○富永冬樹・陸軍省

預金高　　八〇ポンド（三五五円五五銭六厘）
但日当賄代の内に付今般更に可下渡分　　三五五円五五銭六厘
配当金掛合中
八〇〇ポンドの内
拝借金　　八〇ポンド（三五五円五五銭六厘）
差引・増減なし。

○阿部　潜

預金総高　　一三〇ポンド
配当金掛合中
内　書籍買上の為め受取金の内に付官損可相成分　　五九ポンド一一シリング
内　汽車賃并旅費として受取日当賄料の分に付官費相立今般可下渡分　　七〇ポンド九シリング
為替証書を以て澳国旅行にて日当賄料預金高の内受取遣払候処帰朝後同国銀行より償還の儀掛合越候に付返戻候処日当賄料汽車賃等に付官費相立今般可下渡分　　五〇ポンド
二口合計・官損并官費可相成分　　一八〇ポンド
拝借金　　一〇ポンド（四四円四四銭四厘）

拝借金・但帰朝後澳国銀行より五〇ポンド受取金償還に付去る明治六年一一月大凡の積もりで拝借

二三七円五〇銭

二口合計　二八一円九四銭四厘

澳国銀行より五〇ポンド受取金償還に付全て官費に相立今般可下渡分を以て返納の積もり　一二〇

ポンド九シリング（五三五円三三銭三厘）

差引・可下渡分　二五三円三八銭九厘

○由良守応・租税寮元七等出仕和歌山県貫属士族

官費預金総高　七五五ポンド一六シリング

官金損失の分（是は元勧農寮牧牛馬資本金の内ボールズ社へ預金分にて配当金掛合中）　七〇〇ポンド

日当賄料官費可相成分　五五ポンド一六シリング

配当金既に完納相成分　一三ポンド一三シリング二ペンス

差引・全く官費の分　四二ポンド二シリング一〇ペンス（一八七円二九銭六厘）

拝借金　五五ポンド

日当賄代被下分　五五ポンド一六シリング

今般可下渡分　一六シリング（三円五五銭六厘）

○由利公正・岩見鑑造

官私預金総高　一四五〇ポンド

配当金掛合中

官損并官費高　一四二〇ポンド
用品購求費として持越東京府官金　六〇〇ポンド
英国より帰朝汽車船賃分今般官費可相立分　二五〇ポンド
日当賄代分今般官費可相立分　五三〇ポンド
ローマで由利公正岩見鑑造ボールズ社為替証書にて日当賄料受取後ローマ銀行よりボールズ社破滅に付渡金返戻の儀申出両人共帰朝に付吉田少輔より官金を以て返戻分今般官費可相立分　四〇ポンド
私金損失高　三〇ポンド
用意私金損失三分一可被下分　一〇ポンド（四四円四四銭四厘）
差引・私金全くの損失高　二〇ポンド（八八円八八銭九厘）
全官損高　一四二〇ポンド（六三一一円一一銭一厘）
吉田少輔より四ポンド官金で繰替返戻の節法律家手数料等入組官費相立分　二ポンド一六シリング（一二円四四銭四厘）
合計・全官損高　六二二三円五五銭五厘
拝借金　六〇〇ポンド（二六六六円六六銭七厘）
英国より帰朝船車賃預置損失に付更に可下渡分で上納の積もり　二五〇ポンド（一一一一円一一銭一厘）日当并賄代分損失に付更に可下渡分で上納の積もり　五三〇ポンド（二三五五円五五銭六厘）

日当賄代の内可下渡の処既にローマで本人受取後本社閉鎖に付ローマ銀行より返戻督促に付吉田少輔より繰替返済相成今般可下渡分で上納の積もり　四〇ポンド（一七七円七七銭八厘）
私金損失高三分一被下金で上納の積もり　一〇ポンド（四四円四四銭四厘）
追々上納済　五二四円九九銭九厘
差引・今般更に可被下渡分　一五四七円二二銭一厘
吉田少輔繰替置分へ返納可相成分　四〇ポンド（一七七円七七銭八厘）
全く可下渡分　一三六九円四四銭三厘

○正四位三条公恭・官費留学生

預金高　三〇〇ポンド
三條公恭分　一五〇ポンド
森寺常徳分　一五〇ポンド
配当金掛合中
吉田大蔵少輔より公金拝借六〇〇ポンドの内
拝借金　三四一ポンド一六シリング
三條公恭拝借分　一七〇ポンド一五シリング
森寺常徳拝借分　一七一ポンド一シリング
預金高官損分　三〇〇ポンド
差引・返納可相成分　四一ポンド一六シリング（一八五円七七銭八厘）

三條公恭返納可相成分　二〇ポンド一七シリング八ペンス（九二円八一銭五厘）
森寺常徳返納可相成分　二〇ポンド一八シリング四ペンス（九二円九六銭九厘）

○従五位河鰭実文

預金高　一五〇ポンド
配当金掛合中
吉田大蔵少輔より拝借六〇〇ポンドノ内
拝借金　一三〇ポンド
預金高官損分　一五〇ポンド
差引・下渡可相成分　二〇ポンド（八八円八八銭九厘）

○福原和勝・官費留学生

預金高　二三〇ポンド
学資并帰朝旅費手当定額受取候内に付全て官損可相成分　二三〇ポンド
配当金掛合中
吉田大蔵少輔より拝借六〇〇ポンドノ内
拝借金　一二八ポンド四シリング
差引・今般更に可下渡分　一〇一ポンド一六シリング
三條公恭森寺常徳河鰭実文福原和勝四人へ吉田大蔵少輔より六〇〇ポンド貸渡に付新約克に電信代官
費相成分　三ポンド一二シリング

以上が、アメリカン・ジョイント・ナショナル・エージェンシー及びボールズ兄弟商会の銀行破滅に付、明治七年一〇月時点における各員の預金高・損失高・拝借金返納等に関する詳細調査の内容である。

第三節　拝借金返納

そして、拝借金返納については、次の遣り取りが記録されているのであった。

①明治七年九月三〇日　大蔵省伺[97]
②明治七年一一月二五日　左院議案　財務課主査[98]
③明治八年三月二三日　明治七年九月三〇日の大蔵省伺に対する指令[99]
④明治八年四月四日　右大臣岩倉具視へ達[100]
⑤明治八年四月四日　大蔵省へ達[101]

①明治七年九月三〇日　大蔵省伺
岩倉大使始随行ノ面々欧米於各国拝借金返納方ノ儀辛未十一月中右ニ関シ候出納事務廉々相伺置候ケ条ノ内ニ有之通リ在官ノ向ハ連月月給半額ツヽ、免職ノモノハ昨六年八月中予シメ相伺置候通リ御用滞在有無ニ不拘旧官等月給六分一ツヽ、取立来候処右ハ洋航半途ニシテ「イングラン」シヨイントナシヨナルエシエンシー会社破産ニ及ヒ公私多少預ケ金不慮ノ斉害ニ罹リ各員十ニ七八此時ニ際シ衆寡小大ノ別有トイヘドモ此損失ニ陥リ殆ント困却ヲ

究メ候段事情屡々上申仕置候通リニ御坐候因テハ大使一行并バンク破産ニ関係ノ分ニ限拝借金今後返納ノ分一層特別ノ御詮議ヲ以テ月給五分ノ一免職ノ向ハ右割合ニ倣ヒ旧月給十五分ノ一ツ、月賦返納被仰付度且小田県貫属池田道三儀木戸孝允元従者ニシテ随行中賄代受取過金百六円六十六銭七厘未納ノ分家禄奉還標目ヲ以テ返納云々兼テ証書面ニ掲載有之然ルニ賜金ノ内現貨ノ分僅カニ金百三円余ニシテ拝借高ヨリ聊不足ヲ生シ居就中一行如斯定期納御許可相成候上ハ独リ一時納ノ儀殊ニ資本金御下付ヲ以テ皆済ノ外術計モ有之マジクト相考全ク異則ノ一種ニ付外差響ノ患ニ無之儀ト存候間此者分半方被下切被成下度其他海外派出御用先オイテ拝借ノ向ハ従前ノ通月給半額免官ノ分ハ六分一ノ割合ヲ以テ月賦返納為致可然ト存候此段相伺候也　七年九月三十日　大蔵

①にあるように、岩倉使節団の米欧回覧に際して、拝借金については月給の二分の一ずつ返納するという取り決めがあり、その後、免職となった者については明治六年八月に月給六分の一ずつ返納させることになった。ところが、バンク破産という不慮の災害があり公私預金損失という事態となった。そこで、損失額の「衆寡小大ノ別」はあるけれど、返納について「困却」を「究メ」ている者が多いという事情にある。そのため「大使一行并バンク破産ニ関係ノ分」に限り、今後の拝借金返納については「特別ノ御詮議」をもって在官の者は「月給五分ノ一」、免職の者は「旧月給十五分ノ一」ずつ、月賦で返納させるようにしたい。

なお、木戸孝允元従者の小田県貫属池田道三について、賄代受け取り過ぎ返納について「半方被下切」としたい。また、その他の者の海外派出先における拝借金返納については、従前通り、在官の者は「月給半額」ずつ、免官の者は月給「六分一」の割合で返納させたいという大蔵省の伺なのであった。

②明治七年一一月二五日　左院議案　財務課主査

大蔵省伺岩倉大使一行ノ面々欧米各国ニ於テ拝借金并バンク破産ニ罹リ拝借金イタシ候分ニ限リ在官ハ月俸五分ノ一免職ノ向ハ旧月給十五分一ツ、月賦返納ノ儀ハ特別ノ御詮議ヲ以テ御聞届相成候外有之間ジク尤バンク破産ニ罹リ損失高ノ内公費差引今般被下ノ金額ハ本文拝借ノ口へ返納為致可然且木戸孝允従者池田道三随行中賄代過渡ノ分取立方云々ノ儀ハ従者ノ儀ニ付政府ニ於テ御処分可相成筋ニ無之本人へ被下候賄代ハ則木戸孝允へ賜リ候賄代ノ内ニ籠リ候筈ニ付右過渡ノ分木戸孝允ヨリ償還相成至当ノ筋ト存候因テ左ニ御指令按ヲ草シ此段上陳候也　七年十一月廿五日　大蔵

この①の大蔵省の伺に対して、左院は、②にあるように、バンク破産により拝借した者に限り、「特別ノ御詮議」で在官の者は「月俸五分ノ一」、免職となった者は「旧月給十五分一」ずつ月賦で返納させ、木戸孝允従者の池田道三については、従者であるため政府が処分するべき「筋」ではないので、木戸孝允に償還させるべきであるという見解を正院に「上陳」したのであった。

③明治八年三月二三日　明治七年九月三〇日の大蔵省伺に対する指令

伺ノ趣岩倉大使一行ノ面々欧米各国ニ於テ拝借金及ヒバンク破産ニ罹リ拝借金返納ノ儀聞届候尤バンク破産ニ付各員損失高ノ内公費金差引更ニ可賜金額ハ本人拝借ノ内へ返償ノ積リニ可取計且木戸孝允従者池田道三随行中賄代過渡ノ分ハ本人政府直管ノ者ニ無之候間木戸孝允へ償還ノ儀可相達事　三月廿三日

そして③にあるように、正院も、明治八年三月二三日、左院の意見を容れて、大蔵省の拝借金返納についての特別の措置を認め、木戸孝允元従者の池田道三への「賄代過渡」については、「政府直管」の者ではないので木戸に償還させることを指令したのである。

次いで、以下の④・⑤のように、岩倉具視へ「特別ノ訳」をもって、拝借金返納に及ばないことを達したのであった。

④明治八年四月四日　右大臣岩倉具視へ達

特命全権大使トシテ欧米各国巡回中拝借金五千九百三円廿七銭五厘洋銀一万五千弗特別ノ訳ヲ以テ不及返納旨被仰出候事　局課

⑤明治八年四月四日　大蔵省へ達

右大臣岩倉具視特命全権大使トシテ欧米各国巡回中拝借金ノ儀別紙ノ通リ被仰出候条此旨相達候事　四月四日

局課

しかし、その二か月半後の明治八年六月三〇日、陸軍会計監督田中光顕外七名から⑥の願が大蔵省へ出された。

⑥明治八年六月三〇日　陸軍会計監督田中光顕外七名願　大蔵省宛(102)

一金五百円　田中光顕

一金七百五十円　　　　　　　　福地源一郎
　外金百三十八円八八銭九厘
一金四百円　　　　　　　　　　田辺太一
　外金五十三円
一金百四十円　　　　　　　　　安藤太郎
一金三百円　　　　　　　　　　川路寛堂
一金七十円　　　　　　　　　　杉山一成
一金百五十円　　　　　　　　　富田冬三
一金九十五円二十三銭八厘　　　吉尾永昌
先年岩倉大使欧米各国巡航ノ節随行中書面ノ金額銘々拝借仕候処此度当五月又ハ六月分ヨリ月給金額五分一ノ割合ヲ以テ連月取立返納可致旨各名奉職ノ院省寮へ御達相成其院省寮ヨリ夫々達有之謹承仕候然ル処銘々月給ノ外余財無之者共ニテ連月給額五分一ツ、取立相成候テハ必死難渋仕候ニ付何卒出格ノ御詮議ヲ以テ当明治八年ヨリ二十ケ年賦返納被仰付候様仕度奉懇請候也　六月三十日　正院四等出仕福地源一郎　外務省四等出仕田辺太一　香港副領事安藤太郎（香港在勤ニ付無印）　検査権助杉山一成　大蔵省七等出仕川路寛堂　勧農寮七等出仕富田冬三　製作寮八等出仕吉尾永昌

⑥によれば、拝借金返納につき、「特別ノ御詮議」で月給二分の一から五分の一での月賦返納になったにも拘わらず、「月給ノ外余財」がないので、返済について明治八年から二〇か年賦にしてほしいという八人からの願であった。

また、この八人以外は、月賦で返納しているのかという財務課からの問合せについて、大蔵省は、次の⑦のように回答している。

⑦明治八年九月三日　大蔵省伺(103)
大使随行ノ面々拝借金返納方ノ儀伺置候趣有之候処右ハ延期願出候八名ノ外ハ大使始総テ御達ノ通月賦返納致シ居候哉御問合ノ趣致承知候右同種ノ拝借八名ノ外大使ノ分ハ被下切相成候段兼テ御達有之其余ノ分ハ別紙ノ通ニ有之候此段及御回答候也　九月三日　大蔵

（別紙）
大使随行ノ節拝借金今般年賦願出候八名ノ外左ノ通
一金七百七十三円八十銭一厘　伊藤副使
　是ハ成規ノ通返納ノ運用度課往復中
一金三百円　阿部　潜
一金百九十七円三銭七厘　同　人
　是ハ成規ノ通返納可有之旨相達候ヘトモ返納相運ヒ不申ニ付督促中
一金三百円　由良守応
　是ハ前同断
一金百六円六十六銭六厘　木戸副使従者池田道三
　是ハ即今一時上納ノ積リ手続中

⑦によれば、大蔵省は、④で岩倉大使の返納金は「被下切」となったが、⑥の田中光顕以外の者の分として、返納手続中もしくは督促中の者四名の件を、財務課に回答している。

さらに、大蔵省は、次の⑧で、⑥にある田中光顕外八名の拝借金の「外金」についての史官よりの問合せに対し、次のように回答している。

⑧明治八年十月十日　大蔵省回答　史官宛(104)

大使随行ノ面々拝借金返納方ノ儀ニ付過頃相伺候処右拝借名面ノ内外金ト記載有之候ハ何等ノ訳ニテ外書ニ相成居候哉ノ段御掛合ノ趣致承知候外金ト有之候儀ハ別廉拝借ノ口ニテ則別紙杉山一成帰朝ノ節取調書写一括差進候間是ニテ御了承有之度此段及御回答候也　十月十日　大蔵

猶以テ本文伺置候趣御決裁相成候迄ハ取立方見合居候外拝借返納方等ニモ差響不都合不少候間至急何分ノ御指揮有之候様致度此段添テ申進候也

すなわち、⑥の「外金」とは「別廉拝借ノ口」であって、杉山帰朝の際に決裁が下りるまで取立を見合わせていたと、史官宛てに回答したのであった。

さらに、大蔵省は、⑨にあるように、バンク破産による拝借金返納につき、「人員及ヒ金額」に遺漏の有無があるかないかという財務課からの問合せに対して、田中光顕外七名の分の金額は間違いがなく、阿部潜・由良守応・池田道三については⑦の別紙附箋の通りで、その他の者については概ね処分済みである旨を、再度史官宛てに回答している。

⑨明治八年十月廿日　大蔵省回答　史官宛[105]

大使随行ノ面々拝借金返納ノ人員及ヒ金額共別紙ノ通ニテ相違無之哉若シ遺漏等有之候ハヽ人名并金員共可申越旨御問合ノ趣致了承候則安部潜由良守応池田道三ハ別紙ヘ附箋ノ通ニ有之田中光顕外七名ノ分金額相違無之尤右ノ外大使欧米各国巡航ノ節各員ノ内英国倫敦府銀舗ヘ関渉ノ分過般正院ヘ伺ノ上概員処分相済其余未済ノ廉モ有之候ヘトモ右ハ今般御問合ノ廉ヘ不関議ト存候間別段不申進候此段御回答旁申進候也　十月廿日　大蔵

次に、これらの残余の拝借金返納については、以下のようになった。

すなわち、伊藤博文・田中光顕等一〇名へ、以下の⑩～⑬のように、「特別ノ訳」をもって、返納に及ばない旨を達したのであった。

⑩明治八年一一月二日　伊藤博文へ達[106]

特命全権副使トシテ欧米各国巡回中拝借金七百七拾三円八拾銭壱厘特別ノ訳ヲ以テ不及返納旨被仰出候事

⑪明治八年一一月二日　田中光顕等十名へ達[107]

特命全権大使ヘ随行欧米各国巡回中拝借金若干特別ノ訳ヲ不及返納候事

一金四百九十七円三銭七厘　阿部　潜　静岡県士族大蔵省七等出仕免

一金三百円　由良守応　和歌山県士族租税寮七等出仕免

一金五百円　田中光顕　陸軍会計監督

一金八百八十八円八十八銭九厘　　福地源一郎　東京府士族四等出仕廃
一金四百五十三円　　田辺太一　外務省四等出仕
一金百四十円　　安藤太郎　副領事
一金三百円　　川路寛堂　大蔵省七等出仕
一金七十円　　杉山一成　勧業寮七等出仕
一金百五十円　　富田冬三　勧業寮七等出仕
一金九十五円二十三銭八厘　　吉尾永昌　製作寮八等出仕

⑫明治八年一一月二日　工部省へ達[108]
製作寮八等出仕吉尾永昌儀特命全権大使へ随行欧米各国巡回中拝借金九拾五円弐拾三銭八厘特別ノ訳ヲ以テ不及返納候条此旨可相達事

⑬明治八年一一月二日　東京府へ達[109]
別紙其府士族福地源一郎外二人特命全権大使随行欧米各国巡回中拝借金書載ノ通特別ノ訳ヲ以テ不及返納候条此旨夫々可相達事
金八百八拾八円八拾八銭九厘　　東京府士族福地源一郎
金　　静岡県士族阿部潜
金　　和歌山県士族由良守応

それでは、大使一行ノ面々が大使会計掛より月給引当で拝借し、それを返還した調書を次に見ておこう。

⑭大使一行ノ面々同会計掛ヨリ月給引当拝借金返還済并ニ被下切相成候分トモ調書（110）

一金三百円　久米邦武
一金六百円　中野権中判事
一金六百円　中山信彬
一金弐百円　林董三郎
一金弐百円　小松二等書記
一金三百円　小松寿盛
一金六百円　田辺太一
一金七百五拾円　田中戸籍頭
一金七百五拾円　同　人
一金三百円　由良守応
一金弐百円　沖　守固
一金弐百円　同　人
一金三百円　同　人
一金三百円　同　人
一金三百円　阿部　潜

一金弐百円　同　人
一金弐百円　同　人
一金七百五拾円　若山租税権助
一金三百円　同　人
一金三百円　長岡義之
一金七百五拾円　田中文部大丞
一金五百円　安場租税権頭
一金三百円　中島永元
一金百五拾円　内村良蔵
一金四百円　大島鉱山助
一金四百円　同　人
一金四百円　同　人
一金百五拾円　近藤文部中助教
一金百五拾円　今村文部中助教
一金千弐百五拾円　肥田造船頭
一金百弐拾円　瓜生鉄道中属
一金百弐拾円　同　人
一金六百円　佐々木高行

一金三百円　渡辺外務少記
一金三百円　長野桂二郎
一金三百円　長与文部中教授
一金百五拾円　同　人
一金百六円六十六銭七厘　木戸孝允従者池田道三
〆金壱万四千百九拾六円六十六銭七厘
是ハ返納相済候分
外
金七百七拾三円八拾銭壱厘　伊藤副使
金百四拾円　安藤太郎
金四百五拾三円　田辺太一
金百五拾円　富田冬三
金七拾円　杉山一成
金八百八拾八円八拾八銭九厘　福地源一郎
金三百円　川路寛堂
金五百円　田中光顕
金四百九拾七円三銭七厘　阿部　潜
金九拾五円弐拾三銭八厘　吉尾永昌

金三百円　　　　　　　　　由良守応
〆金四千百六拾七円九拾六銭五厘
是ハ今般被下切相成候分
本文阿部潜金額ノ内二百五拾三円三十八銭九厘返納済
本文由良守応金額ノ内三円五拾五銭六厘返納済

第四節　損失金処分の完結

このようにして、明治八（一八七五）年中には、公私預金区分と拝借金返納処分が定まったのである。

さらに、明治一一（一八七八）年六月二九日、アメリカン・ジョイント・ナショナル・エージェンシーおよびボールズ兄弟商会銀行の破産による各員の損失金処分が、次のように完結したという大蔵省の上申がなされるので、以下、それを見てみることにする。

①明治一一年六月二九日　大蔵省上申(三)
去ル明治五年英国龍動府銀舗ナショナルエセンシー社及ヒボールスブロゾルス社破産ニ付全権大副使始理事官并随行ノ官員留学生徒ニ至ル迄公私預金損失処分方ノ儀当省へ御委任相成候ニ付右処分方ニ付テハ屡及具状候末七年十月経伺ノ上夫々金員致下付其他在洋及ヒ御国内出張等ニテ当時取調難相成向へ追テ完結ノ上具状可仕旨其節申上置候処爾来公私預金損失ノ儀追々申出候ニ付予テ伺定ノ通公金及ヒ官費ノ分ハ全額御損失ニ相立私金ニ係ル

分ハ三分ノ一下賜等取計申候然ルニ該社へ預主ハ各自御用都合ニ寄リ帰京ノ遅速モ有之殊更海外遠隔ノ儀ニ付取纏方斯ク久キニ渉リ此末迚モ申出ノ向無之トハ決定致兼候得共是亦際限モ無之既ニ該社破産以降夥多ノ年月ヲ経過シ当今迄何等不申出向ハ有之間敷ト見据候間此節決算可致心得ヲ以テ取調候処各員預金ノ外ホールスブロゾルス社ニ係ル法律家手数料龍動府モルレーホフケンス会社ヨリ請求ノ趣本年三月在英領事南保ヨリ掛合越候ニ付相渡候分及ヒ由利公正外一名損失金取調先般伺中拝借高ノ内へ返納ニ付決算取直可申ノ処取調半途相成候ニ付更ニ下渡候分共別冊調書ノ通金壱万六千四百八拾壱円九拾四銭五厘ニ有之最前上申ノ分共前後合金三万九千八百九拾弐円弐拾三銭六厘全ク御出方相成候且ホールズブロゾル社配金《ママ》ノ儀ハ先年来掛合中ニハ候得共最前モ致具状候到底可差越見据無之万一此后配当金送越候ハ、八年四月廿日付御指令ノ趣ニ基キ公私ノ区分相立配賦取計可申ト存候依之該件処分完結別冊調書相添此段上申仕候也　六月廿九日

さて、上述の①の大蔵省上申書にある別冊調書によれば、次の通りであった。

◆明治七年一〇月上申後申出の分と最前処分済の分との合計

○公私預金総高　　二万四七六八ポンド一〇シリング一〇ペンス

　内　ボールズブロゾルス会社分　　四九七一ポンド一〇シリング四ペンス

○配当金　　四九〇三ポンド一一シリング五ペンス

○法律家手数料　　一三七ポンド八シリング七ペンス

○差引・公私損失高　　一万九八六四ポンド一九シリング五ペンス（八万八一八八円七二銭七厘）

内　公金并官費損失分　一万六〇五四ポンド八シリング（七万一三五二円八五銭三厘）
内　私金損失分　三八一〇ポンド一一シリング五ペンス（一万六九二五円八七銭四厘）
○法律家手数料其他諸費官費を以て支払分　一三五ポンド三シリング二ペンス
○合計　二万ポンド二シリング七ペンス（八万八九二三円五銭）
内　公金損失の仮償還不及分并私金三分二損失分引き　四万九一四六円四八銭
○由利公正へ下渡分　一一六円六六銭八厘
○差引・全く御出方相成分　三万九八九二円二三銭六厘

◆明治七年一〇月上申後申出に付処分の分
○公私預金総高　四九五二ポンド六シリング九ペンス
内　ボールズブロゾルス会社分　一六三ポンド一六シリング六ペンス
○配当金　一〇九二ポンド四シリング一一ペンス
○法律家手数料　二二ポンド七ペンス
○差引・公私損失高　三八六〇ポンド一シリング一〇ペンス（一万七一五五円九三銭一厘）
内　公金并日当賄料汽車賃等官損分　三四三五ポンド一シリング二ペンス（一万五二六六円八九銭）
内　私金損失分　四二五ポンド八ペンス（一八八九円四銭一厘）
○ボールズブロゾルス社破産に付法律家雇入手数料　二七ポンド三シリング六ペンス（一五三円三九銭七厘）
○合計　三八八七ポンド五シリング四ペンス（一万七三〇九円三二銭八厘）

内　公私預金に対する配当金已に納入相成候に付更に繰替金返納方へ相渡候分并配当金を以て直ちに支払差引不足の分のみ相渡候分其他私金三分の一被下候等　九四四円四九銭

○差引　一万六三六五円二七銭九厘

○由利公正外一名へ預金と拝借金と差引相立金一二六九円四四銭三厘可下渡筈に付取調正院へ上申中本行の金額拝借高の内に上納付更に下渡候分　一一六円六六銭六厘

○二口合計・全く御出方相成分　一万六四八一円九四銭五厘

内　岩崎小四郎・太政官権少史　三八円二三銭八厘

内　外務省　一万一八八四円四四銭三厘

内　外務省　二七一一円一一銭一厘

内　曽谷言成・外務省十等出仕　一八五円二九銭四厘

内　沖守固・大蔵省七等出仕　三五五円四二銭三厘

内　兼松直稠・外務省二等書記生　一四六円一七銭七厘

内　若山儀一・租税助　二四二円六九銭八厘

内　鮫島尚信・中弁務使　一一五円四九銭九厘

内　大島高任・鉱山助　五三二円九九銭九厘

内　由利公正　一一六円六六銭六厘

内　ボールズブロゾル社へ係る法律家手数料　一五三円三九銭七厘

この明治七年一〇月上申後に申し出た者たちの個人別調書の記録は次の通りである。

◎鮫島尚信・弁理公使

○公金預金総高　　三二八四ポンド

　内　公金預金高　　二六七四ポンド

○配当金　　六五五ポンド一〇シリング九ペンス

○法律家手数料　　[□□□□□□□一一ペンス]

○差引・損失高　　二〇一八ポンド九シリング三ペンス（八九七〇円九四銭四厘）

○配当金別途上納に付預金高下渡候分　　一万一八八四円四四銭三厘

○公金預金高　　六一〇ポンド

○配当金　　一五〇ポンド八シリング

○法律家手数料　　[□□□□□□□□]

○差引・損失高　　四五九ポンド一二シリング（二〇四二円六六銭七厘）

○配当金別途上納に付預金高下渡候分　　二七一一円一一銭一厘

○私金預金高　　一〇三ポンド一九シリング（四六一円九九銭五厘）

　内　配当金と見做し四分一引去分　　一一五円四九銭九厘

○残金　　三四六円四九円六厘

○三分一被下金下渡候分　　一一五円四九銭九厘

◎兼松直稠・外務二等書記生・仏国公使館在勤
○私金預金損失高　　仏貨二五三〇フランク九〇サンチーム（九八ポンド一三シリング四ペンス・四三八円五三銭一厘）
（英貨一ポンドに付仏貨二五フランク六五サンチーム替）
○三分一被下金下渡候分　　一四六円一七銭七厘

◎大島高任・鉱山助
○公私預金高　　一八六ポンド
○配当金　　二七ポンド二ペンス
○差引・公私損失高　　一五八ポンド一九シリング一〇ペンス
　内　官費損失高　　一〇〇ポンド八シリング（四四六円一九銭二厘）
　内　私金損失高　　五八ポンド一一シリング一〇ペンス（二六〇円四二銭）
○三分一被下金分　　八六円八〇銭七厘
○二口合計・全く下渡候分　　五三二円九九銭九厘

◎岩崎小四郎・権少史
○公金預金高　　五六〇ポンド
○配当金　　一三四ポンド三シリング四ペンス
○法律家手数料　　五ポンド一六シリング八ペンス

○差引・損失高　四二五ポンド一六シリング八ペンス（一八九二円五九銭二厘）
此洋銀二一二九ドル一七セント（一ドルに付、英貨四八ペンス）
○返納すべき分　洋銀二〇九一ドル八四セント
○下渡相成候分　洋銀三七ドル三三セント（三八円二三銭八厘）

◎沖守固・大蔵省七等出仕
○預金高　一〇五ポンド一七シリング一一ペンス
但賄代日当の内に付官費可相成分
○配当金　二五ポンド一八シリング六ペンス
○差引・損失高（下渡候分）　七九ポンド一九シリング五ペンス（三五五円四二銭三厘）

◎曽谷言成・外務省十等出仕
○公金預金高　五〇ポンド
但留学生学資金に付官費可相成分
○配当金　八ポンド六シリング二ペンス
○差引・損失高　四一ポンド一三シリング一〇ペンス（一八五円二九銭四厘）

◎若山儀一・租税助
○私金預金損失高　米金七六四ドル五〇セント（一六三ポンド一六シリング六ペンス・七二八円九銭五厘）
但ボールズブロゾル社預金分
○三分一被下金下渡候分　二四二円六九銭八厘

◎片岡健吉・海軍中佐
○公金預金高　四〇〇ポンド
○配当金　九〇ポンド一八シリング
○差引・損失高　三〇九ポンド二シリング（一三七三円七七銭八厘）
但官費損失の侭にて償還無之分

◆公私預金損失并三分一被下金総計・明治七年一〇月上申の上処分済の分
○公私預金総高　一万九八一六ポンド四シリング一ペンス
内　ボールズブロゾルス社預金分　四八〇七ポンド一三シリング一〇ペンス
○配当金　三八一一ポンド六シリング六ペンス
○差引・公私預金損失高　一万六〇〇四ポンド一七シリング七ペンス（七万一一三二円七九銭六厘）
内　公金并日当賄料汽車賃等に付官損分　一万二六一九ポンド六シリング一〇ペンス（五万六〇八五円九六銭三厘）

　内　私金損失高　　三三八五ポンド一〇シリング九ペンス（一万五〇四六円八三銭三厘）
○法律家手数料其他の諸費官金で支払分　　一〇七ポンド一九シリング八ペンス
○合計・損失高　　一万六一一二ポンド一七シリング三ペンス（七万一六一二円七二銭二厘）
○先般上申高の内調達の儀有之工部省より返納に付減省相成候分　　七〇〇〇ポンド（三一一一円一一銭一厘）
○公私損失金の俣償還無之分引き　　四万八二〇二円四三銭一厘
○差引・全く御出方相成分　　二万三四一〇円二九銭一厘
○最前上申高の内調達に付返納相成候間減す　　三一一一円一一銭一厘

◆調書
○全く御出方の分　　三万九八九二円二三銭六厘
　内　最前上申の上処分済の分　　二万三四一〇円二九銭一厘
　内　此度御出方の分　　一万六四八一円九四銭五厘
○預金損失の俣償還不及分并私金三分の二損失分　　四万九一四六円四八銭

　以上を整理したものが、
表2「預金額・配当額・手数料・戻り金額（M7. 10. 25）」
表3「預金額・配当額・手数料・戻り金額（M11. 6. 29）大蔵省調べ M7. 10. 25 以降の追加分」
表4「Joint-National・Agency 及 Bowles Brothers & Co. 関係の預金等明細（表2＋表3）」

表５「明治七年一〇月二五日調べ分の損失明細」
表６「明治一一年六月二九日調べ分の損失明細」
表７「Joint-National・Agency 及 Bowles Brothers & Co. 関係の損失等明細」
表８「拝借金返済状況調べ明細」
である。

手数料・戻り金額

（1£＝20S　1S=12P　1円＝54P）（M7. 10. 25大蔵省調べ）

法律家手数料									差し引き戻り金額								
公金分手数料			私金分手数料			手数料総額			公金分戻り金額			私金分戻り金額			戻り金総額		
£	S	P	£	S	P	£	S	P	£	S	P	£	S	P	£	S	P
		0	7	13	11	7	13	11			0	361	15	5	361	15	5
		0		17	0		17	0			0	39	14	2	39	14	2
2	6	10	2	7	9	4	14	7	110	3	2	112	1	9	222	4	11
		0	3	0	2	3	0	2			0	141	6	2	141	6	2
	9	0		6	4		15	4	21	1	0	15	1	0	36	2	0
		0		8	9		8	9			0	20	10	7	20	10	7
		0	2	1	8	2	1	8			0	97	18	4	97	18	4
	10	5			0		10	5	24	9	7			0	24	9	7
	19	10			0		19	10	46	16	0			0	46	16	0
	15	7			0		15	7	36	15	3			0	36	15	3
2	12	10			0	2	12	10	124	3	6			0	124	3	6
	5	2			0		5	2	12	4	10			0	12	4	10
	12	6			0		12	6	29	9	2			0	29	9	2
	11	7	1	2	9	1	14	4	27	6	0	53	10	2	80	16	2
1	0	10			0	1	0	10	48	19	2			0	48	19	2
	8	6			0		8	6	10	17	2	9	5	10	20	3	0
	7	5	1	0	1	1	7	6	17	7	10	47	6	8	64	14	6
	10	5			0		10	5	24	9	7			0	24	9	7
	5	10			0		5	10	13	13	2			0	13	13	2
1	15	3			0	1	15	3	83	0	7			0	83	0	7
13	18	11			0	13	18	11	655	10	9			0	655	10	9
		0		9	7		9	7			0	22	15	3	22	15	3
		0	1	3	11	1	3	11			0	56	5	1	56	5	1
		0		4	2		4	2			0	9	15	10	9	15	10
	4	5			0		4	5	10	8	7			0	10	8	7
1	7	8			0	1	7	8	65	0	10			0	65	0	10
	4	6			0		4	6	10	11	8			0	10	11	8
11	9	0			0	11	9	0	538	4	6			0	538	4	6
	17	8			0		17	8	41	11	6			0	41	11	6
2	19	9			0	2	19	9	140	10	11			0	140	10	11
						1	0	8							48	15	2
16	4	8			8	8	2	7	763	14	7	1	9	11	382	3	11
						7	2	1							334	5	5
60	18	7	20	16	9	81	15	4	2856	9	4	988	16	2	3845	5	6
		0			0			0			0			0			0
		0			0			0			0			0			0
		0			0			0			0			0			0
		0			0			0			0			0			0
		0			0			0			0			0			0
		0			0			0			0			0			0
		0			0			0			0			0			0
		0			0			0			0			0			0
		0			0			0			0			0			0
		0			0			0			0			0			0
		0			0			0			0			0			0
		0			0			0			0			0			0
		0			0			0			0			0			0
		0			0			0			0			0			0
		0			0			0			0			0			0
		0			0			0			0			0			0
60	18	7	20	16	9	81	15	4	2856	9	4	988	16	2	3845	5	6

表２　預金額・配当額・

氏名	公私預金額									公私配当金額								
	公金分預金額			私金分預金額			公私預金総額			公金分配当金			私金分配当金			公私配当金総額		
J.N.A 社分	£	S	P	£	S	P	£	S	P	£	S	P	£	S	P	£	S	P
岩倉具視			0	1477	17	4	1477	17	4			0	369	9	4	369	9	4
木戸孝允			0	162	5	0	162	5	0			0	40	11	2	40	11	2
大久保利通	450	0	2	457	18	0	907	18	2	112	10	0	114	9	6	226	19	6
山口尚芳			0	577	5	10	577	5	10			0	144	6	4	144	6	4
何　礼之	86	0	0	61	9	6	147	9	6	21	10	0	15	7	4	36	17	4
田辺太一			0	83	17	9	83	17	9			0	20	19	4	20	19	4
塩田三郎			0	400	0	0	400	0	0			0	100	0	0	100	0	0
中山信彬	100	0	0			0	100	0	0	25	0	0			0	25	0	0
内海忠勝	191	3	10			0	191	3	10	47	15	10			0	47	15	10
久米邦武	150	3	3			0	150	3	3	37	10	10			0	37	10	10
山田顕義	507	5	6			0	507	5	6	126	16	4			0	126	16	4
中島永元	50	0	0			0	50	0	0	12	10	0			0	12	10	0
内村良蔵	120	7	3			0	120	7	3	30	1	8			0	30	1	8
瓜生　震	111	10	7	218	11	8	330	2	3	27	17	7	54	12	11	82	10	6
中野健明	200	0	0			0	200	0	0	50	0	0			0	50	0	0
平賀義質	44	7	4	37	19	2	82	6	6	11	5	8	9	5	10	20	11	6
大原令之助	71	1	0	193	7	0	264	8	0	17	15	3	48	6	9	66	2	0
松村文亮	100	0	0			0	100	0	0	25	0	0			0	25	0	0
由良守応	55	16	0			0	55	16	0	13	19	0			0	13	19	0
渡六之助	339	3	7			0	339	3	7	84	15	10			0	84	15	10
鮫島尚信	2674	0	0			0	2674	0	0	669	9	8			0	669	9	8
吉田二郎			0	92	19	6	92	19	6			0	23	4	10	23	4	10
大鳥圭介			0	229	16	3	229	16	3			0	57	9	0	57	9	0
南　　保			0	40	0	0	40	0	0			0	10	0	0	10	0	0
岩山直樹	42	12	3			0	42	12	3	10	13	0			0	10	13	0
栗本貞次郎	265	14	6			0	265	14	6	66	8	6			0	66	8	6
小野弥一	43	4	6			0	43	4	6	10	16	2			0	10	16	2
戸田三郎	2198	14	7			0	2198	14	7	549	13	6			0	549	13	6
田口太郎	169	16	10			0	169	16	10	42	9	2			0	42	9	2
土山盛有	574	3	0			0	574	3	0	143	10	8			0	143	10	8
西岡逾明							199	3	6							49	15	10
鈴木貫一	3119	18	0	6	2	2	1561	6	5	779	19	3	1	10	7	390	6	6
安川繁成							808	9	6							341	7	6
小室信夫							557	0	9									
合　計	11665	2	2	4039	9	2	15704	11	4	2917	7	11	1009	12	11	3927	0	10
B.B 社分																		
佐々木高行	522	6	3	20	0	0	542	6	3			0			0			0
岡内重俊	206	15	0	20	0	0	226	15	0			0			0			0
長野文炳	191	11	3	20	0	0	211	11	3			0			0			0
肥田為良	375	2	3	244	17	9	620	0	0			0			0			0
原田一道	110	15	0			0	110	15	0			0			0			0
富永冬樹	80	0	0			0	80	0	0			0			0			0
阿部　潜	180	0	0			0	180	0	0			0			0			0
由良守応	700	0	0			0	700	0	0			0			0			0
由利公正	1420	0	0	30	0	0	1450	0	0			0			0			0
岩見鑑造												0			0			0
三条公恭	150	0	0			0	150	0	0			0			0			0
森寺常徳	150	0	0			0	150	0	0			0			0			0
川鰭実文	150	0	0			0	150	0	0			0			0			0
福原和勝	230	0	0			0	230	0	0			0			0			0
山田顕義	6	6	4			0	6	6	4			0			0			0
合　計	4472	16	1	334	17	9	4807	13	10			0			0			0
総　計	16137	18	3	4374	6	11	20512	5	2	2917	7	11	1009	12	11	3927	0	10

手数料・戻り金額

（1£＝20S 1S=12P 1円＝54P）（M11. 6. 29大蔵省調べ M7. 10. 25以降の追加分）

法律家手数料									差し引き戻り金額								
公金分手数料			私金分手数料			手数料総額			公金分戻り金額			私金分戻り金額			戻り金総額		
£	S	P	£	S	P	£	S	P	£	S	P	£	S	P	£	S	P
2	5	0			0	2	5	0	150	8	0			0	150	8	0
		0			0			0	17	1	1	9	19	1	27	0	2
		0			0			0			0			0			0
5	16	8			0	5	16	8	134	3	4			0	134	3	4
		0			0			0	25	18	6			0	25	18	6
		0			0			0	8	6	2			0	8	6	2
		0			0			0	90	18	0			0	90	18	0
8	1	8			0	8	1	8	426	15	1	9	19	1	436	14	2
		0			0			0			0			0			0
		?			?	27	3	6			0			0			0
		?			?	27	3	6			0			0			0
		?			?	35	5	2	426	15	1	9	19	1	436	14	2

関係の預金等明細（表2＋表3）

法律家手数料									差し引き戻り金額								
公金分手数料			私金分手数料			手数料総額			公金分戻り金額			私金分戻り金額			戻り金総額		
£	S	P	£	S	P	£	S	P	£	S	P	£	S	P	£	S	P
60	18	7	20	16	9	81	15	4	2856	9	4	988	16	2	3845	5	6
8	1	8			0	8	1	8	426	15	1	9	19	1	436	14	2
69	0	3	20	16	9	89	17	0	3283	4	5	998	15	3	4281	19	8
		0			0			0			0			0			0
		?			?	27	3	6			0			0			0
		?			?	27	3	6			0			0			0
		?			?	117	0	6	3283	4	5	998	15	3	4281	19	8

表 3　預金額・配当額・

	公私預金額									公私配当金額								
氏名	公金分預金額			私金分預金額			公私預金総額			公金分配当金			私金分配当金			公私配当金総額		
J.N.A 社分	£	S	P	£	S	P	£	S	P	£	S	P	£	S	P	£	S	P
鮫島尚信	610	0	0	103	19	0	713	0	9	152	13	0			0	152	13	0
大島高任	117	9	1	68	10	11	186	0	0	17	1	1	9	19	1	27	0	2
兼松直稠			0	98	13	4	98	13	4			0			0			0
岩崎小四郎	560	0	0			0	560	0	0	140	0	0			0	140	0	0
沖　守固	105	17	11			0	105	17	11	25	18	6			0	25	18	6
曽谷言成	50	0	0			0	50	0	0	8	6	2			0	8	6	2
片岡健吉	400	0	0			0	400	0	0	90	18	0			0	90	18	0
合　計	1843	7	0	271	3	3	2114	10	3	434	16	9	9	19	1	444	15	10
B.B 社分																		
若山儀一			0	163	16	6	163	16	6			0			0			0
其他16人分			0			0			0			0			0			0
合　計			0	163	16	6	163	16	6			0			0			0
総　計	1843	7	0	434	19	9	2278	6	9	434	16	9	9	19	1	444	15	10

表 4　Joinnt-National Agency 及 Bowles Brothers & Co.

	公私預金額									公私配当金額								
氏名	公金分預金額			私金分預金額			公私預金総額			公金分配当金			私金分配当金			公私配当金総額		
J.N.A 社分	£	S	P	£	S	P	£	S	P	£	S	P	£	S	P	£	S	P
M7.10.25調	11665	2	2	4039	9	2	15704	11	4	2917	7	11	1009	12	11	3927	0	10
M11.6.29調	1843	7	0	271	3	3	2114	10	3	434	16	9	9	19	1	444	15	10
合　計	13508	9	2	4310	12	5	17819	1	7	3352	4	8	1019	12	0	4371	16	8
B.B 社分																		
M7.10.25調	4472	16	1	334	17	9	4807	13	10			0			0			0
M11.6.29調			0	163	16	6	163	16	6			0			0			0
合　計	4472	16	1	498	14	3	4971	10	4			0			0			0
総　計	17981	5	3	4809	6	8	22790	11	11	3352	4	8	1019	12	0	4371	16	8

表5　明治7年10月25日調べ分の損失明細（1円＝54ペンス）

	預金損失額(預金額－差引戻金額)			損失金私金分 政府引受額 (私金分の3分の1)	損失金私金分 個人引受額 (私金分の3分の2)
	公金分	私金分	損失額総額		
	£　S　P	£　S　P	£　S　P	円　銭　厘	円　銭　厘
J.N.A 社分					
岩倉　具視	0	1116.　1. 11	1116.　1. 11	1653. 47. 5	3306. 95. 1
木戸　孝允	0	122. 10. 10	122. 10. 10	181. 54. 3	363. 08. 7
大久保利通	339. 17.　0	345. 16.　3	685. 13.　3	512. 31. 5	1024. 62. 9
山口　尚芳	0	435. 19.　8	435. 19.　8	645. 90. 1	1291. 80. 3
何　　礼之	64. 19.　0	46.　8.　6	111.　7.　6	68. 77. 8	137. 55. 5
田辺　太一	0	63.　7.　2	63.　7.　2	93. 86. 4	187. 72. 9
塩田　三郎	0	302.　1.　8	302.　1.　8	447. 53. 1	895. 06. 2
中山　信彬	75. 10.　5	0	75. 10.　5	0	0
内海　忠勝	144.　7. 10	0	144.　7. 10	0	0
久米　邦武	113.　8.　0	0	113.　8.　0	0	0
山田　顕義	383.　2.　0	0	383.　2.　0	0	0
中島　永元	37. 15.　2	0	37. 15.　2	0	0
内村　良蔵	90. 18.　1	0	90. 18.　1	0	0
瓜生　　震	84.　4.　7	165.　1.　6	249.　6.　1	244. 55. 5	489. 11. 2
中野　健明	151.　0. 10	0	151.　0. 10	0	0
平賀　義質	33. 10.　2	28. 13.　4	62.　3.　6	42. 46. 9	84. 93. 8
大原令之助	53. 13.　2	146.　0.　4	199. 13.　6	216. 32. 1	432. 64. 2
松村　文亮	75. 10.　5	0	75. 10.　5	0	0
由良　守応	42.　2. 10	0	42.　2. 10	0	0
渡　六之助	256.　3.　0	0	256.　3.　0	0	0
鮫島尚信※	2018.　9.　3	0	2018.　9.　3	0	0
吉田　二郎	0	70.　4.　3	70.　4.　3	104. 01. 9	208. 03. 7
大鳥　圭介	0	173. 11.　2	173. 11.　2	257. 12. 3	514. 24. 7
南　　　保	0	30.　4.　2	30.　4.　2	44. 75. 3	89. 50. 6
岩山　直樹	32.　3.　8	0	32.　3.　8	0	0
栗本貞次郎	200. 13.　8	0	200. 13.　8	0	0
小野　弥一	32. 12. 10	0	32. 12. 10	0	0
戸田　三郎	1660. 10.　1	0	1660. 10.　1	0	0
戸田関係諸雑費損失	33. 19.　0	0	33. 19.　0	0	0
田口　太郎	128.　5.　4	0	128.　5.　4	0	0
土山　盛有	433. 12.　1	0	433. 12.　1	0	0
西岡　逾明			150.　8.　4		
鈴木　貫一	(4人合計)	(4人合計)	1179.　2.　6	(4人合計)	(4人合計)
安川　繁成	2356.　3.　5	4. 12.　3	(2人合計)	6. 83. 3	13. 66. 7
小室　信夫			1031.　4. 10		
合　計	8842. 11. 10	3050. 13.　0	11893.　4. 10	4519. 48. 0	9038. 96. 5

	預金損失額(預金額－差引戻金額)			損失金私金分政府引受額(私金分の3分の1)	損失金私金分個人引受額(私金分の2分の2)
	公金分	私金分	損失額総額		
	£　S　P	£　S　P	£　S　P	円 銭 厘	円 銭 厘
B.B社分					
佐々木高行	522. 6. 3	20. 0. 0	542. 6. 3	29. 63. 0	59. 25. 9
岡内　重俊	206. 15. 0	20. 0. 0	226. 15. 0	29. 63. 0	59. 25. 9
長野　文炳	191. 11. 3	20. 0. 0	211. 11. 3	29. 63. 0	59. 25. 9
肥田　為良	375. 2. 3	244. 17. 9	620. 0. 0	362. 79. 6	725. 59. 3
原田　一道	110. 15. 0	0	110. 15. 0	0	0
富永　冬樹	80. 0. 0	0	80. 0. 0	0	0
阿部　潜	180. 0. 0	0	180. 0. 0	0	0
由良　守応	700. 0. 0	0	700. 0. 0	0	0
由利　公正	(2人合計)	(2人合計)		(2人合計)	(2人合計)
岩見　鑑造	1420. 0. 0	30. 0. 0	1450. 0. 0	44. 44. 4	88. 88. 9
三条　公恭	150. 0. 0	0	150. 0. 0	0	0
森寺　常徳	150. 0. 0	0	150. 0. 0	0	0
川鰭　実文	150. 0. 0	0	150. 0. 0	0	0
福原　和勝	230. 0. 0	0	230. 0. 0	0	0
山田　顕義	6. 6. 4	0	6. 6. 4	0	0
合　計	4472. 16. 1	334. 17. 9	4807. 13. 10	496. 13. 0	992. 25. 9
諸雑費損失	107. 19. 8		107. 19. 8		
総　計	13423. 7. 7	3385. 10. 9	16808. 18. 4	5015. 61. 1	10031. 22. 2

※　鮫島の公金分損失額は、M７年10月25日の明細では£2022.8.2であったが、M11年６月29日に£2018.9.3と更正されているので、ここでは更正後の金額とした。

表6　明治11年6月29日調べ分の損失明細　（1円＝54ペンス）

	預金損失額（預金額－差引戻金額）			損失金私金分 政府引受額	損失金私金分 個人引受額
	公金分	私金分	損失額総額	（私金分の3分の1）	（私金分の3分の2）
	£　S　P	£　S　P	£　S　P	円　銭　厘	円　銭　厘
J.N.A 社分					
鮫島　尚信	459. 12. 0	77. 19. 3	537. 11. 3	115. 49. 9	230. 99. 7
大島　高任	100. 8. 0	58. 11. 10	158. 19. 10	86. 80. 7	174. 61. 3
兼松　直稠	0	98. 13. 4	98. 13. 4	146. 17. 7	292. 35. 4
岩崎小四郎	425. 16. 8	0	425. 16. 8	0	0
沖　守固	79. 19. 5	0	79. 19. 5	0	0
曽谷　言成	41. 13. 10	0	41. 13. 10	0	0
片岡　健吉	309. 2. 0	0	309. 2. 0	0	0
合　計	1416. 11. 11	235. 4. 5	1651. 16. 4	348. 48. 3	697. 96. 4
B.B 社分					
若山　儀一	0	163. 16. 6	163. 16. 6	242. 69. 8	485. 41. 3
16人分法律家手数料	27. 3. 6		27. 3. 6		
合　計	27. 3. 6	163. 16. 6	191. 0. 0	242. 69. 8	485. 41. 3
総　計	1443. 15. 5	399. 0. 11	1842. 16. 4	591. 18. 1	1183. 37. 7

状況調べ明細

（1円＝54ペンス）

公金とみなした月手当給付による返済充当額		月給等による返済額	既返済総額	返済未納残額	過納額（返却分）
£　S　P	円　銭　厘	円　銭　厘	円　銭　厘	円　銭　厘	円　銭　厘
0	0	2836. 57. 4	6097. 91. 9	0	1653. 47. 5
0	0	4267. 96. 3	4625. 98. 7	0	181. 54. 3
450. 0. 2	2000. 03. 7	2900. 00. 0	5910. 51. 9	0	1910. 51. 9
0	0	2038. 63. 0	3312. 56. 8	0	645. 90. 1
86. 0. 0	382. 22. 2	444. 44. 4	962. 33. 3	0	517. 88. 9
0	0	244. 44. 4	429. 54. 9	0	185. 10. 5
0	0	675. 92. 6	1558. 64. 2	0	447. 53. 1
75. 10. 5	335. 64. 8	0	335. 64. 8	0	335. 64. 8
144. 7. 10	641. 74. 1	0	641. 74. 1	0	641. 74. 1
150. 3. 3	667. 38. 9	281. 05. 6	948. 44. 5	0	504. 00. 1
610. 0. 0	2711. 11. 1	644. 44. 4	3355. 55. 5	0	644. 44. 4
37. 15. 2	167. 81. 5	0	167. 81. 5	0	167. 81. 5
90. 18. 1	404. 01. 9	0	404. 01. 9	0	404. 01. 9
111. 10. 7	495. 68. 5	440. 00. 0	1418. 05. 5	0	973. 61. 1
151. 0. 10	671. 29. 6	0	671. 29. 6	0	671. 29. 6
62. 11. 10	278. 18. 5	300. 00. 0	661. 95. 0	0	279. 32. 1
71. 1. 0	315. 77. 8	156. 77. 8	899. 24. 7	0	454. 80. 3
100. 0. 0	444. 44. 4	222. 22. 2	666. 66. 6	0	444. 44. 4
55. 16. 0	248. 00. 0	0	248. 00. 0	0	3. 55. 6

表7 Joint National Agency 及 Bowles Brothers & Co. 関係損失等明細

（1円＝54ペンス）

	預金損失額(預金額－差引戻金額)			損失金私金分政府引受額(私金分の3分の1)	損失金私金分個人引受額(私金分の3分の2)
	公金分	私金分	損失額総額		
	£ S P	£ S P	£ S P	円 銭 厘	円 銭 厘
J.N.A 社分					
M7. 10. 25調	8842. 11. 10	3050. 13. 0	11893. 4. 10	4519. 48. 0	9038. 96. 5
M11. 6. 29調	1416. 11. 11	235. 4. 5	1651. 16. 4	348. 48. 3	697. 96. 4
合 計	10259. 3. 9	3285. 17. 5	13545. 1. 2	4867. 96. 3	9736. 92. 9
B.B 社分					
M7. 10. 25調	4472. 16. 1	334. 17. 9	4807. 13. 10	496. 13. 1	992. 25. 7
M11. 6. 29調	27. 3. 6	163. 16. 6	191. 0. 0	242. 69. 8	485. 41. 3
合 計	4499. 19. 7	498. 14. 3	4998. 13. 10	738. 82. 9	1477. 67. 0
諸雑費損失	107. 19. 8		107. 19. 8		
総 計	14867. 3. 0	3784. 11. 8	18651. 14. 8	5606. 79. 2	11214. 59. 9

表8 拝借金返済

	J.N.A & B.B.Co. 破産事件にともなう拝借金額		差引戻金私金分による返済充当額		政府引受分(損失金私金分1/3)による返済充当額
	£ S P	円 銭 厘	£ S P	円 銭 厘	円 銭 厘
J.N.A 関係					
岩倉 具視	1000. 0. 0	4444. 44. 4	361. 15. 5	1607. 87. 0	1653. 47. 5
木戸 孝允	1000. 0. 0	4444. 44. 4	39. 14. 2	176. 48. 1	181. 54. 3
大久保利通	900. 0. 0	4000. 00. 0	112. 1. 9	498. 16. 7	512. 31. 5
山口 尚芳	600. 0. 0	2666. 66. 7	141. 6. 2	628. 03. 7	645. 90. 1
何 礼之	100. 0. 0	444. 44. 4	15. 1. 0	66. 88. 9	68. 77. 8
田辺 太一	55. 0. 0	244. 44. 4	20. 10. 7	91. 24. 1	93. 86. 4
塩田 三郎	250. 0. 0	1111. 11. 1	97. 18. 4	435. 18. 5	447. 53. 1
中山 信彬	0	0	0	0	0
内海 忠勝	0	0	0	0	0
久米 邦武	100. 0. 0	444. 44. 4	0	0	0
山田 顕義	610. 0. 0	2711. 11. 1	0	0	0
中島 永元	0	0	0	0	0
内村 良蔵	0	0	0	0	0
瓜生 震	100. 0. 0	444. 44. 4	53. 10. 2	495. 68. 5	244. 55. 5
中野 健明	0	0	0	0	0
平賀 義質	86. 1. 10	382. 62. 9	9. 5. 10	41. 29. 6	42. 46. 9
大原令之助	100. 0. 0	444. 44. 4	47. 6. 8	210. 37. 0	216. 32. 1
松村 文亮	50. 0. 0	222. 22. 2	0	0	0
由良 守応	55. 0. 0	244. 44. 4	0	0	0

公金とみなした月手当給付による返済充当額		月給等による返済額	既返済総額	返済未納残額	過納額（返却分）
£　S　P	円 銭 厘	円 銭 厘	円 銭 厘	円 銭 厘	円 銭 厘
0	0	0	0	0	0
2674. 0. 0	11884. 44. 4	0	11884. 44. 4	0	11884. 44. 4
0	0	0	104. 01. 9	0	104. 01. 9
0	0	0	257. 12. 3	0	257. 12. 3
0	0	0	88. 27. 2	45. 06. 1	0
42. 12. 3	189. 38. 9	0	189. 38. 9	0	87. 16. 7
1889. 1. 4	8395. 85. 2	0	8395. 85. 2	0	0
0	0	0	0	0	0
2000. 0. 0	8888. 88. 9	0	8888. 88. 9	0	0
0	0	0	0	0	0
150. 0. 0	666. 66. 6	135. 00. 0	801. 66. 6	0	135. 00. 0
(4人合計)	(4人合計)	(4人合計)	(4人合計)	(4人合計)	(4人合計)
3276. 9. 1	14562. 02. 4	3975. 00. 0	18550. 50. 5	0	5596. 44. 9
610. 0. 0	2711. 11. 1	0	2826. 61. 0	0	2826. 61. 0
100. 8. 0	446. 19. 2	0	532. 99. 9	0	532. 99. 9
0	0	0	146. 17. 7	0	146. 17. 7
8. 12. 0	38. 23. 8	0	38. 23. 8	0	38. 23. 8
79. 19. 5	355. 42. 3	0	355. 42. 3	0	355. 42. 3
41. 13. 10	185. 29. 4	0	185. 29. 4	0	185. 29. 4
0	0	0	0	0	0
(2人合計)	(2人合計)	(2人合計)	(2人合計)	(2人合計)	(2人合計)
0	0	116. 66. 6	116. 66. 6	0	116. 66. 6
352. 5. 9	1565. 72. 1	940. 00. 2	2535. 35. 3	0	1033. 53. 8
264. 15. 0	1176. 66. 7	800. 00. 0	2006. 29. 7	0	1017. 40. 8
191. 11. 3	851. 38. 9	650. 00. 0	1531. 01. 9	0	848. 79. 7
375. 2. 3	1667. 16. 7	0	2029. 96. 3	0	252. 18. 5
110. 15. 0	492. 22. 2	488. 88. 9	981. 11. 1	0	492. 22. 2
80. 0. 0	355. 55. 5	0	355. 55. 5	0	0
120. 9. 0	535. 33. 3	0	535. 33. 3	0	253. 38. 9
0	0	0	0	0	0
(2人合計)	(2人合計)	(2人合計)	(2人合計)	(2人合計)	(2人合計)
780. 0. 0	3466. 66. 7	524. 99. 9	4036. 11. 0	0	1369. 44. 3
150. 0. 0	666. 66. 6	0	666. 66. 6	92. 81. 5	0
150. 0. 0	666. 66. 6	0	666. 66. 6	92. 96. 3	0
150. 0. 0	666. 66. 6	0	666. 66. 6	0	88. 88. 9
230. 0. 0	1022. 22. 2	0	1022. 22. 2	0	452. 44. 4
0	0	0	0	0	0
0	0	0	242. 69. 8	0	242. 69. 8

	J.N.A & B.B.Co. 破産事件にともなう拝借金額		差引戻金私金分による返済充当額		政府引受分(損失金私金分1/3)による返済充当額
	£　S　P	円 銭 厘	£　S　P	円 銭 厘	円 銭 厘
渡　六之助	0	0	0	0	0
鮫島尚信※	0	0	0	0	0
吉田　二郎	0	0	0	0	104. 01. 9
大鳥　圭介	0	0	0	0	257. 12. 3
南　　保	30.　0.　0	133. 33. 3	9. 15. 10	43. 51. 9	44. 75. 3
岩山　直樹	23.　0.　0	102. 22. 2	0	0	0
栗本貞次郎	1889.　1.　4	8395. 85. 2	0	0	0
小野　弥一	0	0	0	0	0
戸田　三郎	2000.　0.　0	8888. 88. 9	0	0	0
田口　太郎	0	0	0	0	0
土山　盛有	150.　0.　0	666. 66. 6	0	0	0
西岡　逾明					
鈴木　貫一	(4人合計)	(4人合計)	(4人合計)	(4人合計)	(4人合計)
安川　繁成	2914. 13.　3	12954. 05. 6	1.　9. 11	6. 64. 8	6. 83. 3
小室　信夫					
鮫島　尚信	0	0	0	0	115. 49. 9
大島　高任	0	0	0	0	86. 80. 7
兼松　直稠	0	0	0	0	146. 17. 7
岩崎小四郎	0	0	0	0	0
沖　　守固	0	0	0	0	0
曽谷　言成	0	0	0	0	0
片岡　健吉	0	0	0	0	0
由利　公正	(2人合計)	(2人合計)	(2人合計)	(2人合計)	(2人合計)
岩見　鑑造	0	0	0	0	0
B.B 関係					
佐々木高行	337. 18.　2	1501. 81. 5	0	0	29. 63. 0
岡内　重俊	222. 10.　0	988. 88. 9	0	0	29. 63. 0
長野　文炳	153. 10.　0	682. 22. 2	0	0	29. 63. 0
肥田　為良	400.　0.　0	1777. 77. 8	0	0	362. 79. 6
原田　一道	110.　0.　0	488. 88. 9	0	0	0
富永　冬樹	80.　0.　0	355. 55. 5	0	0	0
阿部　　潜	63.　8.　9	281. 94. 4	0	0	0
由良　守応	0	0	0	0	0
由利　公正	(2人合計)	(2人合計)	(2人合計)	(2人合計)	(2人合計)
岩見　鑑造	600.　0.　0	2666. 66. 7	0	0	44. 44. 4
三条　公恭	170. 15.　0	759. 48. 1	0	0	0
森寺　常徳	171.　1.　0	769. 62. 9	0	0	0
川鰭　実文	130.　0.　0	577. 77. 7	0	0	0
福原　和勝	128.　4.　0	569. 77. 8	0	0	0
山田　顕義	0	0	0	0	0
若山　儀一	0	0	0	0	0

第六章　ボールズ兄弟商会の経営状況

第一節　ボールズ兄弟商会の事業

ボールズ兄弟商会銀行の破産は、アメリカン・ジョイント・ナショナル・エージェンシーの破産につながり、日本人多数を困窮に陥れたのであった。そのため、在欧米の日本人は移動する大使館とも言われた岩倉使節団より、それぞれ通常の「拝借金」とは異なる別途の「拝借金」を手当してもらい、その返済に苦労したことは、前章で見たとおりである。

それでは、まずボールズ兄弟商会銀行はどのような銀行であったのかを見てみよう。

ボールズ兄弟商会は、銀行業務のほかに、現在の旅行代理店などが行っているような種々のサービスを提供していた。

一八七二年一二月五日付のニューヨーク・タイムズ紙は、次のように伝えている。

Most Americans who have visited Europe within the last two or three years are acquainted, by reputation, at least, with the American banking-house of BOWLES BROTHERS & Co. This firm, in addition to its New-York house, had branches in London, Paris, Geneva, and Nice. Besides the usual business of bankers. BOWLES BROTHERS & Co. were extensively engaged in purchasing all sorts of objects ordered by travelers, and in storing them until they were called for, or sending them to any desired point. Moreover, the various branch houses were each supplied with well-furnished reading-rooms, for the convenience of American visitors, and pains were taken to make each banking-house a sort of head-quarters for resident or transient Americans. So popular were Messrs. BOWLES BROTHERS & Co., that many Americans left their bonds and other securities with them for safe keeping, feeling absolute confidence in the honesty of the firm and the safety of its vaults. A few days since, the London branch failed, and upon investigation it was found that its business had been conducted upon a system of which carelessness and dishonesty were the prominent features.(112)

この記事によれば、この二、三年以内にヨーロッパを旅行した大半のアメリカ人にとって、ボールズ兄弟商会は、著名な会社であったことがわかる。すなわち、ボールズ兄弟商会は、通常の銀行業務のほか、アメリカ人旅行者のためのサービス事業も行っていたのである。

第二章で触れたが、アメリカン・ジョイント・ナショナル・エージェンシーの日本語による顧客獲得のための広告には、次のようにあった。

「通信ニ係ル部」として、「公私并商用之電信機書翰新聞紙等之御取次仕候」。

（"DESPATCH" Postal-Telegraph, Registry, Press and News Agency for Governments, States, Corporations, Travellers and

Emigrants, and all commercial or other interests.）

「輸送ニ係ル部」として「海陸諸荷物ノ輸送并蔵入レ旅客之印鑑送状御手引等御世話仕候」。

（"TRANSPORTATION" Receiving, Storing, Insuring, and Forwarding Goods and Baggage, by Land or Sea transit, to any part of the World. Securing Passages, Passports and Visés. Emigrants booked through to any point.）

「金銭ニ係ル部」として、「多少員数ニカ、ワラズ為替手形通用切手等差出シ、或ハ両替并借債取立、ストック、并シェアース之売買ヒ質物借金等之御世話仕候」。

（"FINANCIAL" Issuing and Cashing Drafts, Circular Notes, and Letters of Credit, whether small or large ; Foreign Monies Exchanged ; Debts Collected and Securities Negotiated, Purchase and Sale of Stocks and Shares. Safe Deposit and Storage.）

「口銭ニ係ル部」として、「何品物ニテモ御買入之御世話仕候尤此分者現払タルヘシ又現金前払或ハ現金送届生涯海上火難等之災難請合仕候」。

（"COMMISION" Executing all Orders, whether Large or Small *for Cash only*. Consignments received and Advances made. Agencies undertaken, Insurances, Fire, Marine or Life effected.）

まさにこのアメリカン・ジョイント・ナショナル・エージェンシーの広告にあるように、ボールズ兄弟商会銀行は、アメリカ人旅行者が注文するあらゆる種類の物品の購入、それらの保管、希望地へのそれらの送付など、広範囲にわたるサービス事業を、ニューヨーク店のみならずロンドン・パリ・ジュネーブ・ニースの各店で展開していた。

ボールズ兄弟商会銀行の各店は、アメリカ人旅行者の便宜をはかり、設備の整った「読書室」を提供するなど、まるで在欧のアメリカ人短期滞在者や旅行者の「司令部」と言ってもよいような場所だったのである。

各店を訪れたアメリカ人は、大半がそこで名前を記帳し、それが一八六〇年代末以降ニューヨーク・タイムズ紙で報じられていて、在米の人びとは旅行者の動静を知ることができるようにすらなっていた。ボールズ兄弟商会はそれだけポピュラーな評判を得た所だったので、アメリカ人顧客のなかには、ボールズ兄弟商会銀行に債券や証券の保管を依頼するものが多くいたのである。

それゆえ、ボールズ兄弟商会銀行とアメリカン・ジョイント・ナショナル・エージェンシーの支払停止、それに続く破産は旅行中のアメリカ人のみならず、アメリカン・ジョイント・ナショナル・エージェンシーの主たる顧客であった在欧の日本人に衝撃を与えたのであった。

ボールズ兄弟商会銀行の支払停止・破産について報じた、一八七二年一一月一六日付の『アングロ・アメリカン・タイムズ』紙は、次のように伝えている。

The suspension of this house marks, unless we mistake, the greatest failure of an American firm that ever occurred in Europe. The branch has not long been in operation in London, and it is perhaps less known in England than on the Continent. Originally, the business was commenced in Paris, under the style of BOWLEWS, DREVET, and Co., and, fostered by careful, judicious, and economical management, it grew to large dimensions, in the face of formidable competition. Shortly before the Franco-German war, as if in anticipation of that event, the London branch was founded at 449, Strand. The Joint-National Agency was an outgrowth of the house, (formed to conduct the supplementary work, that portion of the business beyond the province of banking), and, in connection with it, an establishment was commenced at Nice, and another at Geneva. The firm was so intimately associated with the Joint-

Stock Company, that the suspension of the one brought about the suspension of the other — a failure likely to carry dismay into the minds of travellimg Americans in every capital of Europe. The speed with which the branch in London was extended and the other branches formed, led very many cautious men to doubt the strength and stability of a concern forced into a growth so premature, but there were others, (and they constituted the majority) who beheld with something like admiration the enterprise displayed, and the success that appeared to wait upon it. The house was popular; it was convenient; it met the wants of a large class of travellers; and its loss will be severely felt. Many smarting from the effects of the confidence they had reposed, may harshly condemn the conduct of the business, but the partners, as individuals, will have the sympathy of all who knew them, for from them the American arriving in a strange city received so warm and hospitable a greeting, had all his questions so courteously answered, and his wants supplied, that he felt, though a stranger, that he had dropped into the house of an old friend. If a widespread rumour be true, the failure is mainly due to the accommodation it extended to travellers. An American family, say, decided on making the tour of Europe, and went to the branch in New York to open a credit for some £1,500 or £2,000. The rule that the money should be deposited before the credit is given, was too often set aside, and thus it happened that the house in New York held a considerable quantity of paper against the coin that was being drawn from the branches in Europe. Shortly before the Presidential Election there was a considerable rush of Americans homewards, and the drain became heavy on the firm. At the same time, the Money Market of New York tightened, and difficulties arose in getting the paper cashed held at that branch. If this be true, the travellers now wintering on the Continent have become the victims of a loose system of accommodation extended to fellow-travellers, and PETER is to suffer that PAUL, before he had realized the means, might journey along in luxury.[113]

「ボールズ兄弟商会銀行の破産は、もしも誤りがなければ、ヨーロッパでこれまで起こったアメリカの会社の失敗の中で、最大のものである。そのロンドン支店は開業してからまだ日が浅く、おそらく英国では大陸ほどに知られていないであろう。この会社の事業は、もともと、BOWLES, DREVET, and Co. の社名のもとにパリで開始された。この会社は、綿密で賢明な経済的手筈を整えることによって、侮りがたい競争を物ともせずに、事業の規模を拡大していった」のである。

ボールズ兄弟商会のロンドン店は「普仏戦争直後に、あたかもそれを見越していたかのように、ストランド街四四九番地にロンドン支店が開設された」という。また、アメリカン・ジョイント・ナショナル・エージェンシーの開業が一八七一年の始めであることは、前に触れたところであるが、「ジョイント・ナショナル・エージェンシー」は、「ボールズ兄弟商会の子会社で、通常の銀行取引の範囲をこえる付随的な業務を行う部門として設立されたのであり、それに関連して、ニース、さらにはジュネーブでも事業が始められた」とある。

そして、ボールズ兄弟商会は、本来的には、現在の株式会社のような「連合の仕組みをとっていたので、一部門の破滅は他の部門の破滅、すなわち、ヨーロッパ中の都市にいるアメリカ人旅行者を周章狼狽させるような破滅を引き起こした」のである。さらに、「ロンドン支店の業務が拡大していく、また、支店がつぎつぎと開設されていく動きがあまりにも急速なので、用心深い多くの人たちは、しゃにむに発展・成長していくこの商会の力や安定性に疑問を呈していた。けれども、ほかの人たちは、こういう人たちが多数を占めていたと思うが、この会社の誇示やそれに付随する成功を感嘆の念に近い気持ちで受け止めていた」のであったとある。

「商会は、人々に知られ、便利だということになり、多くの旅行者に必要なものを調達した。したがって、損失のひどさが思い遣られるのである」。「信頼して任せていたのに痛烈な打撃をうける結果となった多くの人々は、事業の経営について激しい非難を浴びせるかもしれない。だが、会社の経営者たちは、個人としては、彼らを知る人々の同情を集めることになろう」ともある。

「なぜなら、見知らぬ町に到着したアメリカ人たちは、彼らからたいへん心暖まる歓迎の挨拶を受け、そして、自分たちの質問のすべてに丁寧に答えてもらい、しかも、必要なものを提供してもらったので、異邦人でありながら、旧友の家にちょっと立ち寄っているような気分を覚えさせられたのであった」とあるが、この銀行業務を超えたサービス事業がアメリカ人旅行者の種々の要求や期待に応えるものであったことが知られる。

しかし、「今広まりつつある噂が本当であれば、この破滅は、主として、会社が旅行者に用立てた便宜によるものである。一アメリカ人の家族が言っていることだが、ヨーロッパ旅行をすることを決めたら、ニューヨーク支店に行き、一五〇〇ポンドないし二〇〇〇ポンドなにがしの銀行預金口座を開設する。信用貸が認められるにはこの金が預けられていなければならないという規則が往々にしてないがしろにされてしまうため、ニューヨーク支店は、ヨーロッパ支店から引き出されていく通貨に比して多額の手形を保有することになる。大統領選挙の直前には、かなりのアメリカ人が大急ぎで帰国の途についたこともあり、会社にとって大出費となった。折しもニューヨークの金融市場が引き締められ、ニューヨーク支店の保有する手形を換金するのが困難となってしまったのである」とある。

「こういったことが本当なら、現在大陸で冬を過ごしつつあるアメリカ人は、旅行者仲間に用立てられたいい加減な便宜の仕組みの犠牲者となってしまい、ピーターは、ポールが、財産を作るのに先立って、豪勢に旅行してまわることが原因で、苦しめられる羽目に陥ってしまった」というのである。
記事はさらに続けて述べる。

The system upon which Mr. BOWLES founded the Joint-National Agency is so comprehensive, that, in success, it would have become one of the greatest of European Companies. But there are only two ways of reaching a position so ambitious — either to start, striking for it at once with an enormous capital, or to work up to it step by step, year by year, decade by decade, turning the small things into great, and the great into very great. The Messrs, BOWLES appear to us to have commenced well, and to have worked up, with great skill, energy, and judgment, to a high position. But Mr. CHARLES BOWLES attempted to grasp too much before he had acquired the necessary strength. He organized the house in London, in Nice, in Geneva, in connection with the Joint-National Agency which he formed but a short year ago, and we believe a house was in contemplation in Rome and another at St. Louis. All these agencies were on a grand scale ; the premises in London, extending over at least five houses, embracing all but one turret, (that of the telegraph), at the corner where the Strand commences, opposite the Charing-cross station. The locality was, in our opinion, well chosen, and Mr. BOWLES was in the habit of calling it "Number One, London". But few Americans passed through the great metropolis without calling at that office. There they found the newspapers of their country ; the late telegrams, printed lists of Americans registered all over Europe, facilities for taking passage by any steam line ; the means of having their baggage forwarded without trouble to themselves, and many other facilities which travellers can appreciate. Everything was done with a courtesy, with a consideration, and an attention to each individual, be his business large, small, or free from all pecuniary consideration, which have won so high a name for the house, and made friends so numerous for every partners, and all this was imported into the Joint Stock Co. The intention was to carry the traveller from New York over Europe, supplying all his requirements at each great halting-place. His purchases could be collected, stored, transported. His money could be changed as he passed along ; his letters and newspapers could be received and forwarded. His bills could be collected, investments made. If he wanted to order anything, an application to the house was sufficient ; and if any American desired to discover where a travelling countryman of his was, he sought that information from the Messrs. BOWLES. Yet, all this was but a portion of the business, and a still smaller portion of what was conceived in the mind of Mr. CHARLES BOWLES. He held broad views on international currency, on the eventual amalgamation of the unit, and on the nearest approach to a world-wide currency note. The franc, the dollar, and the pound sterling can be brought so closely into unison, as to work practically, at least for the purposes of travel, into one note. The dollar is five francs ; the pound five dollars ; and in these three we have, substantially, the units of the world's currencies. A triple-currency note based on this, to be issued and cashed, on demand, at any establishment of the Joint-National Agency, was one object of Mr. BOWLES, and in that, he asserted, was the commencement of a system which would facilitate international intercourse. The pioneers of such changes, generally "come to grief," for there is nothing more conservative than commerce. Changes of that sort are regarded as Utopian, or as mere schemes calculated to mislead ; and when Mr. BOWLES sketched diagrams, drawing around maps of Europe a series of circles one within the other, showing how the centres of commerce were embraced in these circles round the central spot of all ; — how the lines of travel ran in channels which had only to be connected throughout by the wire, and clearing-houses established at the centres of commerce, to make a grand, comprehensive, and complete plan which would do much to clear away obstructions and to bind mankind together — it is probable he began to be regarded with suspicion as a dreamer, while more vigorous than prudent in action. Not long ago he passed through London, on his way to America, far from well, evidently suffering from the continued strain under which he had been kept during the rapid progress of his work — a strain which may, and it is said has, for the time, at least, injuriously affected his mind. That mind was original and active, and if the report be true, it will be a cause of grief to a wide circle.

The suspension of the house, and consequent failure of the Joint-National Agency, will leave a great want, to be severely felt not only in London but in other cities, by American travellers. No house could more skilfully have managed to make itself widely known. At the head of many American papers was the name of BOWLES BROTHERS & Co., Agents in London or in Paris for that journal, and it was thus constantly kept before the public, till it became so familiarized to the American mind that perhaps the first place to which the traveller went on arrival in London, in Paris, in Nice, or at Geneva was to the Agency. Supposing that the house disappears, and the name is known no more, who is going to do that work? Doubtless there are many bankers ready to issue circular notes, and to do banking business generally, but the BOWLES and the Joint-National Agency did more than that. It is not so much Banking, as a Commission business that is required ; and whatever arises to fill up this gap, if the failure be complete, and the suspension permanent, must work in the same direction ; in fact, must gather up and re-unite the fragments.[114]

「チャールズ・ボールズがジョイント・ナショナル・エージェンシーを設立した仕組みは、うまくいけば、ヨーロッパの会社の中でも最大のものとなったと思われるほど、非常に包括的なものであった。たいそうな野心を抱いて首尾良く地歩をえるためには二つの方法しかない。それは、その地歩をめざして直ちに莫大な資本をもって打って出ることから始めるか、さもなければ、一歩一歩、年年歳歳、一〇年二〇年と、小さなものを大きくし、大きくしたものをさらにいっそう大きくしていきながら、その地歩を築き上げていく、というやり方である」と、記事は指摘する。

「ボールズ兄弟は、上手に事業を始め、すばらしい手腕、活力、そして判断力をもって高い地位を築き上げてきたように、われわれの目には映った。しかし、チャールズ・ボールズは、必要な力を獲得する前に、あまりにも多くの物を掴み取ろうとしたのである。彼は、わずか一年ばかり前に設立したジョイント・ナショナル・エージェンシーとの関係で、ロンドン、ニース、ジュネーブに店舗を組織した。また、ローマ、さらにはセント・ルイスでも店舗開設がもくろまれていたと信じられている」とある。

「その店舗はすべて大規模なもので、ロンドンの店の施設は、チャリング・クロス駅の真向かいのストランド街が始まる角にあり、すくなくとも五軒の家屋にまたがっていて、一軒を除く四軒に小塔（信号機のそれ）が見て取れるものであった。われわれの見るところ、その場所は十分に選びぬかれたものであって、ボールズ氏は、この店舗を『ロンドン随一（Number One, London）』と呼び慣わしていたという」のである。

「首都ロンドンを通過するアメリカ人は、おしなべてこの店に立ち寄った。そこで彼らは、国の新聞、最新の電報、印刷されたヨーロッパ全域のアメリカ人一覧表、どの鉄道路線でも手配してくれる便宜、手荷物を転送してくれて手数がかからずにすむ便宜、旅行者なら誰でもありがたく思えるその他の数多くの便宜を得たのである。誰に対しても、その用向きの大小に関係なく、また、一切報酬もとらずに、すべてについて丁重で思いやりのある注意深い対応がとられた。これらが会社の名を高め、どの経営者もたくさんの友人をえたのであった。すなわち、こういったすべてのことがジョイント・ナショナル・エージェンシーに導入されていたのである」という。

「会社のねらいは、ニューヨークからヨーロッパへ旅行者を運び、旅行先で必要とするものはなんであれ、提供しようというものであった。旅行者の買い物はまとめられ、保管され、輸送された。旅行者は移動に応じて金を両替でき、手紙や新聞を受け取ったり送ることができた。投資していれば、その為替手形も集めることができた。何かしてほしいことが旅行者にあれば、会社に申し込むだけで事足りたのであり、旅行中の同国人の所在を知りたいアメリカ人は、ボールズ兄弟商会に情報を求めたのである」。

「だが、これらすべてのことは、事業のほんの一部、チャールズ・ボールズが抱懐していたことのほんのちっぽけなことにすぎなかった。彼は、国際通貨のこと、諸国の通貨単位の究極的融合のこと、すなわち、そのもっとも手近な方法としての世界に流通する手形のことというどでかい考えを抱いていたのである。フラン、ドル、ポンドをまさに正確に調和させる、実際の運用に関しては、すくなくとも旅行のために一種の手形で調和させる、というのがその考えであった。一ドルを五フラン、一ポンドを五ドルとすることによって、世界で流通する通貨の融合単位が実質的にえられる。この基準にもとづいて三重流通手形を発行し、そして、要求があり次第、ジョイント・ナショナル・エージェンシーのどの店舗でもそれらが現金化できるようにする、というのが彼のねらいであり、それが国際的な通商を容易にするシステムの始まりとなると、彼は主張していたのであった」。

ボールズ兄弟商会の総帥であるチャールズ・ボールズの壮大な事業のねらいが、まずは国際通貨の創設であり、そ

親会社「ボールズ兄弟商会」のあったストランド街449番地。子会社「アメリカン・ジョイント・ナショナル・エージェンシー」のあった446番地は、左の角を曲がった道路沿いにある。

れが国際的な通商にあったことが、ここでは報じられていたのである。

「こういった変革の先駆者は、おおむね『失敗する』。というのも、商業ほど保守的なものはないからである。この種の変革は理想、もしくは結果的に欺かれる計算上の企図とみなされてしまう。ボールズが、ヨーロッパ地図に互いに重なり合う一連の円を書き、すべての主要地点が含まれているこれらの円内のどこに商業の中心地があるかを指し示す見取り図、すなわち、障害を除去し人類を結合させるための大事をなすであろう壮大にして包括的かつ完璧な計画とするために、ともかくも電信線および商業の中心地に設けられている手形交換所（clearing-house）によってくまなくつながれていなければならない旅行の道筋の経路を示す見取り図を描いたとき、おそらく彼は、その活動において慎重であるというよりむしろ精力的であったが、夢想家ではないかと疑われ始めたのである」。

「アメリカへ向かう途すがら、彼がロンドンを通過していったのはそれほど以前のことではない。そのときの彼は、結構な状態にあるどころか、事業が急速な進展をみている間中緊張をしいられた絶え間ない重圧、そのころすくなくとも彼の心に影響を及ぼし傷つけたであろう、事実傷つけたと言われている重圧に明らかに悩まされていた。彼の考え方は独創的で活力に満ちていたというが、この噂（評判・report）が本当なら、その考え方が活動領域の拡大に対する痛手の原因となったのであろう」と指摘する。

「会社の支払停止、その結果としてのジョイント・ナショナル・エージェンシーの破産は、多大なる困窮をもたらし、アメリカ人旅行者にとって、ロンドンのみならず他の都市においても、つらいものとなった。商会の知名度を高めるのに、この会社ほど上手にまんまとやってのけたところはほかにはない。多くのアメリカの新聞の上部に、ボールズ兄弟商会の名と、その新聞のためのロンドンやパリの代理店の名があった。ロンドン、パリ、ニースあるいはジュネーブに到着した旅行者が真っ先に訪れるところがジョイント・ナショナル・エージェンシーなのであろうということが、アメリカ人の心に焼き付くまで、このように絶えず公衆の前にその名が出されたのであった」。現在で言えば、宣伝の一手法として新聞を媒介とし、アメリカ人旅行者の動静が時々刻々伝えられたのである。

「会社がなくなり、その名がこれ以上知られることなぞないとすれば、その仕事をだれがすることになるのであろうか。旅行者のための他の銀行宛の信用状を出し、一般的に銀行業務を行うための準備が整っている銀行が多いことも疑いない。しかし、ボールズ兄弟商会とジョイント・ナショナル・エージェンシーはそれ以上のことをしたのであった」。

「必要とされたのは、銀行取引というよりもむしろ手数料取引だったのである。この破産が完全な失敗であり、支払停止が永続するなら、このギャップを埋めようとしておこることはなんであれ、同じ方向に向かって進まなければならないし、実際に、この会社の破片を拾い集め、それらを再構成しなければならないことになるであろう」と、いみじくも『アングロ・アメリカン・タイムズ』紙の記事は結ばれているのであった。

第二節　ロバート・ボールズの起訴

ところで、『アングロ・アメリカン・タイムズ』紙によれば、アメリカン・ジョイント・ナショナル・エージェンシーの事業はBOWLES, DREVET, and Co. の社名のもとにパリで開始されたとあった。その後の急速な事業拡大により、店舗はヨーロッパのみならず、英国のロンドンにまで開設された。そして、同じく『アングロ・アメリカン・タイムズ』紙によれば、その店舗の規模の順位は、(1)ロンドン、(2)パリ、(3)ニース、(4)ジュネーブ、(5)ニューヨーク、(6)ボストンと報じられ、後発のロンドン店が最大規模となっている。チャールズ・ボールズが開設したロンドン店は、「チャリング・クロス」駅の真ん前の角地に位置し、二つの張り出した小塔がひときわ人目を引く四層の「宏壮」な建物であった。鉄道王国であった英国にあって、旅行者には便利なことこの上ない「ストランド」街という大通りの一等地にチャールズ・ボールズは目をつけたのであり、まさに「ロンドン随一」と誇示するにふさわしい場所に、ボールズ兄弟商会のロンドン店はあったのである。

一八七三年一月二六日付の『ニューヨーク・タイムズ』紙によれば、このロンドン店の経営にあたっていたのは、総帥のチャールズ・S・P・ボールズ(Charles Stetson Peabody Bowles)のほかに、彼の兄弟であるロバート・C・M・ボールズ(Robert Caldwell Mackay Bowles)、ウィリアム・B・ボールズ(William Burrows Bowles)、ヘンリー・C・ステッソン（Henry Cushing Stetson）、ネイサン・アップルトン（Nathan Appleton）たちであり、マネージャーは、キース（Keith）とサリバン（Sullivan）であった(115)。

チャールズ・ボールズは、そのパリ店の負債が五〇万フランに上ると、『ニューヨーク・タイムズ』紙で報じられた、一八七二年一〇月一一日のその日に、ロンドンを去りアメリカへ向かった。ボールズ兄弟商会の経営が危うくなったことに原因があると思われるが、体調も相当悪化していて、彼のパートナーたちは、船旅が彼の健康状態の回復に役立つのではと期待していたらしい。

しかし、ロンドンにいた他の重役たちも相次いでロンドンを去り、残されたのは、ロバート・C・M・ボールズだけであったので、ロバートが訴追されることになったのである。

ロバートの起訴について、一八七二年一一月二二日付の『タイムズ』紙は、「銀行家訴追される」という見出しのもと、次のように報じている。

CHARGE AGAINST A BANKER.

Yesterday at the Mansion-house, Mr. Robert Bowles 43, an American, described as a banker, was charged with having transferred, pledged, and converted to the use of himself and his firm certain securities with which they had been entrusted.

Mr. George Lewis, jun., solicitor, conducted the prosecution. In opening the case he observed that the investigation would be of considerable commercial importance, it being, in fact, imputed to the prisoner that he, being a banker, had appropriated to his own use securities entrusted to him for safe custody by his clients. The prisoner was one of the firm of Bowles, Brothers, and Co., who had carried on business for the past few years as bankers in London, New York, Geneva, and Paris, and having banking-houses in those cities. The firm stopped payment at the commencement of the present month, owing 80,000 *l*. The prisoner had had the management of the London house, and his three brothers were abroad. Mr. Lewis feared that the investigation would disclose the fact that instead of the firm having of late carried on legitimate banking operations, it had been dragging on its existence by pledging the customers' securities, by which means it had secured an advance from the Unuon Bank of London of no less an amount than 16,000 *l*. The prosecutors in this case were Messrs. D'Agiout and Sons, bankers at Naples. Having occasion to require the ordinary banking facility of drawing upon London, they arranged with Messrs. Bowles to honour their draughts, they from time to time remitting them funds to do so. Messrs. Bowles, however, required some "cover" for the advances, and the prosecutors accordingly deposited with them 200 Lombardo-Venetian bonds, of the value of 2,200 *l*. On hearing of the failure of Messrs. Bowles, one of the prosecutors came to this country with a view to obtain a return of the securities, but on applying to the prisoner, he found to his great surprise that, instead of the securities being intact as they ought to have been, they had been pledged by the firm, with other clients' bonds, to the Union Bank of London for an advance of 16,000 *l*. The prisoner had only been arrested that morning, and Mr. Lewis would be, therefore, only able to give such brief evidence as would justify a remand.

Mr. Antonio Thomas D'Agiout said he is a banker at Naples, and one of the firm of Thomas D'Agiout, Père et Fils. He knew that the prisoner and three partners carried on business as bankers at 449, Strand. Requiring for the purposes of banking business to draw upon that firm, witness entered into an agreement with it with that view in March 1871. He produced a letter from Messrs. Bowles acknowledging the receipt of 200 Lombardo- Venetian bonds with coupons attached, as collateral security for such draughts as wittness's firm might draw upon them, either at short sight, not less than three days, or at 60 or 90 days' sight. It was arranged that the draughts honoured by Messrs. Bowles should be paid to them within a month ; that in the event of the failure of his firm to fulfil the conditions of the agreement the bonds might be disposed of, and that otherwise, on the closing of accounts between them, the securities should be returned. Pursuant to that agreement, he had deposited with Messrs. Bowles 200 bonds of the value of 2,200*l*., for safe custody, and he had from time to time retired the draughts of his firm as they became due. There was now a debit of about 172*l*. against his firm, which he was perfectly ready to pay. In the beginning of this month Messrs. Bowles stopped payment, owing about 80,000*l*. In consequence, he came to England for the purpose of taking away the debentures. On Monday last he saw the prisoner, who was the only partner in England, and who had managed the London business, and asked him for the securities. He replied that he knew nothing of the business, and that witness must speak to Mr. Keith, the manager. Later that day he again saw the prisoner, who told him that the bonds were in the Union Bank with many other securities of their clients, adding "It is a felony we have committed. I am in such a state I can't say anything more". Next day the prisoner stated that the sum for which the securities were pledged was 16,000*l*. ; that he would telegraph to America for the money, and then release the securities, and that the rest of the creditors might go to the dogs. Witness had ascertained that the securities had, in fact, been pledged with the Union Bank for advances made to Bowles,

Brothers, and Co. He never authorized the pledging of the securities.

The prisoner being asked if he had any question to put to the witness, replied in the negative. He wished, however, to deny ever having said the rest of his creditors might go to the dogs, or that he would telegraph to America for the money. He had, in fact, never had anything to do with that part of the business, or the firm to which the transaction related.

Mr. Lewis asked for a remand.

The LORD MAYOR said as the prisoner was not legally represented it was perhaps advisable that an opportunity should be given to him to consult a solicitor.

The prisoner said as he had committed no offence, he need not employ a solicitor.

The LORD MAYOR remanded him until Tuesday next.

Later in the day, Mr. Wontner, solicitor, applied on behalf of the prisoner that he might be admitted to bail in the meantime, and to this the Lord Mayor assented, ordering him to enter into his own recognizances in 4,000 *l*., and to give two sureties in 2,000 *l*. each. Bail was at once forthcoming, and the prisoner was released.

以下、記事の概要を記すと、次の通りである。

（1）一八七二年一一月二一日（木）、訴追された銀行家の審理がマンション・ハウス（Mansion House）で行われた(116)。

（2）被告（defendent）は、ロバート・ボールズ（Robert Bowles）で四三歳。

（3）告発者は、ナポリの銀行家（Mr. Antonio Thomas D'Agiout and Sons）。

(4) 事務弁護士（solicitor）のジョージ・ルイス・ジュニア（Mr. George Lewis, Jr.）が犯罪訴追手続を処理した。

(5) 容疑は、顧客から預託された有価証券の違法な名義書換、質入、横領。

(6) ルイスの論告で審理は開始された。

銀行家である被告に帰せられた容疑は、その顧客が安全な保管を求めて預託した有価証券を私用に供したというものであるので、捜査の結果はかなりの商業上の重要性を帯びることになるであろう。被告は、ロンドン、ニューヨーク、ジュネーブ、パリで、この二〜三年銀行業を営んでいたボールズ兄弟商会の一員である。ボールズ兄弟商会は、未払い金八万ポンドをかかえ一一月始めに支払を停止した。被告は、この会社のロンドン店の経営にあたっていたのであり、他の三人の兄弟たちは国外にいる。ルイスがおそれをなしたのは、捜査によって、以下の事実が明るみに出たことであった。すなわち、この会社は、最近までまっとうな銀行業務を遂行していた会社なぞというものではなく、顧客の有価証券を質入れし、それをもとに一万六〇〇〇ポンドを下らない貸し出しをロンドンのユニオン銀行から受けることによって実体を保ってきた会社である、という事実であった[117]。

(7) 告発人とボールズ兄弟との関係については、ロンドンでの通常の銀行取引上の便宜が必要であったので、ボールズ兄弟に自分たちの会社の為替手形の支払をしてもらうよう手配し、時々彼らにそのための資金を送金していたのであった。しかし、ボールズ兄弟は貸出金の「担保」を要求したので、告発人は、二二〇〇ポンドのロンバルド・ベネティア鉄道会社の二〇〇枚の債券を彼らに預託したのであった。ボールズ兄弟の破産を聞き、告発人の一人が債券を返還してもらうために来英した。しかし、被告に返還を申し込んだところ、驚くべきことに、本来手を付けるべきではないはずの債券に手が付けられていて、それらは、一万六〇〇〇ポンドの貸出金の保証として、他の顧客の債券類とともにロンドンのユニオン銀行に質入されてしまっていた。(118)

(8)　被告はこの朝逮捕されたばかりであったので、ルイスは、再勾留を正当とするわずかな証拠を提示することができただけであった。

(9)　証人（Mr. Thomas D'Agiout）の陳述
証人は、被告と他の三人がストランド街四四九番地で銀行家として事業を営んでいたのを知っていた。銀行業務上の目的からボールズ兄弟商会の便宜が必要となり、一八七一年にそこと契約を結んだ。

証人は、証人の会社がボールズ兄弟商会宛に振り出す、六〇日あるいは九〇日払の為替手形の副抵当であるロンバルド・ベネティア鉄道会社の二〇〇通の利札付き社債の受領を告知したボールズ兄弟商会からの手紙を証拠として提出した。

契約は、ボールズ兄弟商会が引き受けた手形は、一か月以内に清算されなければならない、証人の会社が契約条件を履行できない場合には、社債を処分することができる、また、他方、取引を止めたときには社債を返還しなければならない、というものであった。証人は、この契約に従って、安全な保管を条件として、二二〇〇ポンドの二〇〇通の社債をボールズ兄弟商会に預託し、満期がきた会社の手形をその都度回収していたのであった。

現在のところ、証人の会社は、一七二ポンドばかりの借方勘定となっていて、それは完全に支払う用意があるということである。

今月始めにボールズ兄弟商会は、未払金が約八万ポンドある状態で、支払を停止したので、証人は、預託した社債を引き取るために来英し、一八七二年一一月一八日（月）に、英国にいる唯一の経営者であり、ロンドン店の経営にあたっていたはずの被告と会って、社債の返還を彼に要求した。被告は「自分は事業のことは何も知らない、ロンドン店の支配人であるキース氏（Mr. Keith）と話してくれ」と答えた。その日遅くに再度被告と会ったところ、その社債は他の顧客の有価証券とともに、ユニオン銀行にあると言い、さらに「われわれは重罪を犯してしまった、これ以上は何も言えない状態だ」と述べた。その翌日、被告は、質入した有価証券の総額は一万六〇〇〇ポンドである、アメリカへ送金を求める電報を打つし、そうすれば有価証券も返却されるであろうが、其の他の債権者は破滅してしまうだろう」と語った。証人は、事実、ユニオン銀行に有価証券が質入され、ボールズ兄弟商会に金が貸し出されていることを確認した。証人は、有価証券質入の権限をまったく与えてはいなかったという。[119]

⑽ 被告の陳述

証人に反論することがあるかと問われた被告は、とくにないと答えた。しかし、その他の債権者が破滅するとか、アメリカへ送金を求める電報を打つつもりだと被告が語ったということは、否定してほしいと述べた。被告は、事業や会社が関係している取引とは、事実上、一切無縁であったと主張した。[120]

⑾ 被告の保釈・ルイス氏（Mr. Lewis）が再拘留を要求した。

市長（LORD MAYOR）は、被告には法律上の代理人が定まっていないので、事務弁護士に相談する機会が与えられる、と助言した。

被告は、罪を犯していないし、事務弁護士を雇う必要はないと答えた。

市長は、翌週の一八七二年一一月二九日（火）まで被告を再勾留することを決定した。

⑿ この日のうちに、被告の代理人となった事務弁護士のウオンタナー氏（Mr. Wontner）が次の審理までの保釈を申

請した。

市長（LORD MAYOR）はこれを承認し、被告に対して、次のように命じた。

① 被告本人が保釈金四〇〇〇ポンドの誓約を行うこと。

② 各人二〇〇〇ポンドの保釈保証人を立てること。

③ 合計の保釈金は八〇〇〇ポンドである。

直ちに保釈手続きがとられ、被告は釈放された[121]。

以上が、一八七二年一一月二二日付の『タイムズ』紙の記事内容である。

ロバート・ボールズは、この第一回目の審理で再勾留されたが、保釈手続がとられ、釈放されたのであった。第二回目の審理は一一月二六日に[122]、第三回目の審理は一二月四日に[123]、第四回目の審理は一二月一四日に[124]、そして、第五回目の審理が一二月一七日に行われた[125]。しかし、この第五回目の審理の翌日、ロバート・ボールズは保釈金が用意できず、悪名高いニュー・ゲート監獄に収監されることになったが[126]、二日後の二〇日に、保釈金をなんとか調達して釈放されたのであった[127]。

さらに第六回目の審理が一二月三一日に行われ[128]、続く翌七三年一月二日、第七回目の審理で大陪審（Central Criminal Court）はロバート・ボールズを軽罪で起訴相当と決定[129]、翌日大陪審が開かれ[130]、翌々日の一月四日に大陪審はロバート・ボールズに無罪の評決を下したのであった[131]。

英国でロバート・ボールズだけが訴追され最終的に無罪になったとはいえ、一八七二年一一月一四日付の『マンチェスター・ガーディアン』紙によれば、ボールズ兄弟商会の経営者たち五人、ボールズ兄弟商会を率いていたチャー

表9　ボールズ兄弟商会の破産状況

	liabilities（負債）	assets（資産）
London house	£　83,310	£　3,555
Paris house	25,432	26,438
New York house	21,639	3,608
Boston house	1,000	3,900
	£ 131,381	£　37,501

（1873年３月12日付『タイムズ』紙より作成）

ルズ・ボールズ（Charles Stetson Peabody Bowles）、再勾留され唯一人法廷に立たされていたロバート・ボールズ（Robert Caldwell Mackay Bowles）、それにパリ店を統括していたウィリアム・ボールズ（William Barrows Bowles）、ヘンリー・ステッソン（Henry Cushing Stetson）とナサン・アップルトン（Nathan Appleton）には破産宣告がなされたのであった。(132)

ボールズ兄弟商会の負債状況は、受託者および監査委員会の代表として出廷したリチャード・ジョーンズ（Mr.Richard Jones）の陳述によれば次の通りであった。

すなわち、ロンドン店の資産は三五五五ポンドであるのに対して負債は八万三三一〇ポンドであり、ニューヨーク店の資産は三六〇八ポンドに対して負債が二万一六三九ポンドであった。これに対して、パリ店の資産は二万六四三八ポンドであるが、その負債は二万五四三二ポンド、ボストン店の方も資産が三九〇〇ポンドに対して負債が一〇〇〇ポンドというように両店とも資産の方が負債を上回っていた。結局、四店の資産は、計三万七五〇一ポンドであるのに対して、負債は一三万一三八一ポンドに上っていて、九万ポンド強の負債超過となっていたのである（表9）(133)。

ボールズ兄弟商会銀行の支払停止は一八七二年一一月九日のことであったが、それから四日後の一一月一三日に、ロンドン店から、最初の債権者集会を、一一月一六日午後二時にキャノン・ストリートのターミナス・ホテルで開くという回状が出された。(134)

それには、ロンドン店の権限で債権者に必要な情報が提供されるとあったが、勿論、債権者集会はこれにとどまらなかった。一八七二年一一月一六日の第一回を皮切りに、翌七三年に入っても債権者集会は開かれていった。当然のことながら、パリ・ニューヨーク・ボストンでも債権者集会が順次開かれていった。

ところで、ボールズ兄弟商会銀行の支払停止は、アメリカン・ジョイント・ナショナル・エージェンシーの支払停止につながっていったが、これはアメリカン・ジョイント・ナショナル・エージェンシーが親会社にあたるボールズ兄弟商会銀行に概算一七、八万ポンドを貸していて、そのため親会社の支払停止は、アメリカン・ジョイント・ナショナル・エージェンシーも支払を停止し、破産に至ることとなったのであった(135)。

第三節　尾崎三良の債権処理

アメリカン・ジョイント・ナショナル・エージェンシーの支払停止・閉鎖の最大の被害者は日本人顧客であり、その預金額が約一万五〇〇〇ポンドであることは、既に第五章で見たとおりである。また、ボールズ兄弟商会銀行の方の預金額は約四八〇〇ポンドであるから、合計約二万ポンド弱の被害額であったのである。

岩倉使節団は、欧米各国巡回の途次英国で破産に遭遇したのであり、いつまでも英国に留まっているわけにもいかなかったから、被害への対応を吉田大蔵少輔に任せることになった。

明治五年一一月六日付で、井上馨大蔵大輔ら留守政府の大蔵省首脳に宛てた吉田清成大蔵少輔の書簡には、次のように記されていたのであった。

一、当府（ロンドン）ニ有之候「バンク」にて「バウルスブロソル」合店「ナシヨナールエゼンシー」之義ハ、米国新約克並巴里其外にも出店有之、殊ニ当店ニて御国人山口県南貞助なるもの「ヂレクトル」之任を握り居候ニ付、御国人金銀預ケ方等至極辨利ニ相見得《ママ》へ、生徒ハ勿論大使一行之内其外諸省官員等も多分之預金有之候処、豈料らん当西暦十一月中右「バウルスブロゾルバンク」並「ナシヨナールエゼンシー」共ニ閉店ニ相成候ニ付、大不都合之義ニ而既ニ大使より談判方拙生へ被相托候ニ付、主務繁忙之中ながら無拠一時立入、法律家等とも談判および候得共、所詮無望景況ニ而如何とも無詮方次第ニ有之、其後愈分散と決議相成申候。只此上は宜く分散之方法を以処置可相成義と存候。然ル処拙者にハ追々主務ニ取掛繁多ニ候間関係難致、塩田書記並戸田三郎等専ら関係いたし居候事故、後来之処同人等ニて取扱候。将又右ニ付勧農寮牛羊買入代残金之分、由良勧農助預り凡八百封度同店「ミシルキユラルノート」にて所持いたし居候よし之処、是亦全損耗ニ帰し申候。其外御国人預金高姓名書別紙差進候間、右ニ而御承知被下度候。尤大使方会計掛並拙者方ニおいてハ素より同店へ預ケ金等不致ニ付敢而損失無之候、御降心被下度候[136]。

岩倉大使からこの銀行倒産という「大不都合」事件の日本人関係者の「始末談判」を依頼されたので、自分の「主務」が繁忙を極めている際であったが、仕方なく一時立ち入って法律家などとも相談し談判に及んだ。しかし、どうにも先行きの望みがない「景況」で如何ともしがたく、その上いよいよ「分散」ということになった。しかも、自分の本来の仕事もますます「繁多」となってくる中で、「談判」にかかり切りというわけにもいかなくなってきたので、後来のことはもっぱら関係していた塩田三郎一等書記官と留学生総代の戸田三郎に託したというのである。

塩田三郎は、第一章で触れた明治五年一〇月一一日付の『木戸孝允日記』にもあったように、「鬼の目に涙バンクの御分散」の落首で評判を落とした一等書記官であったので、殊の外「談判」には関心が深く、戸田三郎とともに熱心にこの倒産事件に携わったと言われているが、使節団の一員でもあるため、談判にのみ関わってもいられなかったのではないかと思われる。

戸田三郎こと尾崎三良はこの「談判」について、次のように回顧している。

英人よりは早や既に裁判所へ訴へ破産の宣告を為さんとし、其準備として裁判所より命じたる管財人アカウンテントあり、会社の財産を取調べ一銭たりとも自由にさせざるなり。英人債権者より一人の総代を出し善後の相談を為す事とし、日本人債権者の総代を出して呉れと英人側より照会あり。一日日本債権者一同を公使館に集め英人側より相談の次第を書記官より申述べ、我債権者中よりも一人総代を選出し万事之に委任したらば如何との事なり。其時集りたる人々数十人あり、皆異口同音に誰彼と云ふよりも戸田氏に頼んでは如何と直ちに此事を決したり。予は敢て辞せざれども他日に至り其結末に付き異論ありては困るから、英国人代表者と協議を尽し可成最善と思ふ方法を以て結末を付けたるときは少しも異議なしとの全権委任状を受けることとし、皆之に署名捺印して予に渡されたり。

依つて、予は之よりブールス商会に至り英人側の代表者と共に殆んど日々協議を為す。然るに彼は既に事慣れたる弁護士を傭ひ其衝に当らしむ。偖て彼の申すには、此侭にて推し行かば終に破産の宣告を受くるに至るべし、さうなる時は事甚だ複雑にして容易に終局せざるべし、如何となれば此商会は其本店は米国のボストンに在り、又支店は欧州大陸、巴里、瑞西国及び米国数ケ所に在り、破産法に依り之が清算を為さんとするには必ず本店及び各支店に存在する財産目録及び其債券債務を明亮にせざるべからず、然るに未だ万国破産法なき故に各国各々法律を異にし当地の便利なることは外国に於て不便とし、左支右吾其内に財産隠慝の虞もあるべく、之を拾収するには少くも二、三年猶夫以上もかかり、其内に破産管財人の給料（是は一日二ポンド即ち当時の十円）其外各方へ人を派出する旅費日当等幾千に上るも計りがたく、是等の入費は皆他の債権者に対し先収特権あり、数年に亘る時は大概の財産は皆之に消費し、他の債権者には何も得るものなきに至る、何とか妥協して法律上の結果に至らざる様にするが得策なりと云ふ。然る処に我々の債権を一ポンドに付き四シリング即ち五分の一にて譲り受けようと云ふ者あり。予は破産宣告の結果前文の如き徒労なることを聞き、仮令五分の一にても収得して直ちに局を結びたる方得策ならんと考へ、英人側の代理人に其意を漏らしたる処、彼予に目くばせしてせめて四分の一即ち一ポンドに五シリングを出さすべしと頗る強硬の態度を示したれば、終に彼の譲り受人も之を承諾し、契約書を製し我々債権者の権利を一切之に譲り、其代償として債権全額即ち預け金の四分の一を受取り、我々の権利悉皆を放擲し手切れとしたり。尤も此最後の妥協に至るまでには三、四回も協議を重ねたり。

其間に彼の譲受人の何人なるやを糺したるに、ブールス商会の取締役の一人にして米国人なることを発見し、全く彼等のペテン（スインドル）即ち詐偽に掛かりたることを感得し憤懣に堪へず、英人の代理人に之を語りたれば、彼は初めより之を知りたるものの如く且つ曰く、米人には往々此詐偽的手段スインドルに依り外国人を引掛けることあり、然れども之を罰するの法なく如何ともすることなし、唯之に罹りたる者は所謂天災として観念するより外に仕方なしとの事にて不承不承ながら是にて終局を為し、一同へ其旨報告を為したるに、一同も名々《ママ》の失策なることを顧み、四分の一にても取れたるは先づ可なりと満足の意を表し、予には其労を慰する為めとあつて一夕晩餐の饗を受け且つ金時計一つを贈られたり。寺島公使に此贈物を受けても可なりや如何と聞きたるに、一同の感謝を受くることなれば宜しく受納すべしとのことにて之を受けたり。只気の毒なるは南貞助なり。彼は初めより其詐偽の情を知らず、正当の営業に有付きたる積りなり。即ち米人詐偽の器械に使はれたるなり。

然れども彼初め同邦人に向ひ広言を吐きたる行き掛かりもあり、再び同胞人に合はす面目なく、爾来誰一人顧る者なく信用全く地に落ちたり。(137)

この回顧によれば、債権回収の交渉のなかで、英国人の債権者側も一人の総代を決めるので、日本側よりも債権者総代を一人出してほしいとの照会があり、日本公使館に日本人債権者数十人が集まり協議した結果、尾崎が、自分に全権を任せてくれるならばという条件を出し、集まった日本人債権者が署名捺印した全権委任状を得て、日本人債権者側の総代に選出されたという。連日のように英国人側の債権者総代と話し合いを行い、最終的には、日本人の債権を一ポンドにつき五シリング、すなわち債権額の四分の一で譲り渡すことにし、「契約書を製し我々債権者の権利を一切之に譲り、其代償として債権全額即ち預け金の四分の一を受取り、我々の権利悉皆を放擲し手切れとした」というのであった。

その「手切れ」で、日本人債権者の権利は譲渡され妥結することになったが、そこには次のような思惑があった。すなわち、ボールズ商会は「其本店は米国のボストンに在り、又支店は欧州大陸、巴里、瑞西国及び米国数ケ所に在り、破産法に依り之が清算を為さんとするには必ず本店及び各支店に存在する財産目録及び其債券債務を明亮にせざるべからず」、しかし、いまだ「万国破産法なき故に各国各々法律を異にし当地の便利なることは外国に於て不便とし、左支右吾其内に財産隠匿の虞もあるべく、之を拾収するには少くも二、三年猶夫以上もかか」るというように、債権回収は長期にわたるであろう。

それに破産管財人などの給料や交渉のための旅行費用の手数料もどれほどかかるかわからない。「是等の入費は皆他の債権者に対し先収特権あり、数年に亘る時は大概の財産は皆之に消費し、他の債権者には何も得るものなきに至る」という事態が予想される。したがって、法律上の破産処理がすべて終了する前に、早期に妥結するのが「得策」であるという話になり、尾崎もそれに同意したのであった。

このようにして、ボールズ兄弟商会銀行およびアメリカン・ジョイント・ナショナル・エージェンシーの倒産事件に関して、尾崎がとりまとめた日本人側の債権処理は、預金額の四分の一を取り戻すことで、早期に妥結したのであった。

しかし、日本人債権の譲受人がボールズ兄弟商会の取締役の一人である米国人であることを、妥結後に英国人代理人から聞いた尾崎は、「米人には往々此詐偽的手段スインドルに依り外国人を引掛けることあり、然れども之を罰するの法なく如何ともすることなし、唯之に罹りたる者は所謂天災として観念するより外に仕方なし」ということで、不承不承終局へと至ったとはいえ、この米国人の流儀に「憤懣」やるかたなく「詐偽」にかかったと述べているのであった。

尾崎の報告を聞いた日本人債権者は、南貞助の甘い勧誘により信用のあまりない銀行に預金をし、それらを失う羽目に陥ったという手前もあり、尾崎が預金の四分の一を取り戻してくれたその働きに対して、一夕晩餐を設けて感謝の意を表してくれたばかりでなく、金時計を贈呈してその労をねぎらってくれたのであった。

南貞助は、第二章で触れたように、『宏徳院御略歴』で、銀行倒産の原因については「同銀行米国ボストン支店ハ同地ノ大火ニ付保険会社総破壊等ノ原因ヨリシテ閉鎖シ次デニユーヨーク支店ニ及ビ又遂ニ倫敦本店ニ波及シ閉店スル依テエゼンセー会社ハ流動資産及資本金残額徴集ノ源力ヲ失ヒタルニ付テ如何トモスルヿ能ハズ是亦終ニ閉鎖スルニ至ル」と、ボストンの大火にその原因があるように記していた。

しかし、ボストンの大火が倒産の直接の契機となったか否か、その真偽のほどはわからない。それよりも実際のところは、『アングロ・アメリカン・タイムズ』紙の論評にあったように、「この破滅は、主として、会社が旅行者に用立てた便宜によるものである。アメリカ人の一家族が言っていることだが、ヨーロッパ旅行をすることを決めたら、ニューヨーク支店に行き、一五〇〇ポンドないし二〇〇〇ポンドなにがしの銀行預金口座を開設する。信用貸が認められるにはこの金が預けられていなければならないという規則が往々にしてないがしろにされてしまうため、ニューヨーク支店は、ヨーロッパ支店から引き出されていく通貨に比して多額の手形を保有することになる。大統領選挙の直前には、かなりのアメリカ人が大急ぎで帰国の途についたこともあり、会社にとって大出費となった。折しもニューヨークの金融市場が引き締められ、ニューヨーク支店の保有する手形を換金するのが困難となってしまったのである」という方が正しいように思われる。

ともあれ、第五章で見た明治一一年六月末の大蔵省調書にあったように、「配当金」は三八一一ポンドでしかなく、そこから「法律家手数料」など一〇七ポンドを差し引くと三七〇四ポンドが戻ってきたに過ぎず、「預金損失の償還不及分」ならびに被害者の「私金三分の二損失分」を合わせると、合計四万九一四六円四八銭の損失額であったわけである。そして、この被害を補塡するために、日本政府が負担した額は三万九八九二円二三銭六厘であり、個々の日本人被害者が拝借金返済のために負担した額は一万一二一四円五九銭九厘と、それぞれ多額に上ったのであった。

第七章　ボールズ兄弟商会債権者の取調始末

第一節　ボールズ兄弟商会債権者の調査依頼

アメリカン・ジョイント・ナショナル・エージェンシー関係の債権処理については、尾崎三良が取り纏めた日本人債権者が預金の四分の一を取り戻すことで最終的に決着がついた。

ボールス、ブラザース兄弟商会銀行の方の債権処理に関しては、当時は国際的な万国破産法がなく、ボールス兄弟商会が展開していたヨーロッパやアメリカでそれぞれ個別に処理された。アメリカのボストンやニューヨークでの債権者集会も随時新聞で報道されているが、一八七三年三月一七日に開催予定と告知している三月五日付の『ニューヨーク・タイムズ』紙は、アメリカの債権者リストも載せていて、そのなかには日本人債権者として「冨田鐵之助」(Tetnorki Kometa)・「若山儀一」(Novikaza Wakayama)・「武藤」(Mutroo) らの名も見える。(138)

尾崎三良が英国側代理人との交渉のなかで、前章でみたように、債権回収は長期にわたることを危惧し妥結したと述べていたが、ボールズ兄弟商会銀行の方の債権処理は、二十数年に及んでいたのであった。すなわち「米国ボウルス、ブラザース商社ニ対スル本邦債権者宿所等取調方在米建野公使ヨリ照会一件」という件名の史料が外務省外交史料館に所蔵されていて、この史料には、ボールズ兄弟商会銀行の債権者宿所取調に関する史料が綴られている。この一件綴りは、日を追って綴られているので、それにしたがって順次見て行くことにしよう。(139)まず、一八九四年二月九日に発信され、三月七日に接受されたところの外務次官林董に宛てた在米国特命全権公使建野郷三よりの公信を見てみよう。

①外務次官林董宛在米建野郷三公使公信

甲第一六号

紐育、倫敦、巴里等ニ本店若クハ支店ヲ置キ銀行業ニ従事シ千八百七十四年若クハ千八百七十五年ノ頃破産シタル「ボウルス、ブラザース（Bowles, Brothers & Co.）」商社ニ於テハ当時別紙記載ノ日本人ヨリ預リ金アリ然ルニ今般同商社ノ財団配当ニ際シ其宿所何レモ判明セザルニ付管財人「サミユエル、ヂー、ドレーキ（Samuel G. Drake）」氏（紐育ニ在リ）ハ其配当ニ差支候趣ニテ別紙写債権者名簿ノ抜抄ヲ添へ宿所取調方当館へ依頼有之候別紙記載ノ人名ニ依テ察スレバ右債権者ノ多数ハ当時帝国政府ヨリ派遣ノ官吏ニシテ其余ノ人員ハ文部省ヨリ派遣ノ留学生ナリシガ如シ然ルニ羅馬字ヲ以テ記シタル氏名ノミニ依テ債権者ヲ確認セントスルトキハ誤謬ノ虞少カラザルノミナラス別紙ニ記スル所ハ氏名字綴ノ誤モ有之旁々以テ当時ノ記録ニ徴スルカ若クハ右官吏及学生派遣ノ顛末ヲ記憶セル人ニ就キ其氏名ヲ調査スルニ非ズンバ債権者ヲ確認スルコト難ク今回「ボウルス、ブラザース」商社財団ノ配当ハ果シテ債権ノ何割ニ相当スルモノナルカ未タ詳悉不致候へトモ配当額ノ多少ニ拘ハラス本件ノ如キ帝国臣民ノ債権回復ニ関シテハ可成相当ノ保護ヲ與へ度茲ニ別紙債権者氏名抜抄ノ写ヲ差出候条至急御取調之上其氏名及宿所御回報有之様致度此段及御照会候也

明治廿七年二月九日

在米国
特命全権公使建野郷三　印（在米日本帝国特命全権公使）
外務次官林董　殿

一八七四年もしくは七五年の頃破産したボールズ兄弟商会につき、破産管財人の「サミユエル、ヂー、ドレーキ（Samuel G. Drake）」から、当時預金者であった日本人への財団配当のための調査依頼があった。これらの日本人債権者は政府の官吏または留学生であろうが、その氏名はローマ字で記されていて不明確であるので、その氏名および宿所の確認が必要である。そこで取調べた上、至急回報していただきたいという趣旨の公信なのであった。

そして、添付された別紙には、一八人の名がローマ字で以下のように記されていた。

②（別紙）

List of Japanese creditors Bowles, Brothers & Co.

Hisoumu Abe
Nikoho or H. Eto
Wakatz Fukubara
Tameyoshi Heda or Hida, or H. Keda
Nobori Ikawa, or Ikwa, or N. J. Keda, or N. Ikeda
S. Kanthi

S. Kawatz
S. Kawabata
S. Mitoya
R. or K. Moridera or Maredera or Marederi
F. Nagano or N. Fourmiakira, or vice versa
Simagy or M. Shimagy
O. Kanchi Sigeto, or vice versa
Sasaki Takanori, or vice versa
Norikaza Watkayama
Tetoneski Tomita
Kenzo Eckada
Sai Mutoo
Names as they appear upon different lists and scheduly on schedule of creditors as first mentioned.

外務省は早速調査に取りかかり、手がかりを得るために官報に広告を掲載することにした。広告原案が三月一四日に起草され、三月一七日付の官報から順次掲載された。

③明治二七年三月一四日起草の官報公告原稿

紐育、倫敦、巴里等ニ本店若クハ支店ヲ置キ銀行業ニ従事シ千八百七十四年ノ頃破産シタル「ボウルス、ブラザース」商社（Bowles, Brothers & Co.）ニハ当時左記ノ日本人ヨリ預ケ金アリシガ今般仝商社ノ財団配当ニ際シ其宿所何レモ判明セザルニ付配当ニ差支エル趣ヲ以テ管財人「サミュエル、ヂー、ドレーキ」氏（Samuel G. Drake）（在紐育）ヨリ宿所取調方在米帝国公使館へ依頼致来候ニ付心当ノ者ハ至急当局迄申出ツベシ

明治廿七年三月十五日　　外務省通商局

阿部ヒソム（Hisoumu Abe）、○「ニコホ又ハエッチ江藤（Nikoho or H. Eto）、○福原ワカツ（Wakatz Fukubara）、○「タメゾシ、ヘダ又ハ肥田又ハエッチ、ケダ」（Tamejoshi Heda or Hida. H. Keda）、○「ノボリ、イカワ、又ハイクワ又ハエヌ、ジェー、ケダ又ハエヌ、池田」（Nobori Ikawa, or Ikuwa, or N. J. Keda, or N. Ikeda.）、○「エス、カンチ」（S. Kanthi）○「エス、カワツ」（S. Kawatz.）、○「エス、カワバタ」（S. Kawabata.）、○「エス、ミトヤ」（S. Mitoya.）○「アール又ハケー、森寺又ハマレデラ又ハマレデリ」（R. or K. Moridera, or Maredera, or Marederi.）、○「エフ、長野又ハエヌ、フルニアキラ（F. Nagano, or N. Fourumiakira, or vice versa.）、○「シマギ又ハエム、シマギ」（Simagy, or M. Shimagy.）、○「ヲー、カンチ、シゲト」（O. Kanchi Sigeto, or vice versa.）、○「佐々木タカノリ」（Sasaki Takanori, or vice versa.）、○「ノリカザ、ワトカヤマ」（Norikaza watkayama.）○「富田テトネスキ」（Tetoneski Tomita.）、○「エカダ、ケンゾ」（Kenzo Eckada.）、○「サイ、ムトウ」（Sai Mutoo）　以上[140]

調査対象のなかに留学生もいることが考えられたため、外務省は該当するような者がいるか否かの調査も同時に文部省へ照会した。

④明治二七年三月一四日起草、一六日発遣の文部次官牧野伸顕宛外務次官林董照会

外務次官林董

文部次官牧野伸顕　殿

米国「ボウルス、ブラザース」商社ニ対スル本邦債権者宿所取調之件

千八百七十四年ノ頃米国ニ於テ破産シタル「ボウルス、ブラザース」商社ノ財団配当ニ際シ仝社ニ預金ヲナシタル日本人之宿所不明ナルカ為メ配当ニ差支候趣ヲ以テ仝社管財人ヨリ右宿所取調方在米帝国公使館迠依頼申出候趣別紙写之通建野公使ヨリ申越候ニ付右債権者ノ内貴省ニ於テ御取調相付キ候モノ有之候ハヽ、至急御回報相成度此段及御照会候也

そして、官報広告を見た阿部潜を皮切りに、故若山儀一の妻である嘉山禎子、島地黙雷、故長野文炳の相続人である長野文鹿、池田謙蔵、佐々木高行、河津祐之、岡内重俊、河鰭実文、故森寺邦之助遺族代理の冨田藤太、冨田鐵之助らから、相次いで届出がなされてくる。

⑤阿部潜届出書

ボールス、ブラザース銀行へ預ケ金義ニ付米国紐育在米帝国公使館へ御通知願

今般ボールスブラザース商会財団配当ニ際シ日本人ヨリ預ケ金アルモ預ケ人ノ宿所判明セザルニ付管財人サミュル、ヂー、トレーキ氏ヨリ米国紐育在米帝国公使館へ依頼相成候ニ付至急可届出旨官報ヲ以テ承知仕候拙者義ハ明治五年三四月頃倫敦同行へ預ケ金致シ候処同年八九月頃同行閉店仕候ニ付其侭罷在候次第ニ候不苦義ニ候ハヽ、

右受取方等同府公使館於テ御取計奉願度因テ此段奉願候也

明治廿七年三月廿日　　東京本郷区根津片町十四番地

阿部　潜　印

外務省通商局御掛　御中

⑥嘉山禎子申告書

申告書

若山儀一《ワカヤマノリカツ》相続人若山禎一郎

後見人

埼玉県大里郡熊谷町字泉町二百六十九番地平民

若山儀一妻

嘉山禎子

右ハ「ボウルス、ブラサー」商社へ係ル金円預ケ人宿所取調方明治廿七年三月十九日ノ官報広告ニ依リ申告候也

明治廿七年三月廿日

右若山禎一郎後見人

嘉山禎子　印

外務省通商局　御中

⑦島地黙雷届出書

過ル千八百七十四年ノ頃破産致シタル「ボールス、ブラザース」商会ニ預金致シ候日本人ノ宿所姓名申出候様過ル十五《ママ》日ヲ以テ御布告之旨奉領承候即該列名中シマギ又ハエムシマギ与有之候ハ即チ拙者島地黙雷ノ事ニ相違無之候間左ニ族籍居住番地相記シ御届申上候也

山口県平民

東京市麹町区中六番町六番地

島地黙雷　印

明治廿七年三月廿一日

外務省通商局　御中

⑧長野文鹿届出書

去ル十五日附ヲ以テ宿所御取調相成候人名中○エフ、長野又ハエヌ、フルニアキラ○トアルハ亡養父長野文炳《フミアキラ》ニ相違無之候当時佐々木司法大輔ニ随行仏国巴理滞在中該銀行破産ノ為メ損害ヲ蒙リ候義モ相違無之候依テ此段御届申上候也

明治二十七年三月廿二日　　栃木県阿蘇郡植野村大字植野三百八十四番地

亡・長野文炳相続人

長野文鹿　印

外務省通商局　御中

⑨池田謙蔵届出書

ボールス、ブラザース商社之儀ニ付願

本年三月十五日付ヲ以テボールス、ブラザース商社財産配当ニ際シ日本人ヨリ預金アリシ者ノ内姓名住所不明之者有之候趣ニテ官報へ御広告相成拝承仕候右ノ内エカダケンゾト有之候ハ拙者在英中 Kenzo Ekeda 之綴字ヲ相用ヒ去ル明治五年英国倫《ママ》滞在中同社へ預金有之同年十月頃帰朝ニ際シ倫敦ヨリ横浜ニテ途中同社引合ノ銀行ニテ自由請取之為換券ニ組替貰ヒ内巴里ニテ若干ヲ受取残金　凡十五磅計ト相覚申候　ヲ横浜ニテ受取可申ト引合之某店へ罷越候処一周間程前倫敦本店閉鎖之電報新聞紙ニ掲載有之趣ニテ相渡不申因テ不得止右財産分配ニ加入之儀英国領事へ請求致シ調印ヲ請ヒ右引合店ヨリ本店へ送付シ呉レ候事有之候其後何等之通知モ無之年数相経チ申候処今般之御広告ニテ全ク右之廉ト確信仕候間宜ク御執計ヒ方相願申候也

東京芝区三田綱町壱番地寄留

明治廿七年三月廿三日

愛媛県士族

池田謙蔵　印

外務省通商局　御中

⑩佐々木高行届出書

本年三月廿三日の官報を以てボウルス、ブラザース商社財団配当云々尓付宿所取調方ノ御広告に対し拙者之宿所申出候也

明治二十七年三月二十四日

東京市麻布区六本木町一番地
佐々木高行　印

外務省通商局　御中

⑪河津祐之届出書

宿所御届

去ル千八百七十四年頃破産シタルボールスブラザース商社ノ財団配当ノ義ニ付本月廿一日官報ニテ宿所取調方広告相成候処其人名中ニ「エスカワツ」ト有之候ハ拙者ニ相違無之其当時同商社巴里支店ニ預ケ金致セシ事有之候拙者宿所左記ノ通ニ御座候間此段御届申上候也

東京市芝区高輪北町廿一番地

明治廿七年三月廿五日

河津祐之　印

外務省通商局　御中

⑫岡内重俊届出書

過ル千八百七十四年ノ頃破産シタル「ボウルス、ブラザース」商社へ金員預ケ人氏名中「ヲー、カンチ、シゲト」トアルハ拙者ニ相違無之本月十五日附官報広告ニ依リ此段申出候也

日本東京本所南二葉町三番地

明治廿七年三月廿九日

岡内重俊　印

外務省通商局　御中

⑬河鰭実文届出書
御局御広告ボウルブラザース商社ヨリ照会ノ姓名中エス、カワバタハ乃拙者姓名ト存候仍而此旨御届仕候也
東京市麻布区材木町六番地
子爵河鰭実文　印
明治廿七年四月
外務省通商局　御中

⑭三條家々扶冨田藤太届出書
御局御広告ボウルブラザース商社ヨリ照会ノ姓名中ニケー、森寺ト有之候ハ当家旧臣森寺邦之輔ニ有之候同人ハ先年死亡目下遺族ハ西京地方ニ住居罷在候但シ配当金等ハ三條家ニ於テ引受取計可仕候仍而此段御届仕候也
東京市麻布区鳥居坂町一番地
三條公美家扶
冨田藤六　印
明治廿七年四月
外務省通商局　御中

⑮冨田鐵之助届出書
ボウルスブラザース商社ノ財団配当ヲ受クヘキモノ、宿所申出方ノ件官報ヲ以テ御示諭相成候内冨田テトネスキ

トアルハ拙者名前ノ誤ニ可有之依テ別紙宿所書差出候也

明治廿七年四月二日　　東京市麻布区市兵衛町二丁目八拾八番地

冨田鐵之助

外務省通商局　御中

（別紙）Address

Tomita Tetsnoske

No. 88 Ichibey machi 2

Azabu Tokio, Japan.

第二節　欧米各国留学生明細表

上述の④の外務省照会への文部省の回答が、次の明治二七年四月二日付のものである。この文部省の調査結果によれば、当時の留学生のうち、冨田鐵之助、池田謙蔵、武藤精一、森寺広三郎、福原和勝、佐々木和三郎、森寺常徳、河津祐之、三刀屋七郎次、池田登、恵藤彦夫ら一一人の者の名が別紙（欧米各国留学生明細表写）に記されているのであった。

⑯三月一六日付外務省照会に対する文部省回答

文部省文書課午専甲一二三号

客月十六日付送第一九号ヲ以テ千八百七十四年ノ頃米国「ボウルス、ブラザース」商社ニ預金ヲ為シタル本邦人ノ姓名等ニ不明ノ廉有之趣ヲ以テ御照会相成候処別紙記載ノ人名ハ当時本邦留学生ニシテ右債権者ノ姓名ニ該当スルモノト被認候ニ付此段及御回答候也

明治二十七年四月二日

文部次官　牧野伸顕　印

外務次官林董　殿

別紙（欧米各国留学生明細表写）

出帆年月日	帰国年月日	国名	学資	事故	族籍	人名年齢
慶応二年七月		米国	官費千弗 明治二年六月下命	ニューヨルク府領事心得ニ転ズ	静岡県士族 勝安房附籍	冨田鐵之助
	明治六年一月一日	米国	県費千弗		石鐵県士族	池田謙蔵
明治六年春ヨリ肺病ニ罹リ同年十月六日夜「ニューヨルク、ウテカ」ニ於テ死去 同所埋葬		米国	官費千弗 明治四年十二月廿一日下命		犬上県士族	武藤精一（明治五年）二十九年
明治六年三月六日		英国	官費七百弗		京都府士族	三條公美従者 森寺広三郎（明治三年）二十二年
明治二年六月	明治五年十一月	英国	県費千弗	私費留学ノ処明治二年県費下命	山口県士族	福原和勝（明治五年）二十七年

明治五年十一月	明治七年六月八日	英国	木戸副使随行 明治六年八月十六日官費下命		山口県士族	佐々木和三郎（明治八年）二十四年
明治五年正月二十七日	明治六年三月十二日	英国	私費	明治五年十一月二十八日一旦帰国	京都府士族	森寺常徳（明治五年）二十六年
明治五年三月七日	明治六年五月十五日	仏国	官費千弗	文部省六等出仕		河津祐之（明治五年）二十四年
明治四年十二月二十七日	明治七年二月	仏国	私費八百弗		山口県士族	三刀屋七郎次（明治四年）三十年
明治五年正月七日		仏国	千弗		名東県士族	池田　登（明治五年）二十三年
明治五年						恵藤彦夫

この四月二日付文部省回答に続いて、次のように、三刀屋彦一より四月一一日付外務省通商局長原敬宛の宿所届出書が挟み込まれている。

⑰三刀屋彦一宿所届出書

宿所御届

東京市麹町区通下六番町
四十三番地内藤直亮同居
山口県士族　三刀屋彦一

右ハ亡実父三刀屋七郎次ヨリボウルス、ブラザース商会ニ預ケ金ヲ為シ置キタル件ニ付宿所可届出旨御達有之候間乃チ此段及御届候也

右三刀屋彦一　印

明治廿七年四月十一日

外務省通商局　御中

上述の四月二日付文部省の回答をうけて、外務省は、次の⑱〜㉑にあるように、四月二四日に滋賀県知事に対して、未だ何等の届出もない「サイ、ムトウ」が故「武藤精一」のことであるならば、遺族の氏名、宿所等についての調査を依頼し、又同時に、徳嶋県知事に対しては「ノボリ、イカワ、又ハ　イクワ、又ハ　エヌ、ジェー、ケダ、又ハ　エヌ、池田」なる者が旧名東県士族「池田登」のことであると推察されるとして、同人についての同趣旨の調査

依頼をそれぞれ行っている。更に、翌々日の四月二六日には、山口県知事に対して、「エス、カンチ」なる者が「河内宗一」のことであると推察されるとして、同人についての同趣旨の調査依頼を、そして、同日にまたもや徳嶋県知事に対して「ニコホ、又ハ　エッチ江藤」なる者が「恵藤彦夫」のことであると推察されるとして、同人についての同趣旨の調査依頼を行っているのであった。

⑱外務省通商局長原敬よりの滋賀県知事宛の照会文

送第一二一号

外務省通商局長原敬

滋賀県知事大越亨　殿

米国「ボウルス、ブラザース」商社債権者取調之件

紐育倫敦巴里等ニ本店若クハ支店ヲ置キ銀行業ニ従事シ千八百七十四年（明治七年）ノ頃破産シタル「ボウルス、ブラザース」商社ニハ預金ヲ有セル日本人十数名有之候処今般仝商社ノ財団配当ニ際シ其宿所判明セサルニ付配当ニ差支候趣ヲ以テ仝社破産管財人ヨリ宿所取調方在米公使迄依頼申出候趣仝公使ヨリ申越候ニ付心当ノ者ハ宿所届出ツベキ旨本年三月十七日以後ノ官報ニ広告致置候得共其後「サイ、ムトウ」ト有之候者ニ関シテハ未タ何等届出モ無之然ル処右ハ明治四年十二月廿一日官費留学之命ヲ受ケ米国ニ留学中仝六年春ヨリ肺病ニ罹リ同年十月六日「ニューヨルク、ウテカ」ニ於テ死去シタル旧犬上県士族武藤精一（明治五年二十九才）ナル者ニ可有之カト被察候ニ付此旨仝人遺族ヘ御示達之上果シテ仝人ニ前陳ノ債権有之候ハヽ、其次第及右配当金ヲ受取ルヘキ者ノ宿所氏名等至急当省ヘ届出候様御取計相成度此段及御照会候也

⑲外務省通商局長原敬よりの徳嶋県知事宛の照会文

送第一二二号

外務省通商局長原敬

徳嶋県知事村上義雄　殿

米国「ボウルス、ブラザース」商社債権者取調之件

紐育倫敦巴里等ニ本店若クハ支店ヲ置キ銀行業ニ従事シ千八百七十四年（明治七年）ノ頃破産シタル「ボウルス、ブラザース」商社ニハ預金ヲ有セル日本人十数名有之候処今般仝商社ノ財団配当ニ際シ其宿所判明セサルニ付配当ニ差支候趣ヲ以テ仝社破産管財人ヨリ宿所取調方在米公使迠依頼申出候趣仝公使ヨリ申越候ニ付心当ノ者ハ宿所届出ツヘキ旨本年三月十七日以後ノ官報ニ広告致置候得共其後「ノボリ、イカワ、又ハ　イクワ、又ハ　エヌ、ジェー、ケダ、又ハ　エヌ、池田」ト有之候者ニ関シテハ未タ何等ノ届出モ無之然ル処右ハ明治五年一月七日仏国ヘ留学ノ為メ出発致候旧名東県士族池田登（仝年二十三才）ニ可有之カト被察候ニ付此旨仝人ヘ御示達之上仝人債権ノ有無及現住所等至急当省ヘ届出候様御取計相成度此段及御照会候也

⑳外務省通商局長原敬よりの山口県知事宛の照会文

送第一二五号

外務省通商局長原敬

山口県知事原保太郎　殿

米国「ボウルス、ブラザース」商社債権者取調之件

紐育倫敦巴里等ニ本店若クハ支店ヲ置キ銀行業ニ従事シ千八百七十四年（明治七年）ノ頃破産シタル「ボウルス、ブラザース」商社ニハ預金ヲ有セル日本人十数名有之候処今般仝商社ノ財団配当ニ際シ其宿所判明セサルニ付配当ニ差支候趣ヲ以テ仝社破産管財人ヨリ宿所取調方在米公使迠依頼申出候趣仝公使ヨリ申越候ニ付心当ノ者ハ宿所届出ツヘキ旨本年三月十七日以後ノ官報ニ広告致置候得共其後「エス、カンチ」ト有之候者ニ関シテハ未タ何等ノ届出モ無之然ル処右ハ明治四年十月十五日仏法律研究ノ為メ仏国へ留学ヲ命セラレタル貴県人河内宗一ニ可有之カト被察候ニ付此旨仝人へ御示達ノ上果シテ仝人ニ前陳ノ債権有之候ハヽ、其次第并ニ現住所至急当省へ届出候様御取計相成度此段及御照会候也

㉑外務省通商局長原敬よりの徳嶋県知事宛の照会文

送第一二四号

外務省通商局長原敬

徳嶋県知事村上義雄　殿

米国「ボウルス、ブラザース」商社債権者取調之件

米国「ボウルス、ブラザース」商社債権者取調之義ニ関シテハ本月廿四日付送第一二二号ヲ以テ及御照会候次第モ有之候処猶右官報広告中「ニコホ、又ハ　エッチ江藤」ト有之候ハ明治五年自費ヲ以テ英国へ留学致候旧名東県士族恵藤彦夫（仝年廿三才）ニ可有之カト被察候ニ付此旨仝人へ御示達ノ上果シテ仝社ニ対シ債権有之候ハヽ、其旨并ニ現住所至急当省へ届出候様御取計相成度此段及御照会候也

一八九四年五月三日になると、肥田為良の嗣子「肥田籌一郎」からは、肥田浜五郎は当時「為良」と名乗っており、実父に相違ないという届出がなされている。そして、同日付で「池田登」からは「ノボリ、イカワ、又ハ イクワ、又ハ エヌ、ジェー、ケダ、又ハ エヌ池田」とあるは自分に相違ないという届出がなされ、また、「恵藤彦夫」からも自分は債権者であるという届出がなされているのであった。

㉒肥田籌一郎届出書

亡父浜五郎義先年大使随行欧米江出張被仰付候節欧州ニ於而或る商会江預金致候事有之候当時浜五郎事為良《タメヨシ》ト相唱居且私実父ニ相違無之候此段御届申上候也

明治廿七年五月三日

東京市本郷区真砂町十五番地

肥田籌《チユウ》一郎　印

外務省通商局長原敬　殿

㉓池田登宿所届出書

拙者事先年仏国留学中同地ニ於テ千八百七十四年ノ頃破産シタル「ボウルス、ブラザース」商社へ対シ預ケ金ヲナシ有之候処今般同商社ノ財団配当ニ際シ宿所判明セサルモノニ対シ心当リノ者ハ御局マテ申出ヘキ旨本年三月十五日付ヲ以テ広告相成候付拙者事同商社へ債権有之候ニ付宿所肩書ノ通申報候也

明治廿七年五月三日

徳島県徳島市大字徳島町六十二番屋敷士族

池田　登　印

外務省通商局　御中

追テ御局広告記名中ノボリ、イカワ、又ハ　イクワ、又ハ　エヌ、ジェー、ケダ、又ハ　エヌ池田トアルハ拙者ニ該当シタルモノニ候

㉔恵藤彦夫宿所届出書

拙者先年仏国留学中同地ニ於テ千八百七十四年ノ頃破産シタル「ボウルス、ブラザース」商社へ対シ預ケ金ヲナシ有之候処今般同商社ノ財団配当ニ際シ宿所判明セサルモノ有之ヲ以テ心当リノ者ハ御局マデ申出ヘキ旨本年三月十五日付ヲ以テ広告相成候ニ付拙者事同商社ニ対シ債権有之候ニ付宿所左肩書ノ通申報候也

明治廿七年五月三日

徳島県徳島市大字前川村
百十八番屋敷士族
恵藤彦夫　印

外務省通商局　御中

追テ御局広告記名中ニコホ又ハ　エッチ江藤トアルハ全ク拙者ニ該当シタルモノニ候

なお、池田登と恵藤彦夫の届出書の間には、次の「福原佳哉」から、自分は故福原和勝の養嗣子である旨の届出書が綴じられているのであった。

㉕福原佳哉届出書

過ル千八百七十四年頃破産シタル「ボウルスブラザース商社へ金員預ケ人宿所取調氏名中福原ワカツ　トアルハ拙者ノ亡養父ニ相当リ可申事相違無之本月十五日附官報広告之旨ニ依リ此段申上候也

山口県長門国豊浦郡長府村第六百四十四番屋敷士族

当時陸軍士官学校在学　故福原和勝養嗣子

明治廿七年三月卅一日

戸主　福原佳哉《ヨシヤ》　印

外務省通商局　御中

そして、五月七日には、徳島県知事より、⑲で照会の調査対象の「池田」は「池田登」であり、同じく㉑で照会のあった「江藤」は「恵藤彦夫」に相違ない旨の五月五日付の回答があり、また、五月一九日には、滋賀県知事より、⑱で照会のあった「サイ、ムトウ」に関して、旧犬上県士族「武藤精一」の相続人は「武藤万次郎」であるが、静岡県へ転籍していて県下には現住していないので、これ以上の調査はできない旨の五月一七日付の回答がそれぞれ外務省通商局長原敬宛に寄せられている。

㉖徳島県知事よりの外務省通商局長原敬宛の回答書

明治廿七年五月七日接受

甲第一〇三一号ノ一

客月廿四日付送第一二二号同廿六日付送第一二四号ヲ以米国「ボウルス、ブラザース」商社債権者取調方御照会ノ趣了承右取調候処池田トアルハ池田登江藤トアルハ恵藤彦夫ニ相違無之就テハ各本人ヨリ直接貴局へ届出候様取計有之右御了知相成度此段及御答候也

明治廿七年五月五日

徳嶋県知事郁上義雄　印

外務省通商局長原敬　殿

㉗滋賀県知事よりの外務省通商局長原敬宛の回答書

内一第六二三号

客月廿四日送第一二一号ヲ以テ御照会相成候旧犬上県士族故武藤精一ノ相続人ハ武藤万次郎ト称スルモノニシテ本年四月十八日静岡県静岡市追手町百番地へ転籍シ県下ニ現住致サヽルヲ以テ御申越之件々調査行届兼候条右御承知相成度此段及回答候也

明治廿七年五月十七日

滋賀県知事大越亨　印

外務省通商局長原敬　殿

滋賀県知事より、「武藤万次郎」が四月一八日に静岡県に転籍し、県下には現住していない旨の五月一七日付の回答を得た外務省は、次の㉘のように、五月二二日、静岡県知事に対して、故「武藤精一」の死亡の経緯を伝えるとともに、「武藤万次郎」に関する調査を依頼した。

㉘外務省通商局長原敬よりの静岡県知事宛の照会文

送第一五九号

外務省通商局長原敬

静岡県知事小松原英太郎　殿

米国「ボウルス、ブラザース」商社債権者取調之件

紐育、倫敦、巴里等ニ本店若シクハ支店ヲ置キ銀行業ニ従事シ千八百七十四年（明治七年）ノ頃破産シタル「ボウルス、ブラザース」商社ニハ預金ヲ有セル日本人十数名有之候処今般仝商社ノ財団配当ニ際シ其宿所判明セサルニ付配当ニ差支候趣ヲ以テ仝社破産管財人ヨリ宿所取調方在米公使迠依頼申出候趣仝公使ヨリ申越候ニ付心当ノ者ハ宿所届出ツベキ旨本年三月十七日以後ノ官報ニ広告致置候得共其後「サイ、ムトウ」ト有之候者ニ関シテハ未タ何等ノ届出モ無之然ル処右ハ明治四年十二月廿一日官費留学ノ命ヲ受ケ米国ヘ留学中肺病ニ罹リ仝六年十月六日「ニューヨルク、ウテカ」ニ於テ死去シタル旧犬上県士族武藤精一ナル者ニ可有之カト被察候ニ付仝人遺族取調方滋賀県知事ヘ及照会置候処其相続人ハ武藤万次郎ト称スル者ニシテ本年四月十八日貴県下静岡市追手町百番地ヘ転籍シタル趣回答有之候ニ付仝人ヘ前陳債権ノ次第御示達ノ上果シテ預金等有之候ハヾ其旨并ニ受取人ノ宿所氏名等至急当省迠届出候様御取計相成度此段及御照会候也

第三節　調査結果の連絡

そして外務省は、ボールズ兄弟商会銀行の破産管財人「サミュエル、ヂー、ドレーキ」氏より調査依頼のあった債

権者の氏名および宿所に関し、「エス、カンチ」・森寺邦之輔・「サイ、ムトウ」については目下取調中であるが、その他の者について判明した取調結果を、以下のように、在米国公使建野郷三へ申し伝えたのであった。

㉙外務次官林董よりの在米公使建野郷三宛回答書

外務次官　林　董

在米特命全権公使建野郷三　殿

「ボウルス、ブラザース」商社債権者取調之件

千八百七十四年ノ頃破産シタル「ボウルス、ブラザース」商社ニ対スル本邦債権者宿所氏名取調方ノ義ニ就キ本年二月九日附甲第十六号ヲ以テ御申越之趣了承右ハ官報ヲ以テ広告致シ尚夫々調査ノ上別紙債権者氏名表及御送付候間管財人「サミュエル、ヂー、ドレーキ」氏へ通知方可然御取計相成度猶「エス、カンチ」森寺邦之輔「サイ、ムトウ」ノ三名ハ目下取調中ニ有之候間此等ハ追テ可及御通知候此段回答申進候也

（別紙）

「ボウルス、ブラザース」商社債権者氏名表

○東京市本郷区根津片町十四番地　阿部《アベ》　潜《ヒソム》

○徳島県徳島市大字前川村百十八番屋敷　恵藤彦夫《エトウヒコオ》

○山口県豊浦郡長府村　福原《フクワラ》和勝《ワカツ》（亡）

右養嗣子

東京市陸軍士官学校在学　福原佳哉《フクワラヨシヤ》

○　肥田《ヒダ》為良《タメヨシ》（亡）
　右嗣子
東京市本郷区真砂町十五番地　肥田籌一郎《チユウイチロウ》
○徳嶋県徳島市大字徳島町六十二番屋敷　池田　登《ノボル》
○　「エス、カンチ」（河内宗一？）
　右取調中
○東京市芝区高輪北町廿一番地　河津《カワツ》祐之《スケユキ》
○東京市麻布区材木町六番地　河鰭《カワバタ》実文《サネブミ》
○山口県士族　三刀屋《ミトヤ》七郎次（亡）
　右嗣子
東京市麹町区下六番町四十三番地内藤《ナイトウ》直亮《ナヲスケ》同居　三刀屋《ミトヤ》乕一《トライチ》
○三條家旧臣　森寺《モリデラ》邦之輔（亡）
　右取調中
○　長野文炳《フミアキラ》（亡）
　右相続人
栃木県安蘇郡植野村大字植野三百八十四番地　長野文鹿
○東京市麹町区中六番町六番地　島地黙雷
○東京市本所区南二葉町三番地　岡内重俊《シゲトシ》

○東京市麻布区六本木町一番地　佐々《ササ》木《キ》高行《タカノリ》

○右相続人若山禎一郎後見人　若山《ワカヤマ》儀一《ノリカツ》（亡）

埼玉県大里郡熊谷町字泉町二百六十九番地

若山儀一妻　嘉山《カヤマ》禎《テイ》子

○東京市麻布区市兵衛町二丁目八十八番地　冨田鐵之助

○東京市芝区三田綱町一番地　池田謙蔵

○「サイ、ムトウ」（武藤精一？）

右取調中

以　上

その後六月一一日には、静岡県知事より、㉘の照会に対する六月九日付回答書が届いた。それには「サイ、ムトウ」すなわち故「武藤精一」の遺族「武藤万次郎」よりの預金払戻請求願書が別紙として添えられていた。別紙によれば、当時相続人の武藤万次郎は幼年であり、親戚後見人が代わりに保管していた書類に基づき預金払戻請求方を県庁に願い出たところ「異国」なので取り扱うことはできないと聞き届けられなかった。そこで親戚一同が協議し、相続人が成長するまで後見人が書類を保管することとした。しかし、その後見人および親戚も死亡し、その書類も現在では所在不明となっている。よって改めて預金払戻請求の取計方を願い出た次第であるというのであった。

㉚静岡県知事よりの外務省通商局長原敬宛回答書

三第一八一〇号

客月廿二日付送第一五九号ヲ以テ管下静岡市追手町百番地武藤万次郎ニ関シ米国紐育府「ボウルスブラザース」商社へ対スル債権之儀ニ付御照会之旨示達候処書面差出候ニ付別紙相添此段回答および候也

明治廿七年六月九日

静岡県知事小松原英太郎　印

外務省通商局長原敬　殿

（別紙）（武藤万次郎よりの預金払戻請求願書）

米国紐育府「ブウルス、ブラザース」商社ニ預金ヲナシ置ケル日本人「サイ、ムトウ」ハ全ク明治四年十二月二十一日官費留学ノ命ヲ受滞在中同六年十月六日「ニューヨルク、ウテカ」ニ於テ病死セシ亡父武藤精一ニ相違無之当時相続人モ幼年ニテ遺物等ハ親戚後見人等ニ於テ所置致シ候所右「ブウルス、ブラザース」商社ニ預金有之哉ノ書類有之候ヲ以テ後見人ヨリ県庁迄預金払戻請求方願出候処異国之事ト言ヒ且ツ県庁ニテ取扱フベキ者ニアラズ迚願意聞届ラレズ然ルニ当時ハ交通之便モ今日之如クナラズ加フルニ異国之事迚親戚共モ協議候而該書類ハ兎モ角後見人ニ預置キ相続人成長之上其者ノ意見ニ任ス様トノ事ニテ其侭ニ相成居候所其後チ後見人モ及親戚等モ死去候ヤウニテ該書類ノ如キモ今日ニテハ如何相成候哉判明不仕去レ雖《ママ》右等之事情私共之記憶スル所ニ御座候前陳之次第ニヨリ書類等ハ紛失セシヲ以テ亡父精一ニ於テ幾何金円ノ預金ヲナセシヤハ明瞭不仕候得共右「ボウルス、ブラザース」商社ニ預金有之事ハ事実ニ御座候間該社之帳簿ニヨリ遺族私共へ払戻相成様請求方御取扱被下度此段偏ニ奉願上候

明治廿七年六月三日

静岡県静岡市追手町百番地
戸主滋賀県士族
武藤万次郎　印
武藤精一未亡人
武藤　吉□　印

外務省　御中

六月二八日には、山口県知事より、㉛のように、⑳の照会への回答書が届いた。それによれば、「エス、カンチ」は「河内宗一」のことであり、河内は帰朝後白上家に復籍し「直方」と名乗り、長崎税関長在職中の明治一九年に死亡していて、実兄の白上乾輔からは預金関係の證券三葉を添えた㉜の願書が提出されているとのことであった。しかし、六月三一日に、外務省は、㉝・㉞・㉟をもって、山口県知事および白上乾輔と未亡人の白上テウに宛てて、白上乾輔より提出の為替券三葉は、債権を証するものではなく、返却する旨の連絡をしていたのであった。

そして、白上テウから、㊱のように、七月九日に預金支払未済の旨の届出書が外務省へ寄せられたのであった。

㉛山口県知事よりの外務省通商局長原敬宛回答書

一乙第一七九九号

紐育倫敦巴里等ニ本店若クハ支店ヲ置キ銀行業ニ従事シ千八百七十四年之頃破産シタル「ボウルス、ブラザース」商社財団配当方ニ関シ官報ニ広告相成候モ「エスカンチ」ナルモノハ未タ何等ノ届出無之云々本年四月廿六日付送第一二五号御照会ノ旨了承即チ取調候処河内宗一ナルモノハ本県人ニシテ明治四年十月仏国へ留学シ同六年帰朝シ後ニ白上家ニ復籍直方ト唱へ長崎税関長奉職中去ル十九年死亡セシ趣ヲ以テ其実兄白上乾輔ヨリ別紙之通証券三葉相添へ願出候ニ付願書并証券三葉及御送付候条本件ニ対シ尚ホ御取調之義有之候得ハ白上直方遺族ハ在東京左記之地ニ居住ノモノニ付直接御掛引相成候ハ、便宜カト被相考候御含マテ御回答旁此段申進候也

明治廿七年六月廿五日

山口県知事原保太郎　印

外務省通商局長原敬　殿

追テ証券ニ対スル領収証御送付有之度此段申添候也

白上直方養嗣子

戸主　白上貞一

右ハ外国留学中

直方未亡人　テウ

右ハ東京市麹町区飯田町六丁目十二番地居住

㉜白上乾輔よりの預金返戻方願書

預金返戻方ノ件願

紐育倫敦巴里等ニ本店若クハ支店ヲ置キ銀行業ニ従事シ千八百七十四年（明治七年）ノ頃破産シタル「ホウルス、ブラザース商社ニ預金ヲ為シタル河内宗一ナル者何等ノ届出ヲ為サ、ル旨御下問相成候処河内宗一ハ私実弟ニシ

テ直方ト改名シ后ニ白上ト復籍仕リ其后死亡仕候同人事明治四年十月仏国ヘ留学ヲ命セラレ同六年末ニ帰朝仕候処留学中預金ヲ為シタル証券参通相分リ候間同配当金返戻候様御取計被成下度別紙証券相添ヘ此段奉願候也

山口県吉敷郡宮野村第四百八拾九番屋敷士族

明治二十七年六月十六日

亡河内宗一実兄　白上乾輔　印

㉝外務省通商局長原敬よりの山口県知事宛の回答書

明治廿七年六月三十日発遣

送第二二九号

外務省通商局長原敬

山口県知事原保太郎　殿

「ボウルス、ブラザース」商社債権者之義ニ就キ河内宗一実兄河内乾輔ノ願書并ニ為替券三葉相添ヘ本月廿五日付一乙第一七九九号ヲ以テ御回答之趣了承然ル処該為替券ハ今猶有効之証券ナリトスルモ「カリホルニヤ」銀行、「ヲリエンタル、バンク、コルポレーション」又ハ紐育「リース、ワーレル」商会等ニ関係アルノミニテ本件「ボウルス、ブラザース」商社ニ対スル債権ノ証トハ不相成候様相見ヘ候ニ付茲ニ及御返戻候間本人ヘ下戻方可然御取計相成度猶本件ニ関シ河内宗一債権ノ有無之義ハ至急当省ヘ直接申出候様白上乾輔ヘ及通達置候間左様御承知相成度此段回答申進候也

別紙ハ為替券三葉

㉞外務省通商局よりの白上乾輔宛通知書

送第一九三号

外務省通商局

山口県吉敷郡宮野村四百八十九番屋敷

白上乾輔殿

明治七年之頃破産シタル「ボウルス、ブラザース」商社ニ対シ河内宗一ヨリ預金ヲ為シタル証券トシテ為替券三葉相添へ配当金受取方本月十六日附ヲ以テ山口県庁ヲ経願出有之候処該為替券ハ縦令今猶有効ノモノナリトスルモ「カリホルニヤ」銀行、又ハ「ヲリエンタル、バンク、コルポレーション」等ニ関係アルノミニシテ本件「ボウルス、ブラザース」商社ニ対スル債権ノ証トハ難見認候ニ付不日山口県庁ヨリ下戻可相成候間左様御承知相成度就テハ右ノ他河内宗一ヨリ「ボウルス、ブラザース」商社ニ対スル債権ノ有無至急取調当省へ直接届出相成度

此段申進候也

㉟外務省通商局よりの白上テウ宛通知書

送第一九四号

外務省通商局

東京麹町区飯田町六丁目十二番地

白上てう殿

紐育倫敦巴里等ニ本店若クハ支店ヲ置キ銀行業ニ従事シ千八百七十四年（明治七年）之頃破産シタル「ボウルス、

ブラザース」商社財団配当方ニ関シテハ本年三月十七日以後ノ官報ニ広告致置候得共右債権者氏名中「エス、カンチ」ト有之候者ニ関シテハ何等ノ届出モ無之然ル処右ハ山口県人河内宗一ノ義ニ可有之カト被察候ニ付取調方山口県庁へ依頼ニ及置候処此度実兄白上乾輔ヨリ宗一留学中仝社ニ預金ヲ為シタル證券トシテ為替券三葉相添へ配当金受取方申出候得共右為替券ハ本件ニ関係ヲ有スルモノト難認候ニ付下戻致候就テハ若シ実際「ボウルス、ブラザース」商社ヨリ宗一ニ対シ預金払戻未済ノ分有之候ハ、其旨至急当省迄可被届出此段及通達候也

㊱白上テウよりの外務省通商局宛届出書

明治廿七年七月九日接受

本年六月三十日付雑第一九四号ヲ以テ紐育倫敦巴里等ニ本店若シクハ支店ヲ置キ銀行業ニ従事シ千八百七拾四年(明治七年)之頃破産シタル「ボウルス、ブラザース」商社財団配当方ニ関シ御通達之趣奉拝承候右ハ亡河内宗一洋行中実際「ボウルスブラザース」商社ニ対シ預金払戻未済ノ分有之候間此段御届仕候也

東京市麹町区飯田町六丁目拾弐番地

明治二十七年七月　　白上テウ　印

外務省通商局　御中

そして、外務省は、ボールズ兄弟商会銀行の破産管財人「サミュエル、ヂー、ドレーキ」氏より調査依頼のあった債権者の氏名および宿所に関し、「エス、カンチ」・森寺邦之輔・「サイ、ムトウ」については目下取調中であると五月二四日送第四〇号で在米公使建野郷三に伝えていたが、七月一六日発遣の送四九号で、その取調結果が判明した

と、以下の㊲のように、在米国公使建野郷三へ申し伝えたのであった。

㊲外務次官林董よりの在米公使建野郷三宛回答書

送第四九号

外務次官　林　董

在米特命全権公使建野郷三　殿

「ボウルス、ブラザース」商社債権者取調之件

「ボウルス、ブラザース」商社債権者之件ニ関シテハ去ル五月廿四日附送第四〇号ヲ以テ御回答ニ及置候処其際取調中之分ハ左記之通ニ有之候間右管財人「サミュエル、ヂー、ドレーキ」氏へ通知方可然御取計相成度此段申進候也

○山口県

河内宗一（亡）

白上家ニ復籍シ名ヲ直方ト改ム

右養嗣子白上貞一ハ外国留学中

未亡人　東京麹町区飯田町六丁目十二番地

白上テウ

○三条家旧臣

森寺邦之助（亡）

右遺族京都市河原町夷川上ル森寺シゲ

代人

東京麻布鳥居坂町一番地三条家々扶
冨田藤太
○滋賀県士族
武藤精一（亡）
右嗣子
静岡県静岡市追手町百番地
武藤万次郎

その後、次の㊳のように、武藤万次郎から再度九月一二日付「預金払戻請求方嘆願書」が静岡県へ提出され、それが外務省へ送られてきた。それによれば、未だ破産管財人の方からは何の連絡もないが、遺族の「生計上ノ事情」を考慮の上、預金払戻の請求を宜しくお願いしたいというものであった。

㊳武藤万次郎よりの預金払戻請求方願書

嘗而亡祖父武藤精一義米国留学中紐育府「ブールス、ブラザース」商社へ預金致置キ候処今回該社ヨリ貴省迄日本「サイ、ムトウ」ナル者ノ遺族取調方願出候由ニテ貴省ヨリ当春「サイ、ムトウ」即チ武藤精一ノ遺族私共へ右債権之一義御下問有之候ニ付速時事実ヲ調査具申仕候歟貴省ニテハ直チニ右ノ始末該「ブールス、ブラザース」商社ニ御示達被下候事ト恐察就テハ未ダ該商社ヨリ何等之義モ申出無之候哉未ダ何等ノ義モ願出無之候ニ於テハ何卒御手数之段奉恐縮候得共篤ト遺族私共ノ今日ノ生計上ノ事情等御詳査ノ上該預金払戻請求方宜布御取計ヒ被下度此段敢テ奉嘆願候　拝具

明治二十七年九月拾弐日
静岡市追手町百番地
戸主滋賀県士族　武藤万次郎　印
外務省庶務係　御中

第四節　証明書の交付

明治二七年一〇月から翌二八年一月にかけて、㊴・㊵のように破産管財人の方から預金していたことの証拠書類の送付を求める来信が債権者の方へあり、㊶・㊷・㊸・㊹・㊺・㊻が示すように、故「河津祐之」の遺族「河津暹」・故「長野文炳」の遺族「長野文鹿」・「佐々木高行」・「河鰭実文」・故「森寺邦之助」未亡人「森寺シゲ」代理人の三條家々扶の「冨田藤太」そして「阿部潜」らから、相次いで債権者に相違ないことを証する証明書交付の願書が、外務省へ提出されてくる。

それらに対して、外務省は、㊼・㊽・㊾・㊿・51・52のような英訳証明書を作成し、それらを彼らにそれぞれ交付していった。これらの証明書は、いずれも当時「同姓異人」の者の海外渡航は記録上少ないとして、債権者であることに相違ないことを日本帝国外務省通商局長原敬の名において証明するというものであった。

㊴破産管財人サミュエル・ヂー・ドレーキよりの長野文炳への来信
No. 44 Broadway, New York, August 2nd 1894

Fumika Nagano,

No. 384 (o.aza) Uyeno, Uyeno, Mura, Totchigi- Ken, Japan.

Dear Sir : -

Having Learned through the Foreign Office that you are the successor of the late Fumiaka Nagano, I write to assertain if you hold for estate any evidence of a claim against the late firm of Bowles Bros. & Co., Banker, who failed in 1872. The name Fumiaka Nagano appears upon their list of creditors who are entitled to the dividends declared by the trustees. I will state that this, with other Japanese claims, was originally presented by Attorneys who were unable to produce Letter of Credit or other vouchers, issued by the firm, hence the payments were withheld. It is necessary that these vouchers be presented to me, as evidence of such debt, to procure the dividends referred to. I shall be obliged by your reply and be pleased to give any additional information that may be necessary, if you represent the claim.

Awaiting your early reply, I am, very respectfully yours.

Sam J. Drake.

Trustee B. B. & Co. Trust.

㊵破産管財人サミュエル・ヂー・ドレーキよりの佐々木高行への来信

No. 44 Broadway, New York, August 2nd '94

Takanori Sasaiki,

No. 1 Roppoigi-cyo Azabu-Ku, Tokio, Japan.

Dear Sir : -

Having Learned of your address through the Foreign Office, I write to assertain if you are creditor of the late firm of Bowles Bros. & Co., Bankers, who failed in 1872. The name F. Sasaki (which bears resemblance to yours) appears upon their list of creditors to whom devidends have been declared by the Trustees and payable upon presentation to them of the Letter of Credit or other Vouchers, issued by the firm, as evidence of debt. I will state that this, with other Japanese claims, was originally presented by attorneys who were unable to produce the necessary vouchers, hence the payments were wuthheld. If you are the creditor referred to, I will be good enough to inform me, I shall be pleased to advise you further in the matter of necessary.

Awaiting your early reply, I am yours very respectfully.

Sam J. Drake.

Trustee B. B. & Co. Trust.

㊶河津暹からの証明書交付につき願書

願書

去ル千八百七十四年頃破産シタル米国ボールス、ブラザース商社ヘ亡父河津祐之ヨリ預ケ金致シ置キタル義ハ同人存生中本年三月廿五日付ヲ以テ御届申上置候処今般同社財団管理者ヨリ別紙写之通預ケ金証拠書類送付方申越有之尤モ亡父臨終之際右預ケ金ニ対シ同社財団ノ配当ヲ請求可致旨遺言モ有之候ニ付早速遺留ノ書類ニ就キ篤与取調候得共何分証拠トナスヘキモノ発見不致候就而ハ右様遺言之次第モ有之且ツ右商社破産ノ頃ニ於テハ本邦ヨリ海外ヘ渡航シタル人物ハ実ニ若干名ニモ過キス他ニ同名異人ナキノ事実モ其筋ニ於テ明瞭ナル義ト被存候ニ付其辺御取調之上何卒亡父祐之ヨリ同商社ニ対シ債権アル事実相違無之旨貴省於テ御証明被成下候様致度此段奉願候也

明治廿七年十月　　芝区白金台町四丁目七十一番地

河津　暹　印

外務省通商局長原敬　殿

㊷長野文鹿からの証明書交付につき願書

願書

去ル千八百七十四年頃破産シタル米国ボールス、フロザース商社ヘ亡父長野文炳ヨリ預ケ金致シ置キタル義ニ付今般同社財団管理者ヨリ別紙写之通預ケ金証拠書類送付方申越有之尤モ亡父臨終ノ際右預ケ金ニ対シ同社財団ノ配当ヲ請求可致旨遺言モ有之候ニ付早速遺留ノ書類ニ就キ篤与取調候得共何分証拠トナスヘキモノ発見不致候就テハ右様遺言之次第モ有之且右商社破産ノ頃ニ於テハ本邦ヨリ海外ヘ渡航シタル人物ハ僅ニ若干名ニモ過キス他ニ同名異人ナキノ事実モ其筋ニ於テ明瞭ナル義ニ被存候ニ付其辺御取調ノ上何卒亡父長野文炳ヨリ同商社ニ対シ債権アル事実相違無之旨貴省於テ御証明被成下候様致度此段奉願候也

明治廿七年十一月　　栃木県安蘇郡植野村大字植野三百八十四番地

亡長野文炳相続人　長野文鹿　印

外務省通商局長原敬　殿

㊸佐々木高行からの証明書交付につき願書

願書

西暦千八百七拾四年頃破産シタル米国ボールス、フロザース商社へ拙者ヨリ預ケ金致シ置キタル義ニ付今般同社財団管理者ヨリ別紙写ノ通リ預ケ金証拠書類送付方申越有之候ニ依リ右証書類取調候処年月ノ久シキ何分証拠トナスベキモノ発見不致候然ルニ右商社破産ノ頃ニ於テハ本邦ヨリ海外へ渡航致シタル人物ハ僅々若干名ニ過キズ他ニ同名異人ナキノ事実モ其筋ニ於テハ明瞭ナル義ト被存候ニ付キ其辺御取調ノ上何卒拙者ヨリ同商社ニ対シ債権アル事実相違無之旨貴省ニ於テ御証明被成下候様致度此段奉願候也

明治廿七年十一月

東京市麻布区六本木町一番地

佐々木高行　印

外務省通商局長原敬　殿

㊹河鰭実文からの証明書交付につき願書

御証明願

去ル千八百七十四年頃破産シタル米国ボールス、ブロザース商社へ預金致置キタル儀ハ本年三月中御届申上候処今般同社財団管理者ヨリ別紙写之通リ預金証拠書類送付方申来候但シ実文儀ハ去ル明治五年一月十四日太政官ノ命ニ依リ英国倫敦ニ留学仝年十一月廿八日帰朝其ノ際米国紐育府ヲ経由セシ筈ニ而前陳ボールス、ブロザース商

社へ旅費其他ニ宛而金円預ケ置帰途同社ニ就キ預ケ金取戻之方申込候処豈図ランヤ既ニ閉社ノ場合ト相成リ不得止一時他ヨリ金融辛ウシテ帰朝ヲ遂ケ申候仕合也実文留学中ニ係ル金銭出納ハ最初渡航ノ際ヨリ随行者タル亡森寺常徳ナルモノヘ一切委托シ置候事故該社ヘノ預金高モ年数経過ノ今日ニ而ハ判明記憶不仕殊ニ前述森寺ナルモノ既ニ去ル明治十四年二月十五日死亡依而本人遺族ニ就キ猶遺留ノ書類篤ト取調申候処是又証拠ニ宛可申モノ更ニ無之然レ共前条縷陳仕候通リボールス、ブロザース商社ヘ金円預ケ候儀間違無之ニ付同社ヘ対シ債権アルノ事情相違無之旨御省ニ於而御証明被成下度此段奉願候也

明治二十七年十一月　　子爵　河鰭実文　印

外務省通商局長原敬　殿

㊺冨田藤太からの証明書交付につき願書

御証明願

去ル千八百七十四年頃破産シタル米国ボールス、ブロザース商会ヘ森寺シゲ亡父森寺邦之助ヨリ預ケ金イタシタル儀ハ本年三月中御届申上置候処今般同社財団管理人ヨリ別紙写シノ通リ預ケ金証拠書類送附方申越候右森寺邦之助ハ去ル明治十四年二月十五日死去仕候然ルニ本人存命中又臨終ノ際ニ至ルモ右預ケ金ニ対シ同社財団ノ配当ヲ請求可致旨既ニ遺言等モ有之候旁ニ付早速遺留ノ書類ニ就テ再応取調申候得共何分証拠トナスベキモノ発見不致就テハ右遺言ノ次第モ有之且右商社破産ノ頃ニ於テ本邦ヨリ海外ヘ渡航シタル人物ハ実ニ若干名ニモ過キス他ニ同名異人ナキノ事実ハ其筋ニ於テモ明瞭ナル儀ト被存候ニ付其辺御取調之上何卒亡森寺邦之助ヨリ同商社ニ対シ債権アル事実相違無之旨御省ニ於テ御証明被成下候様仕度此段奉願候也

明治廿七年十二月

故森寺邦之助遺産相続人
森寺シゲ代理人
日本東京麻布鳥居坂町一番地
公爵三條家方ニテ
冨田藤太　印

外務省通商局長原敬　殿

㊻阿部潜からの証明書交付につき願書

米国紐育ボールス、ブラサース商会管財人サミュル、ギー、ドレーキ氏へ同商会へ私預ケ金ノ義御証明願

私義明治五年中岩倉大使へ随行洋行之際英国龍動府ボールス、ブラザース、ジョイント、ナショナール商会へ英金百三拾磅預ケ置候処同商会破産仕候ニ付別紙写ノ通リ沖守固ヲ代理トシテ大使へ出願拝借仕候段相違無之候然ル処此度同商会管財人ヨリ右預ケ金配当渡方之義ニ付別紙ノ通リ申越ニ候処私所持仕居候同商会預リ金証書之義ハ前書拝借願ニ相添大使へ差出其侭罷成居私手元ニ無之候間別紙拝借願御許可之証ヲ以テ確実ナルヲ御認定何卒該商会へ私預ケ金之義御省於テ御証明被成下候様奉願度此段奉願候也

東京府下南葛飾郡亀戸村字亀戸町九番地
明治廿八年一月十九日
阿部　潜　印

外務省　御中

⑰河津暹へ交付の英訳証明書

Certificate

The undersigned hereby certifies, upon the evidence of official documents, that late Sukeyuki Kawatz Japanese subject, who died on the 12th July last, went abroad in the year 1872, and then no other person bearing the same name has been found anyone those who went abroad either before after that year.

The 16th day the tenth month, the 27th year of Meiji (the 16th October 1894).

Signed : Hara Takashi.

Director of the commercial Bureau in H. I. M's. Department of Foreign Affairs.

⑱長野文炳へ交付の英訳証明書

Certificate

The undersigned hereby certifies according to official documents, that Nagano Fumiakira (deceased), Japanese subject, went to Europe through America, in the 4th year of Meiji (1871), and that for several years before and after that date, no other person bearing the same name went abroad.

The 10th day, the 11th month,

The 27th year of Meiji,

Hara Takashi.

Director of the commercial Bureau in H. I. M's Department of Foreign Affairs.

⑲佐々木高行へ交付の英訳証明書

Certificate

The undersigned hereby certifies according to official documents, that Sasaki Takanori, Japanese subject, went to Europe through America in the 4th year of Meiji (1871), and that for several years before and after that date, no other person bearing the same name went abroad.

The 20th day, the 11th month,

The 27th year of Meiji,

Hara Takashi.

Director of the commercial Bureau in H. I. M's Department of Foreign Affairs.

⑳河鰭実文へ交付の英訳証明書

Certificate

The undersigned hereby certifies according to official documents, that Viscount Kawabata Sanebumi, Japanese subject, went to England in the 5th year of Meiji (1872), and that for several years before and after that year, no other person bearing the same name went abroad.

The 25th day, the 12th month,

of the 27th year of Meiji,

Hara Takashi.

Director for the commercial Bureau in the H. I. M's Department of Foreign Affairs.

⑸冨田藤太へ交付の英訳証明書

Certificate

The undersigned hereby certifies according to official documents, that late Moridera Kuninosuke, Japanese subject, went to England in the 5th year of Meiji (1872), and that for several years before and after that year, no other person bearing the same name went abroad.

The 28th day, the 12th month,

of the 27th year of Meiji,

Hara Takashi.

Director for commercial Bureau in H. I. M's Department of Foreign Affairs.

㊼阿部潜へ交付の英訳証明書

Certificate

The undersigned hereby certifies according to documents evidence , that Hisomu Abe, Japanese subject, went to England in the 5th year of Meiji (1872), and that he was creditor of Bowles Bros. & Co., for the sum of one hundred thirty pounds (£130) at the time of their bankruptcy.

The 28th day, the 1st month,

of the 28th year of Meiji,
Hara Takashi.
Director of the commercial Bureau in H. I. M's Department for Foreign Affairs.

そして、明治二八年二月になると、静岡県知事より、故武藤精一の遺族である武藤万次郎から、(53)にある書類を添えた願書が届け出られたと連絡があった。

(54)の願書には、破産管財人から債権者であることの証拠書類提出を求める来状が直接自分宛に届いたが、自分は軍務に服していた関係で証拠書類の捜索もままならない。よって(55)の亡父「武藤精一死亡状況陳述書」、「墓碑ノ図面」などを添え、相続者である自分が「正当ノ債権者」であることの証明を求めるものであった。この武藤万次郎の願に対して、外務省は、(56)にあるように、上述の者たちと同じく、武藤万次郎が債権者であることの英訳証明書を交付したのであった。

(53)静岡県よりの外務省宛の送付書

一第四四〇号

県下静岡市追手町百番地士族武藤万次郎ヨリ亡父武藤精一ガ米国紐育府ボウルスブロザース商会へ預金之件ニ付別紙之通貴省へ願出候ニ付左記書類相添及御送致候条可然御取計有之度候也

明治廿八年二月二十日　静岡県　印

外務省　御中

一武藤万次郎嘆願書　　壱通
一米国ヨリノ来状　　壱通
一武藤精一死亡当時ノ状況陳述書　壱通
一同人写真　　壱葉
一同人墓碑ノ図面　　壱葉
一同人献品ニ係ル賞与辞令　壱葉
一右賞与ニ関スル博物館長ノ受取書　左ノ通
一同上博物館ヨリノ達書　壱通
一同上上川原町戸長役場ヨリノ達書　壱通
〆九点

㊹武藤万次郎よりの外務省宛嘆願書

故武藤精一、米国紐育府「ボウルス、ブロザース」商会ニ預金今般拙者ニ払戻ノ件ニ付其預ケ証書及証拠書類等紛失ノ始末御届申上尚預入ノ金高ヲモ判明不仕故同商会ノ帳簿ニ拠リテ即相続者タル拙者エ払渡サル様明治廿七年六月三日附ヲ以テ御願置候処今般直接拙者へ別紙ノ通リ申越ニ相成候モ曩ニ貴省へ御届申上候通リノ次第ニテ殊ニ拙者義モ昨年十二月騎兵第三大隊補充中隊へ入営仕当時軍務ニ服役罷在故ニ今其証拠書類ノ捜索ニ手ヲ尽スト云事ノ致難ク場合ニ御座候ニ付只正当ノ債権者ハ拙者タル事ヲ証スル為メ亡父ノ写真及米国ニ建設ノ墓碑ノ図面同人ノ献品ニ係ル御賞与ノ辞令書死亡当時ノ状況陳述書等ヲ上覧ニ供シ候間何卒相続者タル拙者へ払渡ニ相成様貴省ノ御取計ヒ相成度若又御不審ノ廉モ有之候得バ何時タル共答申仕候間格別ノ御詮義ヲ以テ願意御採用相成度此段只管奉嘆願候也

静岡県静岡市追手町百番地士族

明治廿八年一月卅日　戸主　武藤万次郎　印

外務省　御中

(55)武藤万次郎より提出の故武藤精一死亡当時の状況陳述書

故武藤精一死亡当時ノ状況陳述書

病発ハ西暦千八百七十三年夏ノ初メノ頃ニテ初メノ程ハ風邪ニ有之候由ノ処次第ニ不宜故ニ「ユテカ」ト申所ノセント、エルサハス」ト申病院へ入院仕候処医薬功ヲ奏シ一旦ハ余程快方ニ相成候モ命運□□遂ニ十月六日夜十二時頃右病院ニテ死亡仕候其病名ハ「クイッキ、コンソンプレヨン」ト申由ニテ葬式ノ義ハ同九日昼第三時「ウエスト、ミニストル、チョルチ」ト申寺ニテ寺僧ノ名ハ「ブラヲン」ト申人ニテ厚ク執成被下候由墓所ハ「フヲルエスト、ヒイル、セミタリー」ト申所ニテ「ユテカ」市外西北凡壱里計ノ地ニ御座候由

右ノ通ニ御座候也

武藤万次郎

(56)武藤万次郎へ交付の英訳証明書

Certificate

The undersigned hereby certifies, that late Muto Seiichi, Japanese subject, died in New York in the month of

October, 1873, and that Muto Manjiro is his legitimate heir.

The 2nd month, the 28th year of Meiji,

Hara Takashi.

Director of the commercial Bureau in His Imperial Majesty's Department of Foreign Affairs.

以上が、外務省外交史料館に所蔵されている書類「米国ボウルス、ブラザース商社ニ対スル本邦債権者宿所等取調方在米建野公使ヨリ照会一件」に残されている史料のあらましである。

一八七二年一一月に発生したボールズ兄弟商会銀行の破産事件は、二三年後の明治二八（一八九五）年に至って、日本人債権者に関する限り、彼らの氏名・宿所の調査完了をもって終わりを告げたのであった。

各債権者に対しての払戻金額については不明であるが、一八九五年六月二二日付の『タイムズ』紙によれば、アメリカン・ジョイント・ナショナル・エージェンシーの債権者に対して、財団のフランクリン・H・ストーリー（Franklin H. Story）とサミュエル・J・ドレーク（Sam'l. J. Drake）より、七月一日以降、一ポンドにつき一〇ペンス四分の一の払い戻しが行われることが告知されているので、おそらくボールズ兄弟商会の債権者に対しても同一の割合で払い戻されたと思われるのである。

OFFICE OF BOWLES BROS. AND CO. TRUST. 50, New-street, New York City, June 12th, 1895.

Franklin H. Story and Sam'l. J. Drake, Trustees, — A. DIVIDEND of ten and one-quarter pence (10 1/4d.) on the £ will be PAID to scheduled creditors of the Joint National Agency Branch of Bowles Bros. and Co., on and after

July 1st, 1895, at the trustees' office, 50, New-street, New York City.

Please note that the triple Currency Bond of B. B. and Co. standing in the name of the above-mentioned creditors must be presented on application for the dividend, as payment of the dividend will be marked upon the coupons. — Sam'l. J. Drake, Trustee.(141)

結び——狂歌

第一章で触れたように、木戸孝允特命全権副使は、明治五年一〇月一一日付の日記に、バンク破産で皆狼狽し、その様子は筆では表現できない。その中でも「奇たるもの」は塩田一等書記官で、「平生交情刻にして甚愛金」の人物であった。そのため、周辺の者たちから「鬼」の異名をとっていた。そこで、バンク破産の災難に遭って預金を失う羽目になり、**「鬼の目に涙バンクの御分散」**という狂歌ができたのであると記していた。

そして、岩倉使節団の公式報告書ともいわれる『特命全権大使米欧回覧実記』の編著者である久米邦武についても狂歌がつくられ、それは**「白はぎに見とれもせぬに百ポンドとんと落たる久米の仙人」**であると記していた。久米は、その「風姿」は甚だ「雅朴」であり仙人の異称を持っていた。「平素」から「倹約家」であり、無駄遣いはしない人物であったために この災難に遭い、からかいの狂歌がつくられたというのである。

また、第二章でも触れたように、福地一等書記官は、留守政府の渋沢栄一に宛てた明治五年一〇月一二日（一八七二年一一月一二日）付の書簡で、同じく塩田と久米についての狂歌として、**「鬼の眼ニ涙バンク之御分散」**、**「向脛の色も見ぬのに百五十ポント落たる久米の仙人」**がつくられたことを記し、久米について「久米ハ人物奇なるより仙人之異名あり、且大吝ニて手砲ヲ放チテ此百五十ポントを余したるよし」と伝えていた。

それでは、どのような狂歌がつくられたか、諸書に載っているものをここで取り上げてみよう。

まず、林董が記した狂歌である。林は岩倉使節団の二等書記官として米欧に同行し、後に回顧録を刊行している。

「預金の失敗」という見出しの項目には、次のようにある。

岩倉使節が欧米巡廻の頃、米国人ボールス兄弟なる者、一銀行を立て、本社を倫敦に置き、日本留学生及び観察員の便宜を計りて金を預かる。当時倫敦の留学生の一人某を、重役の一人として、日本人に関する事を取扱わしめたり。使節着英の後、大使以下一行の人、此銀行に私金を預けたる者多し。其上にも使節の公金を預らんと欲し、右の日本人をして会計主務田中光顕氏を説かしめたれども、田中氏は福地源一郎の言を聴いて、痛く之を拒絶したり。間もなく此銀行は、瑞西に於て、アラバマ事件仲裁に関係の諸国委員に、盛なる饗応をなして、直に銀行を閉店したり。之によりて、使節一行の預金したる者、皆損となる。落首等多く出来たり。其中二、三記憶したる者を挙れば、

条約は結びそこない金を棄て　世間へ大使　何と岩倉
白脛に見とれもせずに　百五十ポンド落たる久米の仙人（文学博士久米邦武氏、英貨百五十ポンドを失う）
爪に火をとぼしてためた二千両　サスが塩田は辛き目に逢う（一等書記官塩田篤信は、従来吝嗇の名あり）

塩田三郎篤信は、駐劄北京公使となりて、任所に卒せり。才識卓絶にして、能く英仏二国の語に通じ、早くより万国公法及び生理学等を修めて国家有用の材なりしが、何分にも極て吝嗇なるが為に、人に厭われ嫌れたり。吝嗇の徳を損すること、誠に大なり。(142)

次に、岩倉使節団の会計責任者であった田中光顕の評伝『田中青山伯』には、以下のようにある。

何分赤毛布旅行であつたから到る処滑稽談もあり、失敗談もあつた。中にも自分は会計の役目を持つて一行の旅費として五十万弗といふ大金を預つて居た。処で、一行が紐育に着くと、当時英国のナショナル、バンクに居た南貞助という男が遙々紐育へ迄来て、其金を自分の銀行に預けて貰ひたい。ソウすれば利廻りも特別に良くする。通弁も入ぬからと、頻りに勧めるので、木戸大久保等も之に動かされ夫なら預けたらどふだといふから、自分は旅費を利殖する必要が無いとて拒むと、今度は銘々の持て居る臍栗金を預けやうといふ事になつた。といふのは一行中に旅費や手当を節約して大分溜めて居た者があつたから、ソウ言ひ出したのであるが、自分や伊藤、福地などは旅費を残して帰る様なケチな事はしないと言つて、遣ふ丈は遣つて此預金に反対したが、夫でも外の連中は預けてしまつた処で、英国へ着くと間もなく其ナショナル、バンクが破産して、一同開いた口が塞らなかつたといふ奇談があつた。此時一行中誰かゞ、此様な落首を作つた。

条約は結び損ひ金は捨て、世間へ大使何と岩倉
爪に火をとぼして溜た金を捨て、流石塩田は辛き目に逢
山口と知らで預けた臍繰を外務にされて、何と少輔
白脛に見とれもせぬに百五十磅と墜した久米の仙人
女房を持つか持たぬに分散はミナミに出た錆にぞ有ける
鬼の眼に涙バンクの御分散

此様な事で一同の泣き顔に比し、自分等三四人の者は鼻を天狗にしたものだ。併し之が為め一行の旅費は無難に助かつた訳で、自分としては大分男前を上げた訳であつた。[143]

そして、アメリカン・ジョイント・ナショナル・エージェンシーの預金者代表として、預金取り戻しの交渉にあたった尾崎三良も、以下のように記している。

又随行者中、一等書記官塩田三郎と云ふ人あり。此人ブールス商会に預けし金額は同僚中にて一番多額なりし（凡そ六百ポンド、今ならば我六千円なり）。折角倹約し蓄積せし金額を一朝烏有となし、一時真青になりふさぎ居りしを、或る書生が悪戯に、

しみたれてためしたからをみなとられさすが塩田がからき目にあふ

と云ふ。

又大使随行者の一人に久米邦武と云ふ人あり。読書家にして少し仙骨あり。人呼んで久米の仙人と云ふ。此人も亦ブールスの銀行へ預けたる百五十ポンドあり。

白脛をいまだ見ずして百五十ポンド落ちたる久米の仙人

と云ふ狂歌を作り、日本書生中所々へ郵便に投書するものあり。(144)

また、岩倉使節団に工部省理事官肥田為良の随行として欧州の鉱山を視察し、後に日本近代製鉄業の父といわれた大島高任の事蹟をまとめた『大島高任行実』でも、次のように記されている。

一行の倫敦に在るや、長人南貞輔偶ま某銀行に在り、一行は之を縁故に路銀を挙げて之に托し当座預けと為す、焉んぞ知らん、此銀行は当時頗る困難の状況に陥り、金融機関殆んと閉塞せんとする際なりしを以て偶ま大使一

行の来るを聞き予め日本人を手代となして、其旅費の全額を預ると称し、以て一時の融通を付けんと欲せしものなるを、事情如此なりしを以て幾くも無くして銀行は破産せり、一行は路銀を棒に振れり、皆々泣きたきばかりにて狂歌覚えず口を衝て出づ

条約は結びそこなひ金とられ世間へ対し何と岩倉

木戸孝允（=読み人）

預けしを失ふも尚為替なりバンク（銀行）不易と誰かいふらん

島地黙雷（=読み人）

爪に火をとぼしてためし金とられさすが塩田はからき目に逢ふ

読人知らず

白脛に見とれもせぬに百磅落ちたる久米の　仙人

読人知らず

蓋し塩田三郎の節険（ママ）と久米邦武の謹直なりしをいふなり。[145]

「鬼の目に涙バンクの御分散」とか「爪に火をとぼしてためた二千両　サスが塩田は辛き目に逢う」あるいは「爪に火をとぼしてためし金とられさすが塩田はからき目に逢ふ」「しみたれてためしたからをみなとられさすが塩田がからき目にあふ」とからかわれた塩田三郎は吝嗇の評判があったためであるが、「向脛の色も見ぬのに百五十ポント落たる久米の仙人」「白脛に見とれもせぬに百五十磅と墜した久米の仙人」「白脛をいまだ見ずして百五十ポンド落ちたる久米の仙人」「白脛に見とれもせぬに百磅落ちたる久米の仙人」と風刺された久米邦武については、第五章で見

たように、私金預金高は確かに一五〇ポンド余ではあったが、それは「但旅費日当金として前渡候内預金候に付官費可相成分」とされ、実質的被害はなかったのであった。

「山口と知らで預けた臍繰を外務にされて、何と少輔」と謡われた特命全権副使の山口尚芳については、詐欺的な勧誘にせっかく貯めた臍繰を失う羽目になったことを狂歌の対象とされたものであった。

また、「女房を持つか持たぬに分散はミナミに出た錆にぞ有ける」は、岩倉使節団員をはじめ留学生たちの預金勧誘に骨を折り、アメリカン・ジョイント・ナショナル・エージェンシーひいてはボールス、ブラザース兄弟商会のビジネスの展開に貢献し、後に「国際結婚第一号」とまで語られるほど一時は威勢のよかった南貞助が皆から見向きもされなくなる様が、皮肉られているのであった。

しかし、なんといっても特命全権大使の岩倉が、「条約は結びそこない金を棄て　世間へ大使何と岩倉」という狂歌にあるように、アメリカでの条約改正交渉の失敗に加え、バンク破産の難に遭って大金を失い、「世間」に対してどのような言い訳をするつもりかと、木戸孝允によって強烈に風刺されているところに、日本資本主義の勃興期にあった日本が資本主義金融の「落とし穴に」嵌まったのであるともいえる。

そのことは、**「預けしを失うも尚為替なりバンク（銀行）不易と誰かいふらん」**という狂歌がよく示しているところでもあったのである。

註

（1）岩倉使節団一行は、正規の団員・随従・華士族留学生から成っていた。横浜出発時の団員については、拙稿「岩倉使節団のメンバー構成」（中央大学法学会『法学新報』第九一巻第一・二合併号、一九八四年六月）、随従・官費私費の華士族留学生については、拙稿「岩倉使節団の従者と同航留学生」（『中央大学百周年記念論文集（法学部）』、一九八五年一〇月）、拙稿「岩倉使節団の従者と同航留学生に関する追考」（中央大学法学会『法学新報』第一〇四巻第一号、一九九四年一一月）をそれぞれ参照。

（2）『日本外交文書』第四巻、第一冊、一〇二号。スペイン・ポルトガル二か国への訪問は両国の政情不安定から、結局、取りやめとなった。

（3）使節団のスコットランド巡遊については、久米邦武編、田中彰校注『米欧回覧実記』第二巻、岩波文庫、一九七八年一〇月を参照。

（4）『大使公信』（原本）、国立公文書館。

（5）『郵便報知新聞』明治六年二月、第三六号、第三九号（早稲田大学・古典籍総合データベース）。

（6）妻木忠太編『木戸孝允日記　第二』日本史籍協会、一九三三年、二七三〜二七四頁。

（7）『尾崎三良自叙略伝』上巻、中央公論社、一九七六年、一一八〜一一九頁。

（8）森谷秀亮「南貞助自伝『宏徳院御略歴』」（明治文化研究会編『明治文化研究・新旧時代』第三年・第九冊、一〇月号、福永書店、一九二七年）。

（9）吉野作造「漫読漫談（其一）」（明治文化研究会編『明治文化研究・新旧時代』第四巻第三冊、三月号、福永書店、一九二八年）。吉野が見た『尾崎三良自叙略伝』は大正五（一九一六）年刊行とあるが、本書では『尾崎三良自叙略伝』上・中・下、中央公論社、一九七六年に拠った。

（10）手塚竜麿「南貞助と妻ライザ」（同『日本近代化の先駆者たち』吾妻書房、一九七五年）。

（11）小山騰『国際結婚第一号』、講談社メチエ選書、一九九五年。

（12）南誠『南貞助略伝』（私家版）、青森県立図書館所蔵、一九八〇年。
（13）『履歴』（『宏徳院御略歴　全』（私家版）、東京大学史料編纂所所蔵、史料No.一〇四四―八八七）。
（14）西園寺公望は、明治三年一一月二日に米国郵船「グレートリパブリック」号で横浜を発っているので、南を含む東伏見宮一行とは行をともにしてはいない（伊藤之雄『元老西園寺公望』、文春新書、二〇〇七年、二九頁）。
（15）『太政類典』第一編、第一二〇巻、学制、生徒第二。
（16）The Records of the Honarable Society of Lincoln's Inn Vol 2. Admissions from A.D. 1800 to A.D. 1893 and Chapel Registers. London, 1896, p. 350.
（17）前掲、小山騰『国際結婚第一号』、五一頁。
（18）同右、四九頁。
（19）同右、五四頁。
（20）志村嘉一郎「電気事業起業家と九電力体制」（『帝京大学短期大学紀要』第三〇号、二〇〇九年、五頁）。
（21）加納正巳「近藤鎮三『欧米回覧私記』」（『静岡女子大学研究紀要』第二〇号、一九八六年、六二～六三頁）。
（22）前掲、尾崎三良『尾崎三良自叙伝』上巻、一一九頁。
（23）大蔵省国債局編『七分利付外国公債発行日記』（大内兵衛・土屋喬雄編『明治前期財政経済史料集成』第一〇巻、復刻版、原書房、一九七九年、九二頁）。
（24）同右。
（25）前掲、『尾崎三良自叙伝』上巻、一一九頁。
（26）久米美術館編『久米邦武と『米欧回覧実記』展――日本を世界にひらく岩倉使節団――』一九八五年、図版No.51。なお、この案内広告は久米美術館編『歴史家久米邦武展』（一九九一年）にも図版No.19として再掲されている。
（27）前掲、『尾崎三良自叙伝』上巻、一一九～一二〇頁。
（28）『渋沢栄一伝記資料』別巻第八、渋沢青渊記念財団竜門社、一九六九年、三八八～三八九頁。

(29)尾崎三良「洋行中の奇談」(富田幸次郎『田中青山伯』、青山書院、一九一六年、五四三〜五四四頁)。
(30)由井正臣校注『後は昔の記他――林董回顧録――』、平凡社、東洋文庫一七三、一九七〇年、一八三頁。
(31)「寺島宗則自叙年譜」(寺島宗則研究会編『寺島宗則関係資料集』下巻、示人社、一九八七年、五四頁)。
(32)明治五年一一月二九日付「南貞助宛木戸孝允書翰」(日本史籍協会編『木戸孝允文書』第四巻、復刻版、東京大学出版会、一九七一年、四二七頁)。
(33)明治五年一〇月一二日付「渋沢栄一宛福地源一郎書簡」(前掲、『渋沢栄一伝記資料』別巻第八、三七八〜三七九頁)。
(34)鶴友会編『大倉鶴彦翁』、民友社、一九二四年、七八〜八一頁。
(35)前掲、小山騰『国際結婚第一号』、六二頁。
(36)前掲、『大使公信』(原本)
(37)明治(五)年一一月一〇日付「吉田清成宛伊藤博文書簡」(京都大学文学部国史研究室編『吉田清成関係文書一　書簡編1』、京都大学史料叢書一〇、思文閣、一九九三年、六五〜六六頁)。この書簡の日付は一一月一〇日とあるので、明治五年一一月一〇日のようにも受け取れるが、これは西暦の月日で、実際には明治五年一〇月一〇日のことであろう。
(38)外務省調査部編『大日本外交文書』第五巻、日本国際協会、一九三九年、一一八〜一一九頁。
(39)『太政類典』第二編、第八八巻、外国交際三一、諸官員差遣三、四一。
(40)同右。
(41)同右。
(42)同右。
(43)前掲、『尾崎三良自叙略伝』上巻、一二七〜一二八頁。
(44)『保古飛呂比　佐々木高行日記』五、東京大学出版会、一九七四年、三四二頁。
(45)前掲、鶴友会編『大倉鶴彦翁』八一〜八二頁
(46)明治三五年三月三〇日付『読売新聞』第八八九六号、第一面。

(47) 前掲、『大日本外交文書』第五巻、一一九～一二〇頁。
(48) 前掲、『尾崎三良自叙略伝』上巻、一二〇～一二一頁。
(49) 同右、一二一～一二三頁。
(50) 同右、一二三～一二四頁。
(51) 前掲、『太政類典』第二編、第八八巻、外国交際三一、諸官員差遣三、四一。
(52) 改暦により、明治五年一二月三日が明治六年一月一日となった。これにより、元号と西暦の表記については、月・日が同一となった。
(53) 『太政類典』第二編、第八九巻、外国交際三二、諸官員差遣四、一。
(54) 同右。
(55) 同右。
(56) 同右。
(57) 同右。
(58) 同右。
(59) 同右。
(60) 同右。
(61) 同右。
(62) 同右。
(63) 同右。
(64) 同右。
(65) 同右。
(66) 同右。

(67) 同右。
(68) 同右。
(69) 同右。
(70) 同右。
(71) 同右。『太政類典』第二編、第八九巻、外国交際三二、諸官員差遣四、一。
(72) 同右。
(73) 同右。
(74) 同右。
(75) 同右。
(76) 同右。
(77) 同右。
(78) 同右。
(79) 同右。
(80) 同右。
(81) 同右。
(82) 同右。
(83) 同右。
(84) 同右。
(85) 同右。
(86) 同右。
(87) 同右。

(88) 同右。
(89) 『太政類典』第二編、第八九巻、外国交際三一、諸官員差遣四、三。
(90) 同右。
(91) 同右。
(92) 同右。
(93) 『太政類典』第二編、第八九巻、外国交際三一、諸官員差遣四、一。
(94) 『太政類典』第二編、第八九巻、外国交際三一、諸官員差遣四、三。
(95) 同右。
(96) 同右。
(97) 『太政類典』第二編、第八八巻、外国交際三一、諸官員差遣三、四三。
(98) 同右。
(99) 同右。
(100) 同右。
(101) 同右。
(102) 同右。
(103) 同右。
(104) 同右。
(105) 同右。
(106) 同右。
(107) 同右。
(108) 同右。

(109) 同右。
(110) 同右。
(111) 『太政類典』第二編、第八九巻、外国交際三二、諸官員差遣四、五。
(112) 一八七二年一二月五日付『ニューヨーク・タイムズ』紙。
(113) 一八七二年一一月一六日付『アングロ・アメリカン・タイムズ』紙。
(114) 同右。
(115) 一八七三年一月二六日付『ニューヨーク・タイムズ』紙。
(116) 『英米法辞典』によれば、ロード・メイヤーズ・コートはロンドン市長裁判所のことである。ロンドン市には古くから特別の自治権が認められていて、その地域内で起こった事件を処理するために作られた「商慣習法（law merchant）」の裁判所の一つであり、一九世紀の司法改革のときに、下位裁判所となった。
(117) 一八七二年一一月二二日付『タイムズ』紙。
(118) 同右。
(119) 同右。
(120) 同右。
(121) 同右。
(122) 一八七二年一一月二七日付『マンチェスター・ガーディアン』紙。
(123) 一八七二年一二月二〇日付『ニューヨーク・タイムズ』紙。
(124) 一八七二年一二月一五日付『オブザーバー』紙。
(125) 一八七三年一月五日付『ニューヨーク・タイムズ』紙。
(126) 一八七二年一二月一九日付『ニューヨーク・タイムズ』紙。
(127) 一八七二年一二月二一日付『ニューヨーク・タイムズ』紙。

(128) 一八七三年一月一日付『タイムズ』紙。
(129) 『英米法辞典』によれば、コモンロー上は、有罪の場合に土地・財産の没収が科されない犯罪を軽罪(misdemeanour)と呼んでいる。
(130) 一八七三年二月四日付『マンチェスター・ガーディアン』紙。
(131) 一八七三年二月五日付『マンチェスター・ガーディアン』紙。
(132) 一八七二年一二月一四日付『マンチェスター・ガーディアン』紙。
(133) 一八七三年三月一二日付『タイムズ』紙。
(134) 一八七二年一一月一四日付『タイムズ』紙。
(135) 前掲、小山騰『国際結婚第一号』、六二頁。
(136) 大内兵衛・土屋喬雄編『明治前期財政経済史料集成』第一〇巻、復刻版、原書房、一九七九年、三四七~三四八頁。
(137) 前掲、『尾崎三良自叙略伝』上巻、一二五~一二七頁。
(138) 一八七三年三月五日付『ニューヨーク・タイムズ』紙。
(139) 「米国ボウルス、ブラザース商社ニ対スル本邦債権者宿所等取調方在米建野公使ヨリ照会一件」、外務省外交史料館所蔵、請求番号三―三―三―五。
(140) この官報掲載向け原稿は、二日後の明治二七年三月一七日付の官報の「広告」欄に「宿所取調方」として掲載された。そして、三月二一日、二三日、二四日、二六日、二八日、三〇日、三一日、翌四月四日の計九回と断続的に掲載されたのである。
(141) 一八九五年六月二二日付『タイムズ』紙。
(142) 前掲、由井正臣校注『後は昔の記他――林董回顧録――』、一八三~一八四頁。
(143) 前掲、富田幸次郎『田中青山伯』、二五六~二五七頁。なお、熊沢一衛『青山余影――田中光顕伯小伝――』青山書院(非売品)、一九二四年、二九六~二九八頁にも同文の記述がある。

(144)　前掲、『尾崎三良自叙略伝』上巻、一二七～一三〇頁。尾崎は、一九一六（大正五）年三月、維新史料編纂会が催した講演会で、同じ話を述べている（尾崎三良「明治四年岩倉全権大使欧米巡遊に就て」〈日本史籍協会編『維新史料編纂会講演速記録』三、覆刻版、一九七七年、六三頁〉）。

(145)　大島信蔵編『大島高任行実』、非売品、一九三八年、七一三～七一四頁。

あとがき

大学の教壇に立つようになってから六年目に、在外研究でイギリスに一年間留学した。イギリスを留学先としたのは、日本を開国させたのはアメリカであったが、その後の近代日本における外交・貿易関係において、イギリスの比重がなんと言っても圧倒的に高かったからである。

しかし、近代日本政治史研究に携わる身としては、具体的な調査目的が当初からあった訳ではなかった。日英外交史について何かテーマがあるかと思案しながら、キューガーデンのP・R・O（パブリック・レコード・オフィス、現在はナショナル・アーカイブス）に半年程通ううちに思いついたのが、岩倉使節団のことであった。

明治新政府が成立してから条約締盟諸国に派遣した最初にして最大の使節団が岩倉使節団である。その記録は有名な久米邦武編『特命全権大使　米欧回覧実記』に纏められているが、最初の訪問国であるアメリカで、条約改正予備交渉の使命を逸脱し本交渉に乗り出したが失敗し、次の訪問国であるイギリスに渡った時には、ビクトリア女王はロンドンに不在で、やむなく使節団は賜暇帰国中の駐日公使ハリー・パークスの案内でスコットランド巡遊に出かけた。

当時のイギリスはまさに大英帝国の名にふさわしい繁栄期で、世界中の新聞が収集されており、大英図書館の分館である新聞図書館はヘンドンにあった。この新聞図書館でイギリス滞在中の岩倉使節団の動静を報じたイギリスの新聞を閲覧・コピーし、時には博物館巡りなどをして、大過なく留学を終え帰国したのであるが、これが岩倉使節団研究に取り組む契機となったのであるから、今から思えば感慨深いものがある。

帰国後は岩倉使節団の出発時のメンバー構成のことから調べ始め、いつのまにか三〇数年が経過してしまった。その間、『太政類典』の史料の中に銀行破産事件の記録があることを知り、教員生活の合間に、その整理を少しずつ進めるとともに、破産事件に関する外国の新聞記事なども収集し、この度漸く纏めることができた。

ただ、南貞助の『宏徳院御略歴』の全文を載せるか否か思案したが、結局、南貞助に関心を持つ人びとへの参考資料の意味合いも兼ねて全文載せることにした。

なお、史料の引用について一言述べておきたい。江戸時代から明治中期ごろまでの「候文」には句読点がない。資料集などに史料を収録する際、編者が利用者の史料理解の一助として便宜的に句読点を適宜補う場合もある。しかし厳密に言えば、それでは史料文脈を解釈する上で誤解を生む畏れがどうしても避けられない。そこで本書では、長文の引用もあるが、句読点を敢えて施さなかった。「候文」を苦手とする人たちの諒を得られればと思う次第である。

これまで単著を出すことなく研究生活を終えてもよいかと考えていたのであるが、はからずも母校である中央大学の学術図書出版助成制度のおかげで、本書刊行の運びに至ったのは、聊か面はゆい気がする。助成対象候補として審査にあたられた方々には、ご多忙の中多くの時間を割いていただき、そして助成対象たりうるとの評価をいただいたことに、深甚なる感謝の意を表したい。

私事なのだが、大学を定年退職した二〇一五年の九月半ば、妻が脊柱管狭窄症の手術直後に脳出血を発症した。それからリハビリ病院に転院し、六か月後の二〇一六年四月末に退院、現在も妻はリハビリ生活を続けている。これまで家事のことなどあまり省みてこなかったため、諸事戸惑うことも屡々であった。今日になってあらためてわが身を振り返ると、一人勝手な自分であったと申し訳なく、恥じ入るばかりである。遅きに失してはいるが、苦労のかけっぱなしであった妻には「これまでありがとう」という感謝の言葉しかない。また、病院に毎日のように見舞いに同道してくれた娘の母思いの心情と優しさにも励まされる日々であった。

遠方から数度にわたり仕事の合間をぬって来てくれた息子夫婦、それに妻の弟妹や長年の友人・知人の方々の労りや励ましの言葉にも、心より感謝とお礼を申し上げる。

二〇一八年初春

著者紹介

菅 原 彬 州（すがわら・もりくに）

著者略歴

1944 年　北海道稚内市に生まれる
1967 年　中央大学法学部政治学科卒業
1969 年　中央大学大学院法学研究科政治学専攻修士課程修了
同　年　中央大学法学部助手
1982 年　中央大学法学部教授
2015 年　中央大学名誉教授

主要編著書等

『大和市議会史 記述編』（共著、大和市、1990 年）
『中央大学百年史』（共著、中央大学、2001 年）
『連続と非連続の日本政治』（編著、中央大学出版部、2008 年）
『超然と独歩す』（監修、中央大学出版部、2013 年）

岩倉使節団と銀行破産事件

中央大学学術図書（96）

2018 年 10 月 22 日　初版第 1 刷発行

著　者　菅 原 彬 州
発行者　間 島 進 吾

発行所　中 央 大 学 出 版 部
郵便番号 192-0393
東京都八王子市東中野 742-1
電話 042(674)2351　FAX 042(674)2354
http://www2.chuo-u.ac.jp/up/

印刷　㈱千秋社

ISBN978-4-8057-1157-6
本書の出版は中央大学学術図書出版助成規程による。